Elogios ao
Guia Essencial do Método Wholeness

"... quando encontro práticas novas e esclarecedoras, como as que Connirae Andreas revela em seu Método Wholeness, sinto como se tivesse encontrado ouro!"

~ Tara Brach PhD, no prefácio de
Guia Essencial do Método Wholeness

"Admiro o trabalho de Connirae Andreas há muito tempo. Neste novo livro, ela nos leva ao território mais profundo até agora. Aprendemos a acessar estados de ser que os místicos exaltam em poesia. Descobrimos que os portais para essa consciência são nossas dificuldades. Quando dissolvemos nossa vergonha e nossa busca pelo que falta em nossas vidas, a paz e o coração aberto surgem naturalmente. Seu método, Método Wholeness, é direto e eficaz. Funciona!"

~ Jack Canfield, coautor da série
Chicken Soup for the Soul e *The Success Principles*

"Ao ler este livro, comecei a sentir uma grande 'alegria'. Já pratiquei oito formas de psicoterapia, dez formas diferentes de meditação oriental e passei sete anos em mosteiros e seminários.

A Transformação Essencial (Core Transformation) e o Método Wholeness, desenvolvidos por Connirae Andreas, são as ferramentas de autorrealização mais eficazes que encontrei em meus 60 anos de prática pessoal e profissional. Acredito que, quando pesquisados seriamente, eles se mostrarão de duas a três vezes mais eficazes (levando pessoas a estados psicológicos moderados a altamente autorrealizados) que todos os formatos populares de mindfulness e meditação em uso atualmente."

~ Frank Bourke PhD, Psicólogo Clínico,
Cientista Pesquisador e Professor da Cornell

"Dra. Andreas oferece aqui fórmulas práticas, passo a passo, que qualquer um pode aplicar para reduzir o sofrimento em sua raiz. As técnicas que ela apresenta nos aproximam da ambição espiritual atemporal de dissolver o ego e reconectar-se com a preciosidade da Vida."

~ Dr. Yoni K. Ashar, professor assistente na
Escola de Medicina da Universidade do Colorado,
diretor do Laboratório de Pesquisa em Dor e Emoção

"Como mostram as pesquisas e escritos do Dr. Jung, o profundo objetivo e problema da psique em maturação hoje é recuperar a totalidade. Portanto, quando surgem caminhos que apoiam essa jornada da alma, meu coração salta de alegria. Quando trazemos nossa presença humana e nosso toque para aqueles espaços em nós e no mundo que, de certa forma, estão cativos, curamos e crescemos. Obrigado, Connirae, por sua contribuição. Sinto muito orgulho de trilhar esse caminho ao seu lado."

~ Judith Delozier, treinadora internacional, codesenvolvedora
e criadora de programas de treinamento na área
de Programação Neurolinguística desde 1975

"O Método Wholeness de Connirae Andreas vai além de uma técnica de transformação. Sua abordagem nos oferece um novo mapa e uma explicação das estruturas do inconsciente — e fornece um caminho preciso para a liberdade ao dissolver essas estruturas que mantêm problemas e dores no lugar. Este trabalho pioneiro em evolução pessoal através da consciência não dual é uma verdadeira contribuição revolucionária que merece um lugar reconhecido entre as melhores teorias de personalidade, psicoterapias e caminhos espirituais."

~ Stephen Josephs, EdD, coautor de *Leadership Agility*,
coach executivo, com seis décadas de práticas diárias de mente-corpo

"O Método Wholeness de Connirae é diferente! Quantas milhões de pessoas já tentaram seguir uma prática de cura ou espiritual sem sucesso? Bem, se tivessem o guia gentil e completo de Connirae, encontrariam, de fato, consciência e paz interior. Um ótimo livro que flui de maneira que você consegue seguir e transformar suas questões mais profundas em forças. Recomendo muito este livro para todos que estão no caminho do desenvolvimento pessoal."

~ Shelle Rose Charvet, autora de *Words That Change Minds*

"Senti meu coração se expandir várias vezes ao ler este livro. Connirae consegue trazer conceitos profundos à vida de uma maneira acessível. Cura, transformação e libertação parecem tão possíveis. O Método Wholeness é literalmente um mapa para a expansão evolutiva da consciência. Minha própria prática do Método Wholeness foi instantaneamente aprofundada, e já estou dormindo melhor à noite. Se pudesse dar um grande aplauso ao livro inteiro, eu daria."

~ Erica Newman, *coach* de *Core Transformation*

"Estou encantada que o novo livro de Connirae Andreas sobre o Método Wholeness capture a mesma combinação mágica de precisão e coração que experimentei em seus workshops. Sua habilidade incomparável de tornar ideias complexas, fáceis de entender, permite que os leitores usem com sucesso os processos e acessem conteúdo adicional e mais profundo quando estiverem prontos. Estou grata pelo privilégio de ser uma leitora precoce e ajudar na edição deste livro. Estou especialmente empolgada para trabalhar com o novo Formato Autoridade... uma peça importante que faltava no trabalho de mudança pessoal que venho explorando há 25 anos."

~ Susan Sanders, coautora de PNL:
The Essencial Guide to Neuro-Linguistic Programming

MÉTODO WHOLENESS

Guia Essencial

— NÍVEL I —

Curar & Despertar

por

Connirae Andreas

Publicado por Real People Press
Boulder, CO EUA

ISBN Livro Impresso: 978-0-911226-84-3
O Wholeness Work® é uma marca registrada de Connirae Andreas e Andreas NLP.

Capa desenhada por SuperStories

Os nomes usados neste livro em exemplos e demonstrações foram alterados para proteger a privacidade das pessoas envolvidas.

Aviso Legal:
Os métodos descritos neste livro têm sido consistentemente gentis e transformadores ao serem testados com a autora e centenas de clientes e participantes de workshops desde 2007. Como em qualquer livro de crescimento pessoal, os leitores são aconselhados a usar seu próprio julgamento ao aplicarem os métodos fornecidos. Para aqueles que enfrentam questões significativas, como abuso ou trauma, ou em caso de dúvida sobre a aplicação desses métodos, recomendamos o contato com um profissional qualificado, que tenha amplo treinamento nessas técnicas, para orientação. As informações apresentadas neste livro são oferecidas a você como um serviço. Ao ler este livro, você concorda que é responsável por quaisquer resultados de suas decisões e ações relacionadas ao uso das informações apresentadas.

A informação apresentada neste livro é uma opinião da autora e não constitui conselho médico ou de saúde. O conteúdo do livro é apenas para fins informativos e não se destina a diagnosticar, tratar, curar ou prevenir qualquer condição ou doença, seja de saúde física ou mental.

Querido leitor,

O Método Wholeness foi traduzido para o português em uma força-tarefa entre mim (**Débora Kawano**) e minha irmã, **Letícia Kawano-Dourado.**

O motivo que nos levou a aceitar o desafio de traduzi-lo foi a sua profundidade, combinada à sua simplicidade, tornando-o acessível a qualquer pessoa que queira aplicá-lo. Ele exige menos esforço mental e emocional, sendo capaz de contornar obstáculos comuns — como negação, fuga ou bloqueio — frequentes em outras abordagens mais verbais.

Conheci o método em junho de 2024, em um workshop ao vivo em Amsterdá com **Connirae Andreas**, a convite da minha irmã Letícia. Além da oportunidade rara de estarmos juntas, o aprendizado foi marcante: a simplicidade me surpreendeu pela eficácia, trazendo efeitos imediatos, *insights* valiosos e uma sensação de paz e confiança interior.

Traduzir este livro foi um desafio feito nas brechas de uma rotina pessoal e profissional intensas, mas ao mesmo tempo um laboratório vivo para aplicar o que eu aprendia. Em especial, capítulos como os de autoridade, perfeccionismo e luto me tocaram profundamente. Ao me deparar com lembranças da perda de minha mãe, já falecida, percebi o quanto o método ajudava a iluminar aspectos de minha experiência que ainda não estavam plenamente resolvidos.

Por tudo isso, ter acesso ao Método Wholeness foi uma dádiva. Desejo que este livro também seja, para você, uma porta para mais *insights*, integração, cura e despertar.

Débora Kawano
Tradutora

Querido leitor, aqui quem fala é a Letícia.
Desde que me entendo por gente, carrego uma inquietude interna que me aflige. Mais recentemente, percebi que ela se deve, em grande parte, a traumas transgeracionais que absorvi com facilidade, dada minha sensibilidade. Na busca por um lugar de existência com

mais paz e bem-estar, mesmo diante das verdades duras da vida, já experimentei e me beneficiei de psicoterapia, psicanálise, medicações e sabedoria budista/meditação.

Foi nessa busca continuada que conheci o trabalho de Connirae, e o Método Wholeness chamou minha atenção. Ao experimentá-lo, percebi que o método é complementar a tudo o que já havia explorado antes. Tudo isso me ajudou muito, trazendo-me a um patamar de maior amadurecimento emocional. Ainda assim, percebia partes internas minhas que precisavam ser pacificadas, manifestadas em episódios de uma energia deprimida "sem razão de ser".

Fiquei profundamente impressionada com a facilidade de aplicação, a ponto de utilizá-lo com meus filhos de 7 e 10 anos em momentos de dor emocional: despedidas de amigos queridos que se mudaram de país ou lembranças de uma avó (minha mãe), que faleceu cedo demais. Também descobri grande utilidade no Método Wholeness em noites de insônia: ele torna a vigília mais leve, tanto emocional quanto fisicamente, de modo que, mesmo sem dormir bem, "acordo" menos cansada. É, definitivamente, uma ferramenta que incorporei ao meu arsenal de intervenções para o despertar e o amadurecimento emocional.

Além da experiência pessoal positiva, fiquei particularmente impressionada com a forma ética e científica com que o Método Wholeness é desenvolvido. Connirae demonstra uma curiosidade genuína pela verdade (em vez de buscar apenas provar-se correta). Num mundo cheio de soluções milagrosas que não cumprem o que prometem, Connirae comunica-se de forma ancorada na verdade da experimentação e da abertura à possibilidade de mudança.

Para mim, que prezo profundamente o método científico, é inspirador ver essa disposição para explorar possibilidades sem apego ao desfecho — isso é ciência robusta.

Por um mundo mais são, recebam com carinho nosso esforço de tradução.

Letícia Kawano-Dourado
Tradutora

Este livro é dedicado ao
amor — à natureza essencial que é cada um de nós.

CONTEÚDO

PRÓLOGO

O *Guia Essencial do Método Wholeness* nos convida a explorar questões profundas, centrais à vida espiritual: O que promove o despertar? O que nos permite reconhecer quem somos além da prisão de um senso de eu separado? O que nos liberta para habitar a consciência amorosa que é nossa verdadeira natureza? Essas perguntas ressoam profundamente na minha própria jornada e as práticas que as envolvem formam o coração do que eu ensino. Quando encontro abordagens novas e iluminadas, como as que Connirae Andreas compartilha em seu Método Wholeness, sinto como se estivesse descobrindo um tesouro!

Minha primeira experiência com este trabalho aconteceu durante uma sessão particular com Connirae. Por anos, lutei com sentimentos persistentes de culpa e irritação, que dificultavam minha capacidade de ser completamente aberta e amorosa com um membro da minha família estendida. Eu tentei de várias maneiras a trabalhar com minha reatividade. Práticas de perdão haviam reduzido parte da pressão, mas os sentimentos de tensão e defesa continuavam surgindo sempre que estávamos juntos. Logo eu percebia uma sensação de decepção comigo mesma por ainda me sentir presa àquela reação. Quando um amigo em comum me falou sobre a profundidade espiritual do trabalho de Connirae e sugeriu que eu experimentasse uma sessão, fiquei curiosa e aberta a tentar.

Durante nosso tempo juntas, Connirae me guiou por um processo que parecia totalmente natural, acolhedor e gentil — um contraste marcante com os meus esforços para "combater" a reatividade! O elemento central foi tornar-me consciente da sensação do "Eu" que experimentava o ressentimento e convidar esse Eu a relaxar no que ela chama de plenitude da consciência. Ao final da sessão, meus sentimentos de culpa haviam se transformado. Em vez de uma dor apertada no coração, esses sentimentos se tornaram uma leve sensação de pressão flutuando em um vasto e terno mar de consciência.

Pouco depois dessa sessão, li e reli o livro de Connirae, *Coming to Wholeness*. Não apenas a liberdade que senti em relação ao ressentimento persistiu, como também descobri que o processo ensinado por Connirae se tornou um caminho natural para liberar a identificação restritiva associada a uma ampla gama de emoções, como autocrítica, ansiedade, desejo e raiva.

Assim como os grandes mestres ao longo dos séculos, Connirae nos oferece um caminho para perceber e habitar a consciência desperta e amorosa em todas as circunstâncias da vida. Embora isso possa parecer fora de alcance para nós, suas instruções claras, passo a passo, nos guiam no reconhecimento da contração inconsciente da identidade do Eu, que nos mantém sentindo separados e insuficientes. E à medida que somos introduzidos à presença encarnada e ilimitada da consciência, o senso de um Eu separado se dissolve.

A beleza desse processo está em sua naturalidade. Com a repetição, tornamo-nos cada vez mais familiarizados com a luminosa e ilimitada consciência que é o nosso lar, descobrindo um acesso crescente à sabedoria e ao amor. Isso nos permite transitar pela vida com bênçãos de confiança, leveza e bem-estar — e trazer uma presença curadora ao nosso mundo.

Amigos, que vocês descubram o ouro nestes ensinamentos e práticas e que eles os libertem para a plenitude de quem vocês realmente são.

- Tara Brach, PhD, autora de *Radical Acceptance, Radical Compassion and Trusting the Gold*; psicóloga, professora de meditação e cofundadora (com Jack Kornfield) do Programa de Certificação de Professores de Mindfulness www.mmtcp.soundstrue.com

O LONGO E SINUOSO CAMINHO

Minha Jornada de Cura por meio do
Método Wholeness
E Como Este Trabalho Pode Ajudar Você

Quando Tudo Parecia Desmoronar

Era primavera de 1997. Eu era uma respeitada treinadora e desenvolvedora internacional de Programação Neurolinguística (PNL), com formação profissional em Psicologia Clínica[1]. Havia escrito livros traduzidos para mais de 15 idiomas e desenvolvido diversos métodos de mudança que estavam ajudando pessoas. Desenvolvi um processo chamado **Core Transformation**[2], que estava conseguindo resultados positivos e, muitas vezes, profundos de forma consistente. Recebia e-mails e cartas de pessoas ao redor do mundo, agradecendo e dizendo: "Isso me ajudou quando achei que nada poderia ajudar."

Mas agora eu estava enfrentando minha própria grande crise de vida. Parecia que *tudo* estava desmoronando. Meu marido, Steve, e eu estávamos passando por um momento difícil. Minha saúde estava se deteriorando rapidamente e parecia que meu corpo estava entrando em colapso. Eu estava enfrentando sintomas tão bizarros que minha melhor suposição era que eu estava morrendo.

---

[1] Para saber mais sobre minha formação em Psicologia Clínica e Programação Neurolinguística, acesse AndreasNLP.com.

[2] O livro *Core Transformation: Reaching the Wellspring Within* (Andreas & Andreas) ensina este método. Pesquisas documentando sua eficácia foram publicadas em um periódico revisado por pares. Você pode encontrar os detalhes em coretransformation.org/core-transformation-research.

O sintoma mais inquietante era a sensação constante de uma forte descarga de algo que parecia eletricidade atravessando minha coluna vertebral e saindo pelo topo da cabeça. Era extremamente intenso — como se meu corpo estivesse configurado para 110 volts, mas estivesse conectado a uma tomada de 220 volts. A sensação era tão real que, ao olhar no espelho, quase esperava ver uma fonte de faíscas saindo do topo da minha cabeça.

Essa "corrente elétrica" era incessante, 24 horas por dia, 7 dias por semana, tornando quase impossível fazer qualquer outra coisa. Pensar, ler, escrever, dormir, interagir com outras pessoas — realizar qualquer atividade normal era um desafio extremo. Eu não conseguia imaginar como meu corpo poderia fisicamente suportar aquilo.

Dada a vulnerabilidade em que me encontrava, parecia improvável que eu vivesse por muito mais tempo; mas eu pensei: *"Se eu vou sobreviver, talvez eu precise fazer tudo de maneira diferente. Se eu abrir mão de tudo que acredito saber, talvez tenha uma chance."*

Eu havia passado mais de 20 anos aprendendo e ensinando métodos de transformação pessoal, então havia muito a desapegar. No entanto, não parecia uma escolha. Eu simplesmente fiz. E minha busca por algo — *qualquer coisa* que pudesse me ajudar — começou.

Depois de muita procura, que incluiu consultas com médicos, profissionais de saúde alternativa e mais, finalmente descobri um sistema gentil de transformação interior que me ajudou de maneiras muito além do que eu poderia imaginar. Experimentei muitas mudanças positivas mentais e emocionais, e até mudanças em nível físico. Algum tempo depois de começar a usar esse método com dedicação, fui realizar meu exame físico anual. No final, meu médico se virou para mim com um entusiasmo incomum e disse:

"Na última vez que a vi, você chegou em uma cadeira de rodas. Estou muito feliz em vê-la tão bem!... Você parece completamente diferente agora." Ele continuou: *"Francamente, a maioria das pessoas com os sintomas que você apresentou não melhora. Mas você... você parece saudável e cheia de vitalidade."*
Ele fez uma pausa e, pensativo, perguntou: "Estou curioso. A que você atribui essa mudança?"

Meu médico estava no meio de um dia cheio, então dei a resposta mais curta que pude:

— Acho que o que fez a maior diferença foi um novo tipo de trabalho interior que estou fazendo. Eu o chamo de *"Método Wholeness"*.

Agora, após mais de uma década em um período de "hibernação" ou "sabático," sou grata por ter a energia e a clareza para fazer o trabalho que amo.

Antes, eu não conseguia ensinar, trabalhar com clientes ou viajar de forma alguma — nem mesmo para um curto trajeto de carro. Hoje, consigo fazer todas essas coisas. Ainda tenho alguns sintomas físicos incomuns, mas sou capaz de lidar com eles e abraçar minha vida. Estou escrevendo, ensinando e descobrindo novas formas de ajudar as pessoas a se curarem, despertarem e se transformarem.

Um novo caminho
que mudou minha vida

Neste livro, vou compartilhar com você o sistema de transformação que tem sido tão útil para mim. O *Método Wholeness* me ajudou em todas as áreas da minha vida. Ele me ajudou com os "botões emocionais" que causavam problemas no meu relacionamento com meu marido. Ajudou-me a lidar com meu perfeccionismo, com os sentimentos de constrangimento e vergonha por ser algo menos do que a ideia de perfeição que eu tinha. Também me ajudou a superar ansiedades e medos. Ajudou-me a enfrentar os eventos perturbadores acontecendo no mundo, de forma que, em vez de sentir medo ou reagir com raiva, senti uma presença calma e amorosa. Passei a ter mais capacidade de aceitar o que não posso mudar — era como se eu pudesse acessar um estado natural, mais profundo do que as perturbações externas, intrinsecamente gentil. Poderia continuar listando as formas como isso me ajudou e algumas dessas experiências compartilharei mais adiante neste livro.

Depois de perceber como esse trabalho melhorou minha vida, perguntei-me se outras pessoas também o achariam útil. Agora, depois de ensiná-lo a milhares de pessoas, a resposta é clara: sim.

Tenho visto milhares de pessoas se beneficiarem. Os resultados que as pessoas compartilham em cada treinamento e sessão de *coaching* são profundos e comoventes.

Aqui estão algumas das experiências mais comuns que as pessoas relatam:

- O estresse se dissolve facilmente e a sensação de bem-estar aumenta;
- Problemas desaparecem;
- Feridas emocionais são curadas e transformadas — incluindo problemas que não responderam a outros métodos;
- Relaxamento profundo e um *reset* do sistema nervoso;
- Melhora na qualidade do sono;
- Relacionamentos mais saudáveis: menor reatividade, maior conexão e intimidade;
- Maior acesso à criatividade, soluções — e uma disposição mais frequente para o senso de humor.

E eu gostaria que você também tivesse esses mesmos benefícios — se assim desejar. É sobre isso de que este livro trata.

Antes de dar uma prévia do que é o Método Wholeness e dos benefícios surpreendentemente abrangentes, quero que você saiba duas coisas.

Primeiro, se você experimentar os métodos deste livro, sua jornada será diferente da minha. No entanto, se você realmente fizer os exercícios, há uma grande probabilidade de que você vivencie sua própria versão de mudanças positivas e transformações em sua vida. Ao ensinar o Método Wholeness para outras pessoas, aprendi que esses métodos parecem ser universalmente úteis. Sua vida pode estar indo muito bem... ou não tão bem. Você pode estar passando por muito estresse, ou não. De qualquer forma, há muitos benefícios potenciais que o Método Wholeness pode oferecer a você. Isso porque ele nos fornece um caminho para acessar as estruturas universais do inconsciente que mantêm os problemas no lugar e nos impedem de viver a vida em sua plenitude. Com essa abordagem inovadora, temos uma maneira específica e gentil de convidar essas estruturas a se curarem e se transformarem.

Segundo, quero que você saiba que, qualquer que seja o contexto da sua vida, você pode usar o Método Wholeness como parte do que já é significativo para você. Se você faz parte de um grupo religioso, tem um professor espiritual ou segue um caminho espiritual, *pode integrar o Método Wholeness no contexto de vida que escolheu.* Acredito que você descobrirá que ele se alinha com o propósito profundo de quase todos os caminhos espirituais, podendo até mesmo aprofundar e enriquecer sua experiência com esse caminho.

Alguns pastores e líderes espirituais estão começando a ensinar o Método Wholeness explicitamente para suas comunidades porque reconhecem esse alinhamento.[3] Se você já tem uma prática de meditação, pode usar o Método Wholeness como parte dessa prática, ou explorá-lo em um momento separado, dependendo do que for mais adequado para você. O Método Wholeness não tem a intenção de substituir suas crenças espirituais ou a sua comunidade escolhida.

E, é claro, você não precisa seguir um caminho ou ter crenças espirituais para que essas práticas sejam profundamente úteis.

A Busca e a Espiritualidade

Durante aquele período sombrio que mencionei antes, minha busca por uma transformação mais profunda me levou rapidamente ao mundo da espiritualidade. Eu já havia explorado o que estava disponível na Psicologia[4], nos sistemas de crescimento pessoal e na Programação Neurolinguística (PNL). Depois de décadas de estudo, reconheci que, para minha própria transformação, eu precisava de

---

[3] Se você é um líder espiritual e deseja oferecer o Método Wholeness à sua comunidade, recomendo que comece participando dos treinamentos completos do Método Wholeness, Níveis I a IV. Isso lhe proporcionará uma experiência aprofundada com essa prática. Consulte as recomendações de treinadores do Método Wholeness no site TheWholenessWork. org. Se preferir, você também pode encaminhar sua comunidade para participar de nossas aulas.

[4] Neste livro, quando me refiro à "psicologia", estou falando em termos de conhecimento geral e/ou insights pessoais, e não oferecendo aconselhamento profissional. Para aconselhamento profissional, procure um psicólogo licenciado.

algo mais — algo mais profundo. Talvez as respostas que eu procurava estivessem no domínio espiritual.

Muitos professores espirituais orientais falam sobre experiências que chamam de *Despertar*, que resultam em uma mudança de consciência. A mudança que eles descrevem claramente vai além do que qualquer método terapêutico ou de PNL poderia oferecer. Eles falam de uma transformação fundamental na consciência que resulta em um profundo senso de bem-estar. Mas é mais do que isso. Eles relatam que, ao fazer essa mudança, o "sofrimento" e o estresse cotidianos da vida desaparecem. *E eu queria isso.*

Então comecei. Li tudo o que pude encontrar sobre o despertar, experimentei várias formas de meditação e participei de muitos círculos espirituais. Sentia que algo importante estava acontecendo ali, e isso certamente me trouxe benefícios. Gostava de me imergir no que pareciam ser círculos de presença amorosa e de estar ao redor do esforço sincero de tantos buscadores e professores.

Explorar a espiritualidade estava me levando a um nível mais profundo. No entanto, após vários anos frequentando círculos espirituais e seguindo os conselhos de meditação dados, comecei a ter uma sensação de *déjà vu*. *"Algo está faltando aqui também."* Estávamos ouvindo ideias sobre um despertar da consciência. Soava bem, e a maioria de nós conseguia, pelo menos, experimentar *um início* do que era mencionado. Mas não parecia haver um caminho confiável para chegar lá.

Foi então que minha experiência em PNL (Programação Neurolinguística) se mostrou útil. Eu havia trabalhado tanto sozinha quanto em parcerias para criar "modelos" ou protocolos para realizar mudanças positivas específicas. Usávamos ferramentas de modelagem da PNL para mapear o que alguém com uma habilidade ou capacidade fazia, muitas vezes de forma inconsciente, que resultava naquela habilidade. Como exemplo, meu marido e eu mapeamos uma estratégia mental eficaz para superar o luto e a perda[5]. Já tinha participado do desenvolvimento de vários protocolos

---

[5] Esse método é descrito no livro *Heart of the Mind*, de Andreas & Andreas (1989), no Capítulo 11, e uma demonstração em vídeo está disponível no site AndreasNLP.com (loja).

ou guias para realizar algo que as pessoas geralmente assumem que "apenas leva tempo." Por isso, senti um impulso quase automático de encontrar um caminho preciso e confiável para experimentar o que os professores espirituais descreviam. Perguntei-me: *E se o Despertar também puder ser mapeado?*

Então, comecei uma série de explorações internas. Essas explorações foram diferentes do meu trabalho anterior com modelagem de PNL. Eu não estava descobrindo as coisas de forma lógica. Desta vez, estava permitindo que o processo de mudança emergisse de uma forma mais orgânica, de dentro para fora. Usando-me como cobaia, comecei a perceber o que era necessário para que eu experimentasse uma mudança mais profunda.

Meu Primeira Experiência... E o Começo do Método Wholeness

Ao investigar ensinamentos espirituais, uma premissa me chamou a atenção: a maioria dos caminhos espirituais orientais ensina que a chave para o Despertar é **"deixar ir o ego"**. No entanto, a maioria desses caminhos não parecia oferecer um conjunto de instruções claras sobre *como* fazer isso. Algumas vias até afirmavam: "Não é possível ter instruções" ou "Isso acontece apenas pela graça".

Pensei: *"E se fosse possível ter um conjunto de instruções? Um roteiro claro para esse estado de consciência chamado Despertar?"*

O que estou compartilhando com você neste livro é, acredito, exatamente isso: um roteiro claro para a transformação da consciência que podemos chamar de Despertar. E, como previram os ensinamentos espirituais, percebi que o estresse, as dificuldades emocionais e o "sofrimento" de todos os tipos começaram a se dissolver também.

Quando fiz minhas primeiras explorações internas, a mudança que notei foi sutil. Não houve sinos tocando ou fogos de artifício anunciando: "Este é o Despertar!" Eu nem tinha certeza de que estava no caminho certo.

Mas, conforme continuei experimentando, ficou claro que esses resultados iniciais, ainda que sutis, estavam se somando a algo muito mais profundo. O que começou como pequenas mudanças se tornou mais e mais forte. Esses experimentos começaram a trazer mudanças permanentes e positivas na minha consciência. Gradualmente, senti um maior bem-estar. Menos frequentemente disparavam os gatilhos emocionais. Passei a dormir com mais facilidade e qualidade. E muito mais. Tudo isso aconteceu de forma quase sem esforço. Quanto mais eu praticava dessa maneira, mais parecia um ato de profunda gentileza com o meu sistema. Essa prática me trouxe uma sensação de maior leveza na vida.

Finalmente, eu conseguia encontrar, acolher, curar e transformar qualquer coisa que surgisse na minha experiência. Até os sintomas físicos bizarros e desconcertantes que eu vinha enfrentando começaram a se acalmar e se transformar. Aquela sobrecarga no meu sistema nervoso diminuía quando eu dedicava alguns minutos para meditar da forma que você aprenderá no Capítulo 4. Minha sensibilidade elevada a estímulos também se estabilizou. Gradualmente, senti-me confortável com uma gama mais ampla de estímulos sensoriais e passei a me sentir bem em diferentes ambientes, sem impactos negativos. Então, após aplicar um formato que você aprenderá no Capítulo 5, experimentei um aumento substancial no meu nível de energia, o que me deu a resistência necessária para voltar a ensinar.

Cada vez mais eu sentia: "Estou no caminho certo" — é a mesma coisa que os mestres espirituais descrevem. Os processos que hoje compõem o Método Wholeness foram as primeiras formas que encontrei para acalmar, relaxar e reconfigurar meu sistema mente-corpo de maneira confiável. E eu não sou a única — esses processos têm ajudado milhares de pessoas.

Neste livro, vou compartilhar esses métodos com você. Não é apenas uma técnica isolada. O Método Wholeness consiste em uma sequência de práticas, cada uma construída sobre a anterior, que juntas conduzem você em uma jornada de evolução da consciência. E o resultado disso é que começamos a experimentar mais paz, à medida que o estresse se dissolve. Questões emocionais e comportamentais, até mesmo aquelas que foram difíceis de mudar, começam a se curar em um nível mais profundo.

A razão pela qual conseguimos alcançar um nível mais profundo de cura emocional é porque o Método Wholeness mapeia as estruturas da psique que mantêm o "sofrimento" ou as limitações comuns em nossas vidas. Essas estruturas são universais, mas ainda não haviam sido claramente mapeadas até agora. Uma vez que entendemos o que essas estruturas são, e como encontrá-las, a mudança significativa se torna muito mais fácil.

O Lado Psicológico e o Lado Espiritual

À medida que comecei a utilizar o Método Wholeness como uma prática diária e a ensiná-lo a outras pessoas, ficou cada vez mais claro que esse método estava oferecendo uma cura psicológica surpreendentemente profunda — mais profunda do que qualquer coisa que eu havia encontrado antes. E ele pode também proporcionar uma via mais confiável, e possivelmente mais completa, para o crescimento espiritual.

Aqui está o porquê:

No campo da psicologia, o Método Wholeness representa um avanço na forma como compreendemos a estrutura do inconsciente. Neste livro, vou guiá-lo para descobrir essas estruturas universais inconscientes que mantêm as questões emocionais e o estresse em seus lugares. O Método Wholeness apresenta uma série de perguntas cuidadosamente formuladas que podemos fazer a nós mesmos internamente. Essas perguntas nos conduzem com facilidade a encontrar e transformar essas estruturas. Quando você acessa esse nível mais profundo de experiência, a mudança se torna mais gentil, mais suave e mais fácil.

No campo da espiritualidade, você também descobrirá, por meio desses métodos, um caminho preciso para o que poderíamos chamar de Despertar — o tipo de despertar que os mestres espirituais descrevem e personificam.

As perguntas específicas que você fará internamente irão ajudá-lo a liberar o que podemos chamar de "Eu limitado" ou "pequeno Eu", que os ensinamentos espirituais descrevem como a fonte do sofrimento. *E ademais*, essas perguntas também te darão um modo suave de fazer brilhar a luz do Despertar em cada rincão do inconsciente.

Tanto no aspecto psicológico quanto no espiritual, o Método Wholeness nos conduz a um nível de experiência que vai além do conteúdo. Frequentemente a maioria dos métodos terapêuticos e caminhos de desenvolvimento espiritual costuma focar no *conteúdo* — a história da nossa vida e os significados que atribuímos a ela. Com o Método Wholeness, vamos para um nível de experiência mais profundo do que a narrativa, o que torna a cura e a transformação mais gentis, suaves e completas.

O Que Você Encontrará Neste Livro
Mais do que dissolver os 'Eus'

Neste livro estou compartilhando os mesmos métodos que já beneficiaram muitos participantes de treinamentos e clientes. O Método Wholeness encontra você onde quer que esteja — guiando-o de forma gentil e cuidadosa em direção a uma cura e transformação profundas. Gostaria de oferecer uma prévia do que você encontrará.

Primeiro Passo: Dissolver e Integrar o Ego ou Eu Limitado

Nos Capítulos 2 a 4, você aprenderá um método simples e direto para dissolver a experiência do "Eu limitado" ou "Eu pequeno". A sensação é incrivelmente suave e amável — como um alimento. Este processo é descrito pelos ensinamentos espirituais como a chave para o Despertar. Essas estruturas do "Eu limitado" estão fora da nossa consciência, mas são elas que mantêm nossas limitações e sofrimentos.

Você aprenderá uma forma fácil de identificar essas estruturas, e, ao usar esses processos, provavelmente experimentará um tipo de liberdade e alívio de muitos problemas desafiadores da vida.

Os métodos para dissolver o ego foram os primeiros a surgir para mim, e é importante aprender a usá-los *primeiro*.

Próximo Passo: As Estruturas do "Não-Eu" — Autoridade Interna e Autocuidado

Depois de me beneficiar dos primeiros métodos do Método Wholeness por um tempo, descobri que há mais para alcançar um despertar autêntico e completo — um despertar que penetre totalmente em nosso ser (incluindo mente, corpo e emoções) — do que apenas dissolver o ego.

Então na segunda metade deste livro, compartilharei com você a próxima etapa: Encontrando e curando as estruturas do "não-eu". Os métodos que você irá aprender nos Capítulos 5 e 6 te levarão a uma cura e transformação. No Capítulo 5 você vai aprender o Método Wholeness que nos ajuda a transformar completamente nossa relação com a autoridade, as regras e o julgamento. Essa técnica é fundamental para transformar muitos problemas da vida como perfeccionismo e autocrítica. Já no Capítulo 6 você encontrará um roteiro para uma cura profunda do vazio e da perda, além de formas de se recuperar de deficiências de nutrição emocional que muitos de nós experimentamos na infância.

E o sono. Quase todos que utilizam o Método Wholeness me dizem que o sono melhora - com frequência de modo significativo. Eles dormem mais profundamente e acordam com mais energia do que antes. No Capítulo 7, você aprenderá como obter esses benefícios.

No final do livro, compartilharei mais sobre o Método Wholeness como um sistema de transformação completo e acerca das mudanças a partir do Método Wholeness que vão mais profundas do que solucionar problemas.

O Efeito Cascata

Usar o Método Wholeness para lidar com uma questão ou sentimento pode gerar efeitos cascata inesperados e positivos. Aqui está um exemplo: uma mulher me procurou querendo aprender como usar o Método Wholeness como uma prática meditativa. Nós nos encontrávamos uma vez por semana, e, entre as sessões, ela praticava brevemente a Meditação Wholeness todos os dias. Após três ou quatro encontros, perguntei: "Como está indo?" E ela respondeu: "Bem, está indo bem, mas sabe a coisa mais estranha que está acontecendo?"

"Qual é?" perguntei.

"Bem, minha vida está mudando também." E eu pensei: "Uau, o que será que ela *achava* que iria acontecer?" Eu não fazia ideia de que ela não sabia que essa mudança fazia parte da intenção. Mas ela devia estar pensando que isso era apenas para relaxar — que era "só uma meditação". Então, perguntei: "Como a sua vida está diferente?"

Ela disse: "Há menos drama. Bem, na verdade ainda há bastante drama; só que agora eu não me envolvo nele. Está acontecendo tanto em casa quanto no trabalho. Em casa, meus filhos ainda têm muitos dos seus pequenos dramas, mas... eu tenho essa certeza de que as coisas vão ficar bem, e que posso lidar com isso. E no trabalho é a mesma coisa. As coisas ainda acontecem, coisas que antes teriam me causado muito estresse, mas agora eu não me deixo ser pega por elas. Eu me sinto calma e tenho mais energia para simplesmente fazer meu trabalho."

Esse é apenas um exemplo. Fico me perguntando que mudanças positivas e efeitos cascata *você* pode experimentar ao praticar o Método Wholeness.

Minha Primeira Visão do Despertar — Uma Experiência com o Dr. Milton H. Erickson

Uma experiência marcante na minha juventude, aos 20 e poucos anos, lançou as bases para que eu desenvolvesse o Método Wholeness muitos anos depois. Foi uma experiência profunda, que mais tarde reconheci como meu primeiro vislumbre de Despertar.

Deixe-me contar sobre isso...

...Cerca de uma hora ou mais após o início da sessão, enquanto eu estava sentada lá, de repente me tornei uma pessoa diferente — é a única forma que sei descrever. Em questão de segundos, senti algo que nunca havia sentido antes. A experiência foi mais do que eu poderia expressar em palavras, mas senti uma sensação de bem-estar completo e profundo. Além disso, tive uma espécie de

compreensão sem palavras de que, acontecesse o que acontecesse, eu estaria OK — tudo ficaria bem, independentemente das circunstâncias. Eu nunca havia me sentido assim, de forma tão completa.

Presumi que o homem sentado do outro lado do círculo, com seu terno roxo, tinha algo a ver com aquilo, mas não fazia ideia de como.

O homem de terno roxo era ninguém menos que o Dr. Milton Erickson, renomado psiquiatra americano especializado em hipnose médica e terapia familiar. Essa experiência transformadora ocorreu durante um workshop de uma semana ao qual tive o privilégio de participar, junto com um pequeno grupo de terapeutas, na residência do Dr. Erickson em Phoenix, Arizona, em 1979, o último ano de sua vida. Descrevi essa experiência em detalhes aqui:

www.thewholenesswork.org/articles/origin/

Nas semanas que se seguiram a essa experiência, estive em contato com uma espécie de bem-estar profundo que parecia independente das circunstâncias. Acontecesse o que acontecesse — qualquer coisa que pudesse acontecer — eu sentia um saber profundo de que, em algum nível, tudo estava completamente OK — mais do que OK. Era como finalmente *reconhecer* algo que sempre havia sido verdade, mas que, de alguma forma, eu não tinha percebido antes. Durante esse período, cheguei a uma clareza sobre uma decisão difícil que vinha me atormentando. As coisas simplesmente se encaixaram. Eu sabia o que precisava fazer e fiz isso a partir de um lugar de amor, sem apego à forma como os outros poderiam reagir. Nunca havia conseguido fazer isso antes.

Infelizmente, essa sensação de bem-estar não durou. Logo começou a se desfazer, e eu voltei a sentir minhas antigas inseguranças e, em certos momentos, minhas reações emocionais antigas. Desejando retornar àquele estado de bem-estar, me inscrevi para outro seminário de uma semana com o Dr. Erickson. Infelizmente, pouco antes de o seminário ocorrer, o Dr. Erickson faleceu.

Fiquei arrasada. A porta que eu esperava que me levasse de volta ao bem-estar profundo havia se fechado. No entanto, reconheci que, talvez, agora fosse minha tarefa encontrar o caminho para aquele bem-estar profundo que eu havia experimentado brevemente.

Eu agora sabia que aquele bem-estar profundo era possível — e que era possível para mim.

A busca por uma maneira de retornar àquele estado de bem-estar que experimentei com o Dr. Erickson me levou a desenvolver um novo método, que vai além do clássico PNL (Programação Neurolinguística). Chamei-o de *Core Transformation*[6] porque resultava em uma mudança mais profunda e completa do que qualquer coisa que eu havia aprendido na PNL até então.

Por um tempo, pensei que finalmente havia encontrado tudo o que buscava. Com a *Core Transformation*, eu conseguia guiar meus clientes de forma consistente para mudanças muito mais profundas e satisfatórias do que antes. E isso estava funcionando até para mim. Pela primeira vez, eu experimentava mudanças consistentes em minha própria vida. Eu o utilizava como uma prática diária que parecia gentil e acolhedora.

Então, em 1997, passei por uma crise de vida que me levou a questionar tudo. Foi a crise de saúde que descrevi no início desta introdução. Naquele momento, eu estava longe de ser feliz. Mas agora, olhando para trás, sou grata pelo modo como a vida me empurrou e revelou que era hora de ir ainda mais longe e explorar mais profundamente. Foi ao soltar tudo o que eu pensava saber que me abri para experimentar uma leveza na vida que nunca havia conhecido antes.

---

[6] O processo completo da *Core Transformation* foi concluído no verão de 1989 e, desde então, tem ajudado milhares de pessoas em diversos países e culturas a promover mudanças profundas em suas vidas. Muitos desses indivíduos já haviam tentado de tudo para lidar com suas maiores questões pessoais, sem sucesso, e descobriram que a *Core Transformation* oferecia um caminho para resolver essas questões. Um estudo randomizado e controlado demonstrando a eficácia da *Core Transformation* foi publicado no *Journal of Counseling and Development* por Dinesh J. Braganza, Richard M. Gray, et al. (Julho de 2019).

E *desta* vez, ao contrário da experiência com o Dr. Erickson, os ganhos com o *Método* Wholeness têm sido permanentes. Eles permanecem.

Acredito que isso não seja por acaso. Quando uma experiência profunda — até mesmo espiritual — nos é proporcionada de fora, como aconteceu comigo com o Dr. Erickson, acredito que dificilmente ela será duradoura. Passei a acreditar que o verdadeiro progresso espiritual ocorre quando não é algo que nos acontece, mas sim quando participamos ativamente do processo. E é isso que podemos fazer com o Método Wholeness.

CAPÍTULO 1

A ÚNICA DECISÃO QUE IMPORTA

Anos atrás, enquanto explorava com diferentes professores espirituais, participei de uma reunião onde uma participante perguntou ao professor sobre uma grande decisão de vida que ela estava enfrentando. Ela se sentia muito ansiosa em relação a fazer a escolha certa e pediu orientação ao professor sobre o que deveria fazer.

O professor fez uma pausa e, para nossa surpresa, disse: "Na verdade, não importa..." Ele continuou: "Sabe, existem apenas algumas decisões que cada um de nós toma durante toda a vida que realmente importam." Confesso que fiquei boquiaberta quando ele disse isso—essa afirmação me marcou profundamente. De alguma forma, soou verdadeira, embora eu não soubesse exatamente o que ele queria dizer. E me perguntei: "Quais são as decisões que importam para mim?"

Será que era com quem eu decidisse me casar? Isso parecia importante.
Ou o que eu escolhesse fazer profissionalmente?
Onde morar?
Ou quantos filhos ter?

Se houvesse apenas duas ou três decisões importantes, quais seriam elas?
Bem, acredito que finalmente entendi o que aquele professor quis dizer. E, na verdade, há apenas uma decisão que realmente importa. Nem duas ou três. O que me parece verdadeiro agora (sete décadas de vida depois) é que apenas uma decisão é verdadeiramente

significativa: a decisão de *participar conscientemente do meu próprio desdobramento — do meu próprio "despertar".*

A vida nos oferece desafios, quer os escolhamos ou não. E, como resultado, acabamos crescendo, cada um à sua maneira. Isso é bom — não há como evitar. Mas dar um passo adiante e *escolher conscientemente* participar do nosso próprio desdobramento, do nosso próprio Despertar, eleva tudo a um nível diferente. Existe um certo nível de desenvolvimento pessoal que só acontece quando escolhemos participar ativamente do processo. Escolhemos crescer.

E, quando fazemos isso, nenhuma das outras decisões têm o mesmo grau de consequência. Não importa com quem decidimos nos casar, qual trabalho escolhemos, onde vivemos, como apoiamos nossos filhos ou nossa comunidade, etc. Qualquer que seja a decisão, ela será melhor se estivermos escolhendo conscientemente usar tudo o que acontece a cada dia como parte do nosso desenvolvimento, quando participamos ativamente do nosso próprio desdobramento.

Mas *como* participamos conscientemente? O Método Wholeness nos oferece uma maneira simples, precisa e gentil de fazer isso. Com o Método Wholeness, podemos observar e incluir com gentileza *todas* as nossas intenções, *todas* as nossas emoções, pensamentos e reações. Com prática contínua, cada intenção, emoção ou pensamento se torna uma porta de entrada para um maior bem-estar e plenitude. Cada experiência de vida se transforma em uma porta de entrada para sermos mais quem realmente somos e quem podemos ser. Para mais resiliência, mais presença tranquila, mais inteligência social e emocional, mais criatividade. Para mais amor e mais humor.

Se você acha isso intrigante, fico animada em trabalharmos juntos.

CAPÍTULO 2

SUA PRIMEIRA EXPLORAÇÃO DO MÉTODO WHOLENESS

Encontrando o 'Eu' Interior

"O seu trabalho não é buscar o amor,
mas simplesmente buscar e encontrar todas as barreiras
internas que você construiu contra ele."

Sempre adorei essa citação de Rumi, o poeta Sufi. Para mim, ela descreve perfeitamente o espírito do método Wholeness. Com o método Wholeness, vamos encontrar e desfazer as barreiras que construímos dentro de nós mesmos contra o amor. Quanto mais aprendi a fazer esse trabalho, mais sinto as práticas como cheias de amor próprio e mais experimento o amor dentro de mim – inclusive que eu *sou* o amor.

Se você leu a introdução, tem uma noção para onde este livro está indo e dos benefícios potenciais para você. O método Wholeness pode lhe oferecer uma maneira gentil de transformar e curar quase qualquer tipo de dificuldade emocional ou pensamentos problemáticos, e muito mais. Isso é porque, pela primeira vez, *temos uma maneira confiável de encontrar e transformar as estruturas do inconsciente que mantêm os problemas no lugar.*

Descobri a primeira dessas estruturas devido ao que aprendi com a Espiritualidade Oriental sobre o Despertar e o Ego. O Despertar parecia algo bastante maravilhoso em si mesmo, mas também me atraía porque os professores espirituais diziam que quando alguém realmente desperta, os problemas da vida cotidiana desaparecem.

Mas vamos começar do começo... Aqui estão algumas ideias de pano de fundo; depois, vou guiá-lo na primeira exploração do Método Wholeness.

O Ensinamento Espiritual Chave

Enquanto participava de círculos espirituais, talvez o ensinamento mais universal que encontrei foi que, se queremos experimentar o "Despertar" ou a "Iluminação", precisamos abandonar nosso ego. Iluminação = perda do ego. O que *não estava* claro era como fazer isso.

Alguns dos meus professores diziam: "Não há um passo a passo – isso simplesmente acontece" ou até "Se alguém afirma saber como fazer, desconfie". Então, eu tentei me permitir que isso "simplesmente acontecesse". Eu definitivamente queria experimentar isso.

Porém, enquanto me voltava para dentro e meditava, ocasionalmente me sentia curiosa e perguntava: "E se houver uma maneira precisa de fazer isso? E se houver essencialmente uma 'ciência' para isso – de modo que, se entendermos o que realmente muda em nossa psique quando alguém 'desperta', todos podemos fazer isso. E se for tão 'conhecível' quanto a ciência por trás de acender um fósforo com fogo? Isso parece mágico para alguém que não entende. Mas agora os fósforos podem ser criados para que qualquer pessoa possa facilmente acender o fogo.

Talvez haja um caminho igualmente confiável para essa mudança de consciência tão significativa que as pessoas chamam de 'Despertar'. Decidi tentar encontrar esse caminho, esse procedimento, essa 'ciência'.

O que é o Ego?

Percebi que, se quisermos ser capazes de dissolver o ego, a primeira pergunta a responder era: "O que é o Ego na experiência?" Há muitas definições para a palavra "Ego". É possível discutir isso infinitamente – e eu participei de grupos que faziam exatamente isso. Mas as discussões não nos aproximavam da experiência.

Então voltei a esta pergunta: "O que é o Ego na experiência?"

A resposta mais simples a essa pergunta é "o Ego é o 'Eu'". Todos nós usamos a palavra 'Eu' muitas vezes ao dia. "Estou lendo este livro." "Vou falar com meu amigo." "Quero resolver este problema."

Mas o que é o 'Eu' na experiência? É isso que vamos explorar a seguir.

Antes de guiá-lo, quero compartilhar uma ideia chave que é fundamental para o Método Wholeness e que o ajudará a entender sua primeira exploração.

Toda experiência tem uma localização.

É óbvio que tudo o que existe no mundo ao nosso redor tem uma localização. Eu tenho uma xícara de chá na minha mesa, a xícara está em um local específico. Há uma árvore fora da minha janela, ela está em um local específico.

Acontece que o mesmo é verdade para as experiências em nosso mundo interior. Vamos fazer um simples experimento mental sobre isso. Por favor, pense em uma banana bem madura.

Agora observe onde a imagem interna da banana está localizada. Se você não tiver certeza, pode apenas supor. Parece estar bem na sua frente? Ou está um pouco à esquerda ou à direita? Está perto de você ou mais distante? Talvez esteja acima da linha de visão ou abaixo.

Mesmo que você não esteja conscientemente vendo nada, geralmente é possível "adivinhar" onde a representação da banana está localizada dentro da sua paisagem interior.

Por que a localização importa...

Se eu quiser interagir ou mudar algo no meu mundo exterior, é óbvio que preciso saber onde está localizado. Não posso dar um abraço em alguém a menos que saiba onde a pessoa está e me aproxime dela. E se eu quiser beber aquela xícara de chá, preciso saber onde está para pegá-la.

O mesmo é verdade em nosso mundo interior. Se quisermos mudar algo dentro de nós mesmos, precisamos começar notando onde está localizado – literalmente encontrá-lo.

Esse entendimento pode nos ajudar a encontrar o Ego, ou o "pequeno Eu" que cada um de nós tem dentro de si.

Você verá como é fácil, quando souber quais perguntas fazer.

Então, vamos começar. Se vamos dissolver o que pode ser chamado de nosso "Ego", o primeiro passo é realmente encontrá-lo em nossa experiência. A exploração neste capítulo estabelece a base para o que está por vir. O Método Wholeness não é sobre entender algo mentalmente. Isso não o ajudará em nada. É experimentando ativamente o trabalho que algo notável começa a acontecer. Portanto, convido você para essa experiência inicial. É aparentemente simples. Na verdade, fazer os passos é o que o preparará para se beneficiar de tudo o que virá a seguir.

descobrindo elementos do nosso mundo interior
explorando juntos

Ok, você está pronto para explorar?

Primeiro, tome seu tempo para se sentir confortável. Se estiver sentado, deixe seu corpo encontrar uma posição confortável.

Em seguida, leia cada passo desta exploração. Então, pause para experimentar por si mesmo. Se desejar, pode fechar os olhos para experimentar completamente cada passo.

Passo 1: Encontre uma sensação corporal.
Volte sua atenção para dentro e perceba qualquer sensação que acontece em seu corpo neste momento. Pode ser qualquer coisa. Não há resposta certa ou errada.

Você pode perceber uma sensação em algum lugar do seu tronco, ou em seu pescoço ou cabeça, braços, pernas... em qualquer lugar.

Apenas perceba qualquer sensação que surgir em sua consciência. (Se perceber mais de uma sensação, escolha uma para esta exploração.)

Por exemplo, quando faço isso agora, imediatamente sinto um leve formigamento na minha barriga.

Exemplos do que outros notaram...	
Ari:	*Há uma sensação na parte de trás do meu pescoço - é quente.*
Twana:	*Percebo uma sensação na minha caixa torácica - uma espécie de vertigem.*
Davis:	*Percebo algo atrás do meu umbigo.*
Mari:	*Há uma sensação no topo dos meus dois antebraços.*

O que *você* percebe? Não importa se a sensação de que você toma consciência é agradável, desagradável ou neutra. Apenas perceba a sensação em si e onde está localizada.

Passo 2: Perceba o tamanho e a forma.
Agora que você percebe essa sensação em algum lugar do seu corpo, o próximo passo é notar quanto espaço ela ocupa. Qual é o seu "tamanho e forma?" Isso pode parecer uma pergunta estranha, mas é geralmente fácil de responder.

Para mim, esse formigamento na minha barriga tem o tamanho de uma toranja, mas oval e sem bordas definidas.

Tire um momento para notar o tamanho e a forma da sensação que você está explorando. Pode ser grande; pode ser pequena. Pode ser redonda, quadrada, oval ou pode ter uma forma difícil de descrever. Apenas tire um momento para perceber quanto espaço essa sensação ocupa e seu tamanho e forma aproximados.

Passo 3: Perceba a "qualidade sensorial".
E agora, pause para perceber o que chamo de "qualidade sensorial" dessa experiência. Por exemplo, quando sinto dentro e através da área que notei no meu abdômen, é um formigamento e também um pouco quente.

Se você sentir dentro e através da área sensorial que nota agora, pode haver uma sensação de calor ou frio, peso ou leveza. Pode estar imóvel ou pode haver uma sensação de movimento. Pode ser um formigamento ou uma sensação efervescente, espinhosa ou suave. Pode haver uma sensação de eletricidade, borbulhante ou vibrante. Ou algo mais. Pode ser algo difícil de descrever em palavras e tudo bem. Você pode simplesmente perceber a sensação em si, mesmo que não encontre uma palavra para descrevê-la.

Exemplos do que outros notaram...

Rob: *A sensação no topo dos meus antebraços é oval e tem cerca de uma polegada de espessura. Sentindo dentro e através, é formigante e parece que está se expandindo.*

Sue: *A sensação que percebi está na parte de trás do meu pescoço. É pequena, do tamanho de uma ameixa, mas tem uma forma irregular. Sentindo dentro e através, há uma escuridão e peso.*

Amira: *Notei uma sensação no meio da minha cabeça. Tem o tamanho de uma laranja e é redonda. Sentindo dentro e através, é quase transparente, mas tem uma qualidade de luz.*

Luis: *A sensação está na minha caixa torácica e é bastante grande. Está principalmente dentro do meu corpo, mas quase como se estendesse um pouco à frente do meu corpo. Sentindo dentro e através, é quente e tem uma sensação de aderência suave.*

Ale: *A sensação atrás do meu umbigo é como os anéis de Saturno. E sentindo dentro e através, está se movendo – girando. E é meio arejado.*

Agora que você percebeu a localização, tamanho e forma, e a qualidade sensorial corporal, está pronto para o próximo passo.

Passo 4: Encontre o 'Eu'.

Começamos este próximo passo simplesmente dizendo a nós mesmos o que notamos até agora. Para mim, eu digo: "*Eu percebo* essa sensação de formigamento na minha barriga, eu estou consciente dela."

Conforme você percebe a sensação corporal que descobriu, você pode dizer: "*Eu ... percebo ...* [preencha com a qualidade sensorial que você percebeu], *em* [preencha com a localização]."

Quando você formula esse pensamento para si mesmo, isso é um pensamento verdadeiro, certo? Você *está* consciente dessa sensação, você percebe essa sensação. Então, apenas experimente isso: "*Eu estou consciente desta sensação aqui.*" Você pode até enfatizar um pouco a palavra 'Eu'. "*Eu estou consciente desta sensação.*"

Em seguida, faça a pergunta internamente: "*E onde está localizado o 'Eu'?*" ... Isso pode parecer uma pergunta estranha também e tudo bem se não fizer sentido. Apenas perceba qual localização vem à mente... "*Eu estou consciente desta sensação...*" E onde está esse 'Eu' que está consciente? *Onde* está localizado o 'Eu'?... E apenas perceba qual localização imediatamente vem à mente.

Você pode perceber imediatamente uma localização... ou pode não ter certeza... De qualquer forma, apenas vá com a primeira localização que vier à mente.

Se você *realmente* não tiver certeza, tente novamente. Volte a perceber a sensação corporal novamente. E enquanto você percebe essa sensação corporal, desta vez pense para si mesmo muito devagar e suavemente: "Eu... estou consciente... desta sensação..." E agora perceba: "*Onde está localizado o 'Eu'? Onde está o 'Eu' que percebe?*"... Apenas vá com a primeira localização que vier à mente. Tudo bem tentar adivinhar.

A localização que aparece para você pode estar em algum lugar dentro do seu corpo. Ou pode estar localizada fora do corpo. Se estiver fora do corpo, pode estar perto ou pode estar longe. Pode até estar parcialmente dentro do corpo e parcialmente fora do corpo.

	Exemplos do que outros notaram...
Leah:	*A sensação original estava na minha testa. Pequena e redonda. Quando perguntei: "Onde está o 'Eu' que percebe?" Imediatamente me tornei consciente desse lugar na parte de trás da minha cabeça. É em forma de círculo e talvez tenha cinco centímetros de diâmetro.*
Rob:	*Quando perguntei "Onde está o 'Eu'?" Notei imediatamente esse espaço cerca de sessenta centímetros à minha frente e à esquerda. É em forma de nuvem e meio difuso e úmido.*
Jerad:	*A resposta que me veio está bem no meio do meu peito. Está brilhando e radiante.*
Rachel:	*Isso parece estranho, mas são duas localizações ao mesmo tempo. A sensação original estava no meu peito. E quando perguntei "Onde está o 'Eu' que percebe?" Fiquei consciente de duas áreas ovais, uma em cada ombro. Está principalmente fora do meu corpo — acima dos meus ombros, mas um pouco dentro do meu corpo também.*

Quando perguntamos: *"Onde está o 'Eu' que percebe?"* cada pessoa encontra algo diferente. E se você fizer esse experimento novamente, pode ser completamente diferente da próxima vez. E cada resposta que obtemos é bela à sua maneira — embora possa ou não parecer bela no início.

Vamos descobrir mais sobre isso à medida que avançamos.

Se quiser ouvir minha voz guiando você através desta exploração, você pode usar o código QR à esquerda ou encontrar uma versão gratuita desta demonstração em: www.andreasnlp.com/resources/free-wholeness-intro-video.

Passo 5: Perceba o tamanho e a forma do 'Eu'.

Você já percebeu onde está localizado o 'Eu'. Agora você pode perceber o tamanho e a forma desse 'Eu'. Pode ser pequeno; pode ser grande. Pode ter a forma de uma bola, ou de um ovo, uma coluna, uma cúpula, um quadrado ou realmente qualquer coisa. Apenas perceba o tamanho e a forma do 'Eu' que emergiu. Se você não tiver certeza, tudo bem perceber o tamanho e a forma aproximados. Pode ser algo indefinido ou pode não ter uma borda definida.

Passo 6: Perceba a qualidade sensorial do 'Eu'.

Agora, gentilmente, sinta dentro e através do espaço desse ['Eu'] para perceber a qualidade sensorial dentro e através da área... Por "qualidade sensorial", quero dizer que pode ser densa ou arejada. Pode ser quente ou fria, leve ou pesada. Pode haver uma sensação de movimento ou quietude. Pode ser enevoada, transparente ou vibrante... ou qualquer outra coisa. Apenas perceba a sensação em si.

Exemplos do que outros notaram...

Anna: *Meu 'Eu' está na frente do meu rosto, cerca de trinta centímetros à frente e tem forma de nuvem. E sentindo dentro e através, é bastante arejado e frio.*

Ron: *O 'Eu' está atrás de mim e acima. Parece redondo, mas não tem uma borda definida. É como se fosse apenas um espaço vazio invisível.*

Joy: *Quando perguntei "Onde está o 'Eu' que percebe?" Imediatamente me tornei consciente de algo acima e atrás de mim. Tem a forma de uma cúpula, com cerca de dois centímetros e meio de espessura. E sentindo dentro e através deste espaço, é meio denso e espinhoso.*

George: *A sensação corporal com a qual comecei estava na parte inferior das minhas costas. Uma sensação dolorida. O 'Eu' que percebe está no meio da minha cabeça. Isso me surpreendeu. Há um vibrar ou pulsar, mas ao mesmo tempo parece tranquilo.*

Passo 7: Experimente "O que é Consciência".

Agora vamos perceber outra coisa. Vamos voltar àquela frase: "*Eu estou consciente dessa sensação*." Já exploramos o 'Eu' e a "sensação". Sabemos o que cada um desses significa na experiência. Sabemos sua localização, tamanho e forma, e qualidade sensorial.

Agora vamos explorar aquela palavra do meio – "consciente". Vamos descobrir o que "consciência" é na experiência.

Depois de ensinar isso a muitas pessoas, notei que diferentes pessoas têm experiências completamente diferentes para "consciência" – até mesmo pessoas que já meditaram muito.

No entanto, há uma maneira particular de experimentar a Consciência[1] que funciona bem para este processo. Então, é nisso que vou guiar você agora.

Há alguns momentos, convidei você a perceber uma sensação corporal. Você provavelmente pôde fazer isso facilmente, e isso porque a Consciência já está presente em todo o seu corpo físico. E agora, se algo lhe batesse levemente no joelho, você automaticamente ficaria consciente disso... Se algo lhe tocasse no ombro, você perceberia isso... E isso se deve ao fato de que a Consciência, ou a capacidade de experimentar, já estão presentes dentro e através do corpo físico. Você não precisaria "enviar" sua consciência para lá – "Ah, deixe-me enviar a consciência para o meu joelho" – você simplesmente ficaria automaticamente consciente disso.

Então, agora você pode pausar para experimentar a Consciência que já está presente dentro e através de todo o seu corpo. É a capacidade de experimentar que está presente, antes mesmo de qualquer coisa acontecer.

E o mesmo é verdadeiro para o espaço ao nosso redor. Podemos facilmente experimentar o espaço ao nosso redor. Esta capacidade de estar consciente já está presente dentro e através do espaço ao nosso redor.

Então, se alguém estalasse os dedos ao seu lado esquerdo ou chamasse o seu nome, haveria uma recepção automática do som...

---

[1] *A partir de agora, quando você ver "Consciência" com um "C" maiúsculo, isso significa que esta palavra está sendo usada com o significado específico/especializado que estou explicando aqui.*

E se o som acontecesse à direita, haveria uma recepção automática desse som... E o mesmo é verdade se houver um som à frente, atrás, acima ou em qualquer direção...

E o mesmo é verdadeiro visualmente. Com os olhos abertos ou fechados, é fácil estar consciente do espaço ao redor, em todas as direções... Se seus olhos estão abertos, você pode facilmente ver à sua frente e dos lados. E mesmo sem olhos na parte de trás da sua cabeça, você sabe que o espaço está ali também. Há uma sensação visual do espaço atrás de você, assim como dos lados e na frente. E ainda se os olhos estiverem fechados, você ainda está consciente de que esse espaço não desapareceu só porque você não está mais olhando para ele agora. Mesmo com os olhos fechados, há essa sensação de espaço se estendendo em todas as direções simultaneamente.

E você pode pausar para experimentar isso agora, neste momento...

E esse espaço está em toda parte de uma só vez... em nossa experiência subjetiva, não conseguimos realmente encontrar uma borda ou limite para isso. Podemos saber mentalmente que se um som estivesse a 10.000 milhas de distância, ou do outro lado do mundo, provavelmente não o ouviríamos, certo? Podemos saber isso mentalmente e, no entanto, em nossa experiência, essa sensação de espaço ao redor não tem uma borda ou limite. Não acharemos uma linha em qualquer lugar de onde poderíamos dizer: "Ah, se um som acontecer deste lado da linha eu vou ouvir, mas se acontecer do outro lado dessa linha, sei que não poderei ouvir."

Então, essa é experiência do espaço que está dentro e através do corpo, que está em todo nosso redor — em nossa experiência subjetiva, não há borda ou limite.

PAUSE AGORA

Por favor, reserve um momento para experimentar isso agora.... Pause para experimentar essa "capacidade de estar consciente" que está presente dentro e através do corpo físico... dentro e através de todo espaço ao redor em todas as direções....

E pode ser agradável simplesmente experimentar isso. É como um "Ah..." esta sensação de espaço que está através do corpo, que está em todo ao redor, esta capacidade de experimentar que está em todas as direções simultaneamente.

Passo 8: Faça uma experiência.
Agora vamos retornar ao 'Eu' que encontramos há um momento atrás.

Onde quer que você tenha encontrado o 'Eu'... leve sua atenção a esse lugar de novo. E perceba novamente o tamanho e a forma do 'Eu' que você encontrou.

Reserve um momento para sentir e atravessar essa área, novamente notando a qualidade sensorial dentro e através do espaço....

Agora vou convidá-lo a fazer uma pergunta interna que pode parecer um pouco estranha. Não há necessidade de entendê-la — você pode apenas perceber o que acontece.

Primeiro sinta gentilmente dentro e através do espaço do 'Eu', experimentando a qualidade sensorial.... Agora leia a próxima frase para si mesmo em uma voz suave e lenta, permitindo que aconteça o que acontecer....

> *Perceba o que acontece, quando a sensação do 'Eu'... é convidada a se abrir e relaxar... dentro e como o campo completo da Consciência... que está em todo ao redor e por toda parte....*

Agora, apenas permita que aconteça o que acontecer. E o que quer que aconteça está bem. Pode haver uma mudança sutil ou uma grande mudança ... ou pode ser que nada aconteça....

Se algo já está acontecendo, você pode permitir que continue da maneira que for até que tudo se estabilize. Apenas pause, permitindo que leve o tempo necessário até que tudo se estabilize.

Se nada estiver acontecendo ainda, você pode tentar novamente. Repita o convite para si mesmo, talvez um pouco mais devagar desta vez, permitindo que aconteça o que for acontecer.

Então, novamente, note a sensação do 'Eu'. Seja ela formigante, quente, fria, densa, leve ou outra coisa, atenda à sensação do 'Eu' e agora (lendo muito devagar e com uma voz suave)....

Perceba o que acontece quando a sensação aqui é convidada a se abrir e relaxar dentro e como o campo completo da Consciência que está em todo ao redor e por todos os lados.

E então você pode simplesmente permitir que aconteça o que for acontecer, sem esforço.[2]

O que você experimentou?

Você pode ter experimentado uma mudança muito sutil — quase imperceptível. Ou você pode ter experimentado algo mais substancial. Ou talvez nada tenha acontecido. Não há uma maneira certa ou errada de experimentar isso. Qualquer coisa que você tenha experimentado, mesmo que nada, é a experiência certa para você neste momento.

Se você experimentou algo, então você tem uma experiência inicial do que é o Método Wholeness. Se você não experimentou nada até agora, saiba apenas que sempre há uma boa razão para isso.

Às vezes, isso apenas significa que você precisa de um parceiro para guiá-lo, para que você possa simplesmente relaxar na experiência. Mas geralmente isso significa que a experiência que você estava explorando precisa de algumas "chaves" adicionais do Método Wholeness para que uma mudança significativa ocorra. Com o Método Wholeness, nunca há necessidade de empurrar ou forçar nada a acontecer. (Qualquer tentativa de "fazer" algo acontecer é, na verdade, contraproducente.)

Trata-se sempre de encontrar o caminho mais fácil. Quer você tenha experimentado uma mudança a partir deste primeiro exercício ou não, o que você acabou de fazer lançará as bases para o próximo exercício.

Se você experimentou algo sutil, algo mais dramático, ou se você não experimentou nada, está tudo bem. Com o Método Wholeness, estamos sempre honrando qualquer que seja a nossa experiência real;

---

[2]   Ouvir minha voz guiando você pode facilitar a realização desta exploração. Você pode experimentar isso na minha introdução em vídeo gratuita ao Método Wholeness, use este QR code ou o link: www.andreasnlp.com/resources/free-wholeness-intro-video/watch/. Você pode apenas fechar os olhos e seguir minha voz, o que pode facilitar para você ter a experiência completa.

não há necessidade de empurrar ou forçar para que seja diferente do que realmente é.

Exemplos do que outros notaram...

Raul: *O 'Eu' era uma nuvem na minha frente. Era pequena e um pouco densa e escura. Quando convidei a sensação do 'Eu' a se abrir e relaxar, não sei o que aconteceu, mas algo relaxou. Percebo agora que eu estava com uma leve dor de cabeça, e ela desapareceu.*

Ruby: *Meu 'Eu' estava na área do meu coração. Na verdade, metade dentro do meu peito e metade fora. E a qualidade sensorial é difícil de descrever, mas era como uma névoa brilhante. Leve, mas também havia uma tristeza nela. Quando a convidei para se abrir e relaxar, me senti respirando profundamente. Foi como se essa névoa brilhante se transformasse em um líquido que então começou a fluir por todo o meu corpo e depois acho que desapareceu. De qualquer forma, não havia mais nada separado. Enquanto isso acontecia, meu corpo primeiro começou a se sentir mais pesado e era como se algo profundo estivesse chorando. Depois se liberou e eu me senti mais enraizada sem o peso. Não sei o que isso significa, mas fiquei surpresa. Aconteceu muita coisa só com este exercício simples!*

Annie: *Meu 'Eu' estava à direita da minha orelha direita. Era pequeno e quase invisível. Era como se tivesse brilhos invisíveis. Quando convidei a se abrir e relaxar como Consciência, foi como se se transformasse em um sorriso. Literalmente. Eu me senti sorrindo. A mudança aconteceu principalmente na parte superior do meu corpo. Foi como se, em toda minha cabeça e na área ao redor da minha cabeça, o espaço parecesse mais claro e aberto e tranquilo.*

Greg: *O 'Eu' estava acima da minha cabeça e um pouco atrás. Era escuro e denso. E quando convidei a se abrir e relaxar, nada aconteceu. Apenas ficou igual.*

Sempre que guio um grupo nesse exercício, fico impressionada com a variedade de experiências que as pessoas têm só com este simples experimento.

Uma Representação Visual de Encontrar o 'Eu'

Aqui estão três exemplos de Encontrar o 'Eu'. O 'Eu' que você encontrar pode estar localizado dentro do seu corpo ou fora; pode estar em qualquer lugar.

Uma Nova Forma de Estar Presente
sobre esta exploração

Então, do que se trata tudo isso? O que acabamos de fazer com este experimento?

Eu guiei milhares de pessoas neste exercício e a resposta de cada pessoa é única. Então, sua experiência é o começo perfeito para explorar o Método Wholeness — mesmo que para você nada tenha acontecido, como foi o caso de Greg.

Se algo realmente mudou, o que você notou? O tema mais comum é que muitas pessoas experimentam algum tipo de relaxamento. Pode ser apenas um pouco de relaxamento, ou pode ser um relaxamento profundo ou uma sensação de paz. Pode até sentir "mais profundo" do que o relaxamento muscular. Às vezes, há uma sensação de expansividade ou vastidão. E eu gostaria de lhe oferecer uma maneira de começar a entender isso.

Consciência de Bebê

Todos nós começamos nossa experiência neste planeta como recém-nascidos. Você provavelmente não se lembra como era ser um recém-nascido, mas já viu bebês — talvez um sobrinho ou sobrinha, ou seu próprio filho, ou o filho de um amigo. Pode ser especial estar perto de um recém-nascido porque eles nos olham com uma expressão aberta e de olhos arregalados que nos faz sentir tranquilidade. Isso acontece porque os recém-nascidos ainda não têm um senso de si mesmos separados — eles não têm esses pequenos 'Eus' que acabamos de encontrar. Eles estão experimentando a vida como "consciência ampla e aberta".

Psicólogos do desenvolvimento nos dizem a mesma coisa. Eles nos dizem que os recém-nascidos não têm um senso de 'Eu' ou um senso de si mesmo separado. Para um recém-nascido, a vida é apenas uma experiência acontecendo. Estar vivo é um fluxo de cores, movimentos, vistas, sons, sensações — é uma experiência acontecendo. E o recém-nascido não consegue distinguir a diferença entre ele e o peito da mãe, ou ele e o tapete. É apenas uma experiência acontecendo, sem nenhum senso de si mesmo separado.

Em algum momento, começamos a perceber que *"Eu sou separado do tapete"*. E *"Eu sou separado do sanduíche que está ali na mesa"*. E essa compreensão é útil; ela nos ajuda a funcionar no mundo. Se eu não soubesse que meu corpo é diferente do sanduíche na mesa, então, se eu começasse a sentir fome, não saberia o que fazer. Mas se eu souber que o sanduíche é separado de mim, poderei tomar as medidas apropriadas. Para saciar minha fome, sei que devo pegar o sanduíche e colocá-lo na boca.

Então, reconhecer que nosso corpo físico é separado do ambiente é uma compreensão importante. É necessário para que funcionemos neste planeta.

Esse senso de si mesmo, no entanto, se desenvolve de uma maneira um pouco surpreendente. Quem poderia imaginar que, quando pensamos 'Eu', no nível inconsciente, estamos acessando um pequeno lugar no espaço? Que quando pensamos: *"Eu quero falar com meu amigo"* — ou *"Eu* qualquer coisa,"* — no nível inconsciente, experimentamos algo como o que você acabou de encontrar fazendo esta exploração.

A experiência do 'Eu' de cada pessoa é diferente. Nenhuma é exatamente igual. E, no entanto, todas têm em comum que o 'Eu' é menor do que o campo completo da Consciência.

Quem realmente somos?

Quando perguntamos: *"Onde está localizado o 'Eu'?*, cada um de nós encontra algum lugar no espaço. É como se, no nível inconsciente, *isto é o que nós pensamos que somos.*

E isso é muito interessante. Porque quando vamos resolver um problema, pensamos: *"Eu* quero resolver este problema," ou *"Eu* realmente preciso conversar com meu parceiro sobre algo," ou *"Eu* quero realizar esta tarefa." E se estamos tirando férias, podemos pensar: *"Eu* quero me divertir."

E quem é esse 'Eu' que está fazendo essas coisas?

A experiência do 'Eu' de cada pessoa é diferente. Nenhuma é exatamente igual. E, no entanto, todas têm em comum que, geralmente, o 'Eu' é um lugar bastante pequeno no espaço. Então, no nível inconsciente, é como se estivéssemos tentando viver nossa vida a partir desse lugar bastante pequeno no espaço. Literalmente, quando pensamos, *"Eu* vou resolver este problema," o que é esse 'Eu' que vai resolvê-lo? Bem, é semelhante ao 'Eu' que você acabou de encontrar. É um lugar no espaço — provavelmente um lugar bastante pequeno.

Isso é muito, muito interessante. Porque se 'Eu' quero resolver um problema, seria de esperar que trouxesse minha neurologia completa, o meu sistema nervoso completo para resolver o problema — não apenas um lugar limitado no espaço, certo? E, no entanto, o que todos estamos fazendo, o que todos aprendemos a fazer inconscientemente é viver nossas vidas como se fôssemos esse pequeno lugar no espaço — que não é o que somos.

Então, quem realmente somos?

Não pretendo ter uma resposta definitiva para essa pergunta. Mas acho que, certamente, *quem eu realmente sou* vai incluir este campo completo da Consciência ao qual posso acessar facilmente quando simplesmente faço uma pausa e verifico. Certamente, "quem eu sou" não é mais limitado do que isto. Certamente inclui tudo isso.

Isso é o que começamos a acessar através do Método Wholeness. Começamos a acessar quem realmente somos — esse campo completo da Consciência que realmente somos. Com o exercício que você acabou de fazer, você convidou o 'Eu' a literalmente relaxar de novo dentro deste campo completo da Consciência. Quando isso acontece, recuperamos o acesso direto ao nosso sistema nervoso completo e à nossa consciência completa, que pode ser algo que vá além do sistema nervoso. E nem precisamos falar do se e do que isso poderia ser.

A Metáfora do Punho

Cada 'Eu' que encontramos dentro é como o punho com a mão contraída. Se você fechar sua mão agora, isso é uma contração dos músculos no nível físico, certo? E isso exige esforço.

O 'Eu' é uma contração da *consciência*. É semelhante ao punho cerrado, mas em um nível diferente. De alguma forma, essa contração se forma a partir do todo que somos. Não vou aprofundar agora em como os 'Eus' são formados. Não é importante entender isso neste ponto. Mas pode ser útil saber que cada um de nós tem muitos 'Eus', não apenas um. Você descobrirá isso à medida que continuar com os exercícios deste livro. Cada um de nós tem muitas destas contrações da consciência. Não nos damos conta delas conscientemente, mas — como você logo descobrirá — é fácil descobri-las usando o Método Wholeness.

Então, todos estamos vivendo nossas vidas como um 'Eu'. No próximo capítulo, você fará um exercício onde descobrirá mais desses 'Eus'. E os diferentes 'Eus' tornam-se envolvidos em diferentes contextos. Mas somente chegaremos a isso mais tarde.

Agora, vamos apenas explorar um pouco mais essa metáfora do punho.

O que acontece no nível físico se eu apertar minha mão em punho cerrado? E vamos supor que eu não esteja consciente de que estou fazendo isso. O que vai acontecer se eu continuar vivendo minha vida assim, com esse punho cerrado o dia todo e até a noite toda?

Eu posso começar a me sentir um pouco cansado, certo? Eu posso me sentir estressado. Eu posso pensar: *"Nossa, estou me sentindo cansado e estressado, e simplesmente não tenho a energia que costumava ter."* Então, posso decidir procurar um terapeuta ou *coach* de vida para ver se eles podem me ajudar com isso.

Meu terapeuta ou *coach* poderia me oferecer muitas estratégias para lidar com o estresse. Talvez meu *coach* sugiriria que eu tomasse um banho quente, ou tentasse relaxar em uma banheira quente todas as noites, ou fizesse alguns exercícios, ou uma massagem semanal. Meu *coach* poderia me ensinar algumas maneiras de lidar com pessoas difíceis na minha vida. E todas essas poderiam ser estratégias úteis.

Mas se o 'Eu' permanecer — se esse "punho interno," essa contração da consciência permanecer — haveria um estresse sutil no sistema que continuaria a usar minha energia e me desgastaria.

Então, isso é o que estamos descobrindo com o Método Wholeness. Esses 'Eus' são literalmente contrações da consciência, assim como um punho cerrado é uma contração no nível físico. O Método Wholeness nos dá uma maneira fácil de descobrir esse trabalho extra que estamos fazendo no nível inconsciente sem nos darmos conta. Isso nos ajuda a chegar muito rapidamente a esse sutil esforço que estamos fazendo.

Quando convidamos o 'Eu' a "se abrir e relaxar como Consciência," estamos convidando uma contração de nossa consciência a literalmente relaxar. É como permitir que nossos músculos relaxem no nível físico — mas esse relaxamento é em um nível mais profundo. Então, podemos nos experimentar cada vez mais como esta plenitude da Consciência para que possamos nos mover pela vida como tal. Em resumo, isso é o que a fase inicial do Método Wholeness nos permite fazer[3].

O método Wholeness aproveita estruturas universais de nossa consciência. Isso significa que pode ser eficaz para qualquer pessoa — inclusive *para você*. A chave é usar este trabalho de uma maneira que envolva essas estruturas universais *e também* se adapte à forma como sua personalidade está organizada de maneira única. Vou ensinar mais sobre o que isso significa à medida que avançamos.

No próximo capítulo, você explorará "O Coração do Método Wholeness." Você aprenderá um formato mais completo do método Wholeness que possibilita à maioria das pessoas experimentar mudanças positivas em sua vida diária — inclusive transformar o estresse, as coisas que produzem irritação nas relações e mais. Está pronto?

---

[3] Meu primeiro livro sobre Método Wholeness, *"Coming to Wholeness: How to Awaken and Live with Ease"*, inclui outra versão desta exploração inicial e mais detalhes sobre a metáfora do "punho".

CAPÍTULO 3

O CORAÇÃO DO MÉTODO WHOLENESS - O PROCESSO BÁSICO

Transformando um Problema de Vida

A maioria das pessoas que chegam ao Método Wholeness tem problemas em suas vidas que gostariam de transformar. Talvez você também tenha. A boa notícia é que você pode usar o Método Wholeness para transformar com sucesso uma ampla gama de problemas de vida. Frequentemente, as pessoas encontram cura ou alívio para problemas com os quais lutam há anos. Isso ocorre porque, com o Método Wholeness, estamos indo direto à fonte — transformando a causa mais profunda que mantém os problemas no lugar. Professores espirituais podem chamar isso de "Despertar", mas também é fácil ver que isso faz diferença em um nível prático, incluindo em nossa vida emocional.

Você pode usar o Método Wholeness para transformar...

- ⚜ Problemas de relacionamento
- ⚜ Estresse
- ⚜ Emoções difíceis
- ⚜ Hábitos indesejados
- ⚜ E muito mais

Neste capítulo, você aprenderá o Processo Básico do Método Wholeness. Este é o "coração" do Método Wholeness. Este formato inclui várias chaves essenciais que você utilizará em todos os formatos adicionais do Método Wholeness.

Este formato se baseia na sua experiência do capítulo anterior. Começamos com etapas semelhantes, mas você notará que logo adiciono algo novo. Este novo elemento é importante — torna o trabalho ainda mais *poderoso* e mais *completo*. Muitas pessoas acham que isso também torna o processo uma combinação suave para o seu sistema.

Quer um vislumbre do que é este novo elemento? Trata-se de...

Encontrando as camadas do ego ou 'Eu'

Quando você fez a exploração no capítulo anterior, encontrou um 'Eu', certo? Acontece que cada um de nós tem, na verdade, muitos 'Eus'. E esses 'Eus' estão organizados em camadas. É quase como se o ego fosse mais como um conjunto de bonecas russas (matrioskas) — ou talvez vários conjuntos.

Parece intrigante? Ou talvez confuso? Você descobrirá o que quero dizer com isso na demonstração a seguir. Encontrar essas "camadas de 'Eus'" é essencial para um trabalho mais profundo e completo. Vou mostrar a você como fazer isso de uma maneira que é fácil e imediata.

Como este capítulo está organizado
O Processo Básico do Método Wholeness oferece muitos benefícios potenciais. Para facilitar que você experimente esses benefícios (não apenas entendendo mentalmente), estou incluindo...

- ⚜ Uma demonstração do Processo Básico.
- ⚜ Um "Fluxograma de Visão Geral" para que você possa ver o processo em uma imagem simples.

⚜ Um roteiro passo a passo que você pode usar para se guiar pelo processo e experimentar seus próprios resultados.

⚜ Notas e pontos de ensino que ajudarão você a entender o que estamos fazendo; por que é significativo; e como fazer adaptações quando necessário.

Escolhendo um Problema para Trabalhar com o Processo Básico

O Método Wholeness é frequentemente eficaz mesmo com os maiores problemas da vida. Na verdade, ele oferece às pessoas uma transformação mais profunda do que qualquer outra coisa que conheço, exceto talvez a Transformação *Core*.[1] Muitas pessoas me disseram: "Tentei tantas coisas e não consegui encontrar nada que abordasse completamente esse meu problema até encontrar o Método Wholeness." Mesmo que este método seja eficaz com os "grandes" problemas, é importante começar com um problema de intensidade média a leve quando você está aprendendo. Portanto, quando você fizer este exercício por conta própria, certifique-se de começar com um problema que seja de intensidade leve a média para você.

A Demonstração — e Como Aprender com Ela

Ao ler a demonstração a seguir, você pode gostar de permitir que as palavras nesta página se tornem um filme das interações entre Eva e eu se desenrolando diante de você. Ou, se preferir, você pode se colocar no lugar de Eva e passar pela experiência como se fosse ela, tendo a mesma experiência que ela está descrevendo. De qualquer forma, você não precisa trabalhar nisso. Você nem precisa entender. Simplesmente ler a demonstração de uma maneira fácil e relaxada preparará o terreno para que sua própria experiência deste método seja mais completa e rica quando você tentá-lo.

Essas são as duas principais opções que recomendo na primeira vez que você passar por este capítulo. No entanto, uma terceira opção é escolher um problema seu e seguir as instruções que dou para Eva.

---

[1] A Transformação *Core* é outro método de "transformação profunda" que desenvolvi anteriormente, que está estreitamente alinhado com o Método Wholeness. A Transformação *Core* oferece benefícios diferentes, mas os dois métodos se complementam. Para explorar essa metodologia, visite www.coretransformation.org/.

Se fizer isso, certifique-se de escolher algo que seja de intensidade média a leve. Sugiro escolher algo que o incomode, mas que você saiba que não causa nenhum dano real. Por exemplo, quando um carro corta sua frente na estrada, ou alguém esbarra em você na fila do supermercado, ou seu marido, esposa, parceiro ou amigo faz algo um pouco irritante.

o coração do
método wholeness
DEMONSTRAÇÃO DO PROCESSO BÁSICO[2]

Prévia dos Resultados para Eva

EVA: *Meu tronco até aqui está coberto de luz.*

EU: *Como é agora quando você pensa nessa pessoa fazendo essa coisa (que costumava ser irritante)?*

EVA: [Ela cai na gargalhada.] *Eu ficarei feliz com isso[3].*

Encontrando um Início

Pedi para Eva escolher algo para trabalhar que seja de intensidade média a leve: "Algo que aperta seus botões, mas você sabe que não causa nenhum dano real." Eva escolheu uma experiência de alguém fazendo algo que ela acha irritante. Eu não sei nada mais sobre o conteúdo.

---

[2] Esta demonstração foi editada para clareza e facilidade de entendimento. Comentários redundantes ou desnecessários foram removidos.

[3] Esta demonstração é de um treinamento na Alemanha. As respostas de Eva são geralmente em alemão e foram traduzidas para o inglês.

Acessando a Resposta

Eu: OK, então você pode pensar em um momento em que isso aconteceu recentemente?

Eva: Mm hmm. Acontece o tempo todo. [Ela acena e ri.]

Eu: Certo, você escolheu um bom exemplo. [Eu sorrio.] Então, se você se colocar na situação apenas o suficiente para que possa perceber sua resposta emocional —

Eva: [Ela suspira e se volta para dentro, fechando os olhos.]

Eu: ...onde está localizada a resposta emocional?

Eva: No peito. [Ela bate no peito algumas vezes.]

Eu: No peito. [Eva acena.] Certo. Ótimo.... E perceba o tamanho e a forma.... Perceba quanto espaço isso ocupa.

Eva: É como uma mancha... preenchendo todo o peito. [Eva toca novamente no peito, mostrando a largura dessa área.]

Eu: Excelente.... Então, parece estar preenchendo todo o peito. Mas pode ser um pouco maior; pode ser um pouco menor. Pode estar um pouco mais à frente, ou para trás, ou de um lado ou de outro.

Então perceba a experiência subjetiva da sensação, onde está localizada.... O tamanho e a forma.... E você pode me dizer se é um pouco maior ou menor? Como é diferente da do peito?

Para você/Leitor: Eva disse "preenchendo todo o peito." Quando alguém diz que é o mesmo que uma parte do corpo, geralmente peço um pouco mais de informações. Porque as respostas emocionais que temos nunca vão ser uma *correspondência exata* para uma parte do corpo e é útil perceber a diferença.

Eva: É menor.

Eu: Certo, excelente. E percebendo dentro e através desta área no peito, qual é a qualidade sensorial dentro e através dessa "mancha" no peito? ... Pode ser quente ou frio. Pode ser pesado. Pode ser leve, suave, áspero, vibrante...

Eva: Pesado e suave.

Eu: Pesado e suave. Certo, excelente.

Notas da Sessão: A Experiência Inicial	
Localização:	*No peito (preenchendo, mas menor que o peito)*
Tamanho e Forma:	*Como uma massa*
Qualidade Sensorial:	*Pesado, suave*

Encontrando o 'Eu'

Eu: Certo, agora você poderia dizer — e seria verdade: *"Eu estou ciente dessa sensação pesada e macia aqui no peito,"* certo? [Falo lentamente enquanto a guio para prestar atenção internamente.]

Eva: [Ela acena algumas vezes, de olhos fechados.]

Eu: Então, ao pensar nesse pensamento: *"Eu estou ciente dessa sensação..."* [Falo lentamente, com ênfase.]... Onde está o 'Eu' que percebe?

Eva: ...Está na minha cabeça, atrás dos olhos. [Seu corpo está muito quieto.]

Eu: Certo, e qual é o tamanho e a forma?

Eva: [Ela suspira.] ... É como uma nuvem....

Eu: Como uma nuvem.... E agora percebendo dentro e através do espaço "dessa que é como uma nuvem," qual é a qualidade sensorial? ... E novamente, pode ser pesada, pode ser leve, pode ser arejada. Pode ser densa, pode ser vibrante. Pode ser brilhante.

Eva: É inquietação — inquietação como movimento. E é densa. [Ela move os dedos com alguma agitação para expressar a qualidade do movimento.]

Eu: Em movimento, e densa.... Certo, excelente.

Notas da Sessão para o 'Eu'	
Localização:	*Na cabeça (atrás dos olhos)*
Tamanho e Forma:	*Como uma nuvem*
Qualidade Sensorial:	*Movimento, densa*

Percebendo as Camadas do 'Eu'

Para você/Leitor: Até agora, guiei Eva pelo que fizemos no Capítulo 2, na exploração guiada, então provavelmente parece familiar, certo? Agora vou adicionar vários passos que são importantes. Esses passos extras tornarão o processo mais completo e mais eficaz.

Acontece que as pessoas não têm apenas um 'Eu', elas têm uma série de 'Eus'. Poderíamos chamar isso de "Cadeia de 'Eus'. Mais adiante neste capítulo, explicarei por que é realmente, realmente importante encontrar essa Cadeia de 'Eus'. Também compartilharei por que fazer isso torna o processo mais poderoso — além de muito mais fácil!

Agora vamos descobrir uma maneira simples de encontrar essa Cadeia de 'Eus'.

Encontrando o Segundo 'Eu'

EU: Então, Eva, encontramos um 'Eu'. Mas acontece que todos nós temos mais de um 'Eu' e ajuda muito encontrá-los e incluí-los. Veja como fazemos isso...

Então, isso aqui na cabeça, atrás dos olhos, que é como uma nuvem, em movimento e densa... [Estou guiando a atenção de Eva para o primeiro 'Eu'. Eva abre os olhos e acena.] ... percebendo dentro e através disso ... você também pode pensar: *"Eu estou ciente disso,"* certo? *"Eu estou ciente disso que se move e é denso."*

EVA: Mm hmm. [Ela sorri e acena.]

EU: Sim. E onde está o 'Eu' que percebe? Onde está o 'Eu' que está ciente disso?

EVA: Está na minha cabeça, na parte de trás ... essa tela de projeção. [Ela gesticula com a mão direita para a parte de trás da cabeça.]

EU: Certo. E isso na parte de trás da cabeça, que é meio como essa tela de projeção. Qual é a sua espessura?

EVA: Muito, muito fina.

EU: Muito fina. Certo. E quais são suas dimensões?

EVA: [Sua mão curva-se atrás da cabeça, gesticulando para mostrar as dimensões.] ... Como toda a cabeça.

EU: Então, curva-se ao redor, na parte de trás da cabeça e é muito fina.

EVA: Mm hmm. [Ela acena, ainda de olhos fechados.]

EU: Certo. Agora, no mundo externo em que vivemos, as coisas podem ser realmente finas, como esta folha de papel é fina. [Levanto uma folha de papel do meu bloco de notas.] Mas tudo no mundo externo em que vivemos tem três dimensões. Então, mesmo este papel tem sua própria espessura.

          E o mesmo é verdade com nosso mundo interior. Então, isso aqui que se curva na parte de trás da sua cabeça... aqui... é fino, mas tem sua própria espessura. [Eva está me olhando com os lábios franzidos e os olhos abertos, acenando enquanto ouve.]

          Então, sentindo dentro e através do espaço disso... que é muito fino... qual é a qualidade sensorial dentro e através dele? [Eva fecha os olhos novamente, enquanto se conecta internamente.] Pode ser denso, pode ser arejado... Pode ser suave; pode ser áspero.

EVA: É transparente... Quase transparente. [Sua voz suaviza e abaixa.]

EU: Ok, então é quase transparente. Excelente —

EVA: — Plano, como um...

EU: E plano. Sim. Agora, qual é a qualidade sensorial dentro e através disto que é transparente? Às vezes é difícil colocar essas coisas em palavras e está tudo bem. Mas perceba a experiência em si...

EVA: Mm hmm.

EU: Sim. E pode haver suavidade, aspereza, até mesmo uma certa aderência ou...

EVA: É como vidro.

EU: Como vidro. Então... É como vidro em toda a sua extensão? Há uma dureza nisso?

EVA: Não, é apenas como se você passasse a mão sobre ele. [Ela gesticula na frente do peito, como se estivesse passando a mão sobre um objeto liso e plano.]

EU: Ok.

Para o Grupo: Até agora, ela nos deu qualidades da superfície... E isso é realmente um bom começo. Vou dar a ela um tempo para começar a perceber e sentir *dentro e através* do espaço, porque às vezes somos bastante surpreendidos. Pode ser muito diferente do que esperamos. Ou, pode ser o que esperamos. Quem sabe?!

EU: Então, tirando um momento para sentir gentilmente dentro e através... é muito fino. Você tem que meio que captá-lo antes que sua percepção ultrapasse para o outro lado.

EVA: [Eva está sentada muito quieta.] Mm hmm, mm hmm. [Ela sorri]

EU: Sim. Sentindo dentro e através, qual é a qualidade sensorial? Pode haver uma sensação de... até mesmo uma qualidade de vibração.

EVA: Mm hmm. É algo assim como isto. [Ela acena com a cabeça.] É cintilante.

EU: É cintilante. [Eva suspira, seu corpo relaxando um pouco mais enquanto ela verifica.] ...
Ok, ótimo.

Notas da Sessão: o 2o 'Eu'	
Localização:	*Parte de trás da cabeça (como uma tela de projeção)*
Tamanho e Forma:	*Muito fino (envolvendo a cabeça)*
Qualidade Sensorial:	*Quase transparente, plano, como vidro, cintilante*

Encontrando o Terceiro 'Eu'

Eu: Então agora vamos ainda mais longe. Você está consciente disso também, certo? Isso que é cintilante aqui atrás. [Eu dirijo a atenção de Eva para o segundo 'Eu' que acabamos de encontrar.]

Eva: [Ela acena com a cabeça e sorri enquanto foca no segundo 'Eu'.]

Eu: Então, você poderia dizer: "Eu estou consciente dessa sensação, também."

Eva: Mm hmm. [Eva expira.]

Eu: Então, onde está o 'Eu' que está consciente disso?

Eva: ... Acima da cabeça. [Sua mão direita gesticula acima da cabeça.]

Eu: Ok, ótimo. E qual é o tamanho e a forma?

Eva: [Ela sorri.] É como uma bola de futebol — uma meia bola de futebol.

Eu: Uma meia bola de futebol. Ok, ótimo. E sentindo dentro e através do espaço desta meia bola de futebol... Qual é a qualidade sensorial dentro e através desse espaço? ... [Eu levanto os braços ao redor da cabeça, espelhando os gestos dela para a localização do terceiro 'Eu'.]

Eva: Macio e quente.

Eu: Macio e quente. Ok, obrigada.

Notas da Sessão: o 3o 'Eu'	
Localização:	*Acima da cabeça*
Tamanho e Forma:	*Como uma meia bola de futebol*
Qualidade Sensorial:	*Macio, quente*

Para Você/Leitor: Agora encontramos três 'Eus'. Isso geralmente é suficiente para o Processo Básico funcionar. No entanto, decidi guiar Eva para encontrar mais um 'Eu'. Isso porque ela consegue encontrá-los facilmente e encontrar mais um 'Eu' provavelmente tornará o processo mais completo de resultados para ela. Você verá como isso se desenrola...

Encontrando o Quarto 'Eu'

EU: Então, você está consciente disso que é uma meia bola de futebol, que é macio e quente, certo?... Consciente disso também... [Estou convidando Eva a se concentrar no terceiro 'Eu' agora.]

Então, *onde está o 'Eu' que percebe isso?*... E outra maneira de fazer a mesma pergunta é: "*De onde está acontecendo a percepção disso?*" [Estou falando em um tom suave e gentil.]

EVA: [Seu corpo está notavelmente imóvel.] ... Está no meio da cabeça, mas está irradiando para fora... Mm hmm. Mm hmm. [Eva levanta suavemente o braço direito, juntando os dedos da mão direita para mostrar a localização e depois abre graciosamente ambos os braços para fora, mostrando o movimento de irradiação.]

EU: Meio da cabeça, irradiando para fora.

EVA: Mm hmm. Mm hmm.

EU: Ok, ótimo. E isso — no meio da cabeça, irradiando para fora — sentindo dentro e através, qual é a qualidade sensorial dentro e através desse espaço?

EVA: Leve... Está se movendo. Muito suave, movimento gentil. [Ela fala lenta e suavemente, fazendo um movimento lento e elegante de um oito com a mão.]

EU: Suave, gentil.

EVA: E está se expandindo. [Seus braços se abrem em um movimento fluido.]

EU: Ok. Movimento suave e gentil, expandindo.

Para o Grupo:

E a suave expansão que Eva está experimentando já pode estar antecipando o próximo passo.

Notas da Sessão: o 4o 'Eu'	
Localização:	*Meio da cabeça*
Tamanho e Forma:	*Irradiando para fora*
Qualidade Sensorial:	*Leve, movimento suave e gentil, expandindo*

Para Você/Leitor: Agora elicitamos quatro 'Eus'. A próxima fase deste processo é o que eu chamo de "integração."

— Um Conceito Chave —

Você pode ter ouvido a palavra "integração" sendo usada em outros tipos de terapia ou *coaching*. No Método Wholeness, "integração" significa algo um pouco diferente. Na verdade, é bem diferente. Significa que algo que estava separado se torna um com o todo. Então, a seguir, vamos convidar cada 'Eu' (que era uma estrutura separada por dentro), para se dissolver de volta no campo inteiro da Consciência. Então o 'Eu' não é mais uma estrutura separada, mas se funde com o Todo. Fazemos isso com cada 'Eu', um de cada vez, como vou demonstrar agora com Eva.

Convidando o Quarto 'Eu' para se Integrar

EU: Agora vamos começar a fase de integração. Então, *esse*... do meio da cabeça, que é leve e com movimento suave. [Estou chamando a atenção de Eva para o quarto 'Eu'.] Verifique... a sensação aqui aceita de bom grado ser convidada a se abrir e relaxar dentro e como o campo inteiro de Consciência? [Começo a falar mais devagar e suavemente para facilitar o processamento interno.]

EVA: ... Sim, já fez isso. [Um sorriso pacífico aparece enquanto ela acena com a cabeça. Há uma quietude palpável.]

EU: Ok. Ótimo. Sim, é como se estivesse dizendo: "Você consegue me acompanhar aqui?" [Eva sorri.]

    ... Ok, adorável, lindo... E isso já está resolvido? Isso está completo? [Eva acena suavemente com a cabeça, dizendo 'sim'.]

Para Você/Leitor: Perceba que quando convidei o 'Eu' de Eva para se integrar, usei uma formulação diferente da exploração do Capítulo 2.

No Capítulo 1, na etapa de convidar à integração, pedi que você "Notasse o que acontece <u>quando</u> a sensação do 'Eu' é convidada a se abrir e relaxar...". Aqui estou perguntando: "A sensação do 'Eu' <u>aceita de bom grado</u> ser convidada...".

Essa mudança de formulação é importante. Quero garantir que o 'Eu' não se sinta pressionado a fazer qualquer coisa — nem mesmo de leve. Então, em vez de dizer ou convidar o 'Eu' a fazer algo, estou perguntando se o 'Eu' *quer* ser convidado a fazer algo. Não há imposição nem força. É uma pergunta de sim/não, e se o 'Eu' não *aceita de bom grado* ser convidado a se integrar, nem sequer o convidamos. Mais adiante neste capítulo, explicarei o que fazer se a resposta for "não."

— Um Conceito Chave —

O Método Wholeness é baseado em convidar, e não em pressionar para qualquer mudança, se ela não for totalmente bem-vinda. Isso é para garantir que esse processo aconteça de uma maneira gentil que o sistema dela aceite de bom grado. Essa abordagem gentil e "absolutamente não forçada" é essencial para mudanças no nível profundo em que estamos trabalhando. Isso é o que permite que as mudanças se tornem tanto profundas quanto duradouras.

Convidando o Terceiro 'Eu' para se Integrar

Eu: Ok. Agora voltamos pelo caminho que viemos. O quarto 'Eu' já se integrou, então agora vamos para o terceiro 'Eu'. Aquele que antes estava localizado acima da cabeça.

Eva: Mm hmm. [Seus olhos estão fechados e o corpo está imóvel. Ela parece profundamente envolvida no processo.]

Eu: O que há aí agora? É o mesmo ou um pouco diferente?

Eva: [Ela faz uma pausa para verificar.] ... Já se dissolveu.

EU: Ok. Já se dissolveu.... Então, só para garantir que nada permaneça, mesmo em um nível inconsciente, gostaria de convidar o seu Ser a sentir dentro e através da área... e se algo ainda estiver remanescente... isso também é convidado a se abrir, relaxar, dissolver, derreter... como o campo completo da Consciência....

... E qual é a experiência disso?

EVA: Hmm... Eu sou... meu corpo superior até aqui está coberto de luz. [Ela gesticula, mostrando a área coberta de luz.]

Convidando o Segundo 'Eu' para se Integrar

EU: Ok... Então agora vamos para o 'Eu' anterior, que estava dentro da cabeça — aquele filme na parte de trás da cabeça. Verificando lá agora, o que há agora? É o mesmo ou é diferente?

EVA: [Eva suspira, depois faz uma pausa para verificar.] ... Eu posso sentir um pouco, mas ele já se dissolveu parcialmente.

EU: Sim. Ok... E isso é muito interessante, porque às vezes, quando o último 'Eu' se dissolve, os 'Eus' anteriores também mudam bastante. Eles começam a se integrar por conta própria.

Então, vamos garantir que tudo seja incluído. Qualquer coisa que permaneça... a sensação de qualquer coisa que esteja lá agora também pode ser gentilmente convidada a se abrir, relaxar, dissolver, derreter....

EVA: [Sorri tranquilamente.]

EU: ... Porque é como quando a mão física está cerrada e a Consciência chega, o relaxamento simplesmente quer acontecer. E é isso que está ocorrendo aqui. Esses 'Eus' estavam totalmente inconscientes... mas à medida que se tornam conscientes e a Consciência entra na localização, há essa inclinação natural para dissolver. [Falo devagar e suavemente para apoiar a integração que está acontecendo, enquanto Eva parece cada vez mais relaxada.]

Convidando o Primeiro 'Eu' para se Integrar

Eu: Então agora vamos para o lugar que estava na cabeça, atrás dos olhos. E o que há lá agora? É o mesmo ou é um pouco diferente?

Eva: ... Está tudo em um só.

Eu: Já desapareceu?

Eva: Mm hmm.... Está tudo em um só.

Eu: Podemos simplesmente convidar o sistema, caso ainda haja quaisquer vestígios de algo, mesmo em um nível inconsciente... isso também pode ser convidado a se abrir, relaxar, dissolver, derreter.

Eva: [Eva suspira, seu corpo relaxa ainda mais.]

Eu: ... Sim. E você pode simplesmente levar o tempo que precisar com isso, e quando as coisas se acalmarem, pode me avisar....

Eva: [Olhos fechados, corpo muito relaxado e imóvel, Eva acena com a cabeça.]

Convidando a Resposta Emocional Original para se Integrar

Eu: Ok, então agora voltamos ao lugar onde começamos — essa área do peito — e perceba, o que há lá agora? É o mesmo? É um pouco diferente?

Eva: Mudou, mas ainda resta um pouco de pressão.

Eu: Ok. Então, mudou, mas definitivamente ainda há algo lá.

Eva: [Acena com a cabeça, olhos fechados.]

Eu: Então, gentilmente sinta o que permanece. É quase como se o campo da Consciência estivesse sentindo... e vamos convidar a sensação aqui — como ela está agora — isso também é convidado a se abrir e relaxar, dentro e como a plenitude da Consciência.

Eva: [Respira profundamente, depois sorri.]

Eu: Sim.

Eva: [Seu corpo relaxa mais com outra exalação, e um sorriso suave aparece.]

Eu: E realmente deixando isso acontecer do jeito que acontece. E quando essas liberações acontecem, podemos simplesmente... é como se entrássemos nela... apenas deixando acontecer do seu jeito. Não é algo que precisamos fazer nada a respeito. Isso simplesmente acontece... Sim.

Eva: ... Bom. [Olhos fechados, acenando e sorrindo calorosamente. Sua expressão mostra a bela mudança que ocorreu nela durante esta sessão.]

Verificando a Situação Original

Eu: Ok. E agora, só fazemos uma verificação... Sendo assim, com esses 'Eus' integrados e o sentimento original integrado... Sendo assim... como é agora quando você pensa nessa pessoa fazendo essa coisa?

Eva: [Ela parece relaxada e explode em risadas.] Eu ficarei feliz com isso!

Eu: Ok. [Estou sorrindo.] Talvez você possa dizer para ele fazer isso um pouco mais para que você possa se divertir. [Eu rio junto com Eva, sugerindo de forma brincalhona que ela o incentive a fazer mais do que costumava irritá-la.] Não é interessante?

Eva: Sim... Sim. Isso é ótimo.

Eu: E se você quiser, pode imaginar ele fazendo isso de novo, e apenas notar como é agora, em algumas situações.

Eva: [Ela ri e parece divertida.] Vou ter muitos momentos para experimentar isso. [Eva quer dizer que, como trabalhou com algo que acontece com frequência, ela experimentará sua nova resposta frequentemente.]

Eu: Sim, muitas oportunidades para se divertir com isso.

Eva: Sim.

Eu: **Para o Grupo:**
        Então, isso é bastante adorável, como ela está demonstrando esse exercício para nós.

[Para Eva] Muito obrigado.

EVA: Obrigada. [Ela inclina a cabeça mostrando sua gratidão.]

Notas Completas da Sessão de Demonstração do Processo Básico do Método Wholeness	
Experiência Inicial	
Localização:	*No peito (preenchendo, mas menor que o peito)*
Tamanho e Forma:	*Como uma mancha*
Qualidade Sensorial:	*Pesada, suave*

Primeiro 'Eu'	
Localização:	*Na cabeça (atrás dos olhos)*
Tamanho e Forma:	*Como uma nuvem*
Qualidade Sensorial:	*Pesada, suave*

Segundo 'Eu'	
Localização:	*Parte de trás da cabeça (como uma tela de projeção)*
Tamanho e Forma:	*Muito fino (envolvendo a cabeça)*
Qualidade Sensorial:	*Quase transparente, plano, como vidro, cintilante*

Terceiro 'Eu'	
Localização:	*Acima da cabeça*
Tamanho e Forma:	*Como metade de uma bola de futebol*
Qualidade Sensorial:	*Suave, quente*

Quarto 'Eu'	
Localização:	*Centro da cabeça*
Tamanho e Forma:	*Irradiando para fora*
Qualidade Sensorial:	*Leve, suave, movimento gentil, expansivo*

Resultados para Eva – E o que isso Pode Significar para Você

Observando as expressões não verbais de Eva, pude ver que ela experimentou uma mudança, e suas palavras confirmaram isso. Algo que antes a irritava se tornou um não problema, e até mesmo uma fonte de humor — nas palavras de Eva, "diversão".

Isso pode parecer surpreendente, mas tenho experimentado algo parecido com frequência ao fazer o Método Wholeness. Eu usei este processo regularmente na relação que mais me importava: o relacionamento com meu marido. Cada vez que me sentia irritada ou ferida por alguma coisa, guiava a mim mesma através desse processo e ele gradualmente provocou uma mudança enorme no nosso relacionamento.

Em vez de sempre levar as coisas "a sério", ou sentir que eu estava sendo "oprimida", ou que precisava tomar uma posição e estabelecer limites, muitas vezes acabei achando tudo engraçado. Passei a provocá-lo sobre coisas que costumavam me incomodar. E ele começou a me provocar de volta. Nós podíamos lidar de forma brincalhona com essas questões que agora reconhecíamos serem realmente bastante menores.

Quero deixar claro... Se você escolher usar o Método Wholeness com seus problemas de relacionamento — e eu espero que sim — sua experiência pode ser bem diferente. O que você pode esperar é uma mudança positiva de algum tipo — uma maneira de encontrar um equilíbrio melhor para *você*. Ficamos mais claros quanto ao que realmente importa para nós. Algumas coisas percebemos que REALMENTE precisamos falar a respeito. Eu tive algumas dessas também. E depois de usar o Método Wholeness com meus gatilhos emocionais, tornou-se mais fácil estabelecer limites e falar por mim mesma a partir de um lugar de bondade e clareza, em vez de julgamento ou indignação. Isso tornou mais fácil para meu marido me ouvir e me levar a sério, sem se sentir criticado ou julgado.

Outras vezes, o que antes parecia "carregado" não nos incomodava mais. Podíamos até achar engraçado. É um tipo especial de humor. Não estamos rindo *de* ninguém — estamos rindo *com* eles. É como se todos nós estivéssemos entendendo a piada cósmica agora.

Entendemos nossas fraquezas humanas; entendemos a universalidade disso. Entendemos que não é sério da maneira que pensávamos que era, e é meio engraçado como todos nós podemos ser pegos nisso.

Compreendendo o Ponto Final

Eu gostaria de falar sobre o "ponto final" deste processo — se é que podemos chamá-lo assim.

Quando você chega ao fim deste processo, sua resposta pode ser bem diferente da de Eva, e está tudo bem. Com o Método Wholeness, seja qual for a sua experiência em cada etapa do caminho — e no final — está tudo bem. Na verdade, é simplesmente perfeito.

Se eu começar com uma irritação, no final posso descobrir: "Ah... Não estou mais irritada; agora estou me sentindo mais capaz." Mas e se eu descobrir: "Não estou mais irritada, mas agora estou me sentindo triste." — ou alguma outra emoção. Isso também está totalmente bem. Isso me deixa saber que o trabalho com a irritação está completo. E revela que a próxima parte com a qual devo trabalhar é a tristeza. Eu, então, passaria pelo mesmo processo novamente, começando pela tristeza.

Neste exemplo, poderíamos dizer que inicialmente a irritação estava encobrindo a tristeza, então, eu nem estava consciente dela. Integrar a irritação me permite perceber a tristeza, que estava lá o tempo todo. E agora que posso percebê-la, posso incluir essa sensação também no meu trabalho, para que eu alcance uma resolução completa.

Então, qualquer que seja a resposta emocional ou pensamento com o qual você trabalhe inicialmente, isso pode ser tudo o que há para fazer na situação. Se houver mais, o Método Wholeness torna fácil para nós notarmos isso.

Compartilhando Experiências

Quando ouço outras pessoas compartilhando o que aconteceu com elas ao fazerem um exercício de Wholeness, isso ativa algo dentro de mim e facilita a descoberta e a permissão da experiência certa para mim naquele momento. Talvez isso aconteça com você também.

Aqui estão alguns exemplos do que os participantes dos meus treinamentos compartilharam. Estas são experiências típicas, mas admito que escolhi algumas das mais marcantes. Se você não notar muito na primeira vez (ou nas primeiras vezes) que tentar, está tudo bem. Você não está sozinho. Para mim, pessoalmente, os resultados no início foram realmente muito, muito sutis — quase imperceptíveis. Mas, quanto mais eu fazia esse processo, mais eles começavam a se acumular. Demorou um tempo, mas valeu a pena.

Exemplos do que outros notaram...

Evan: A situação que escolhi foi alguém furando a fila na minha frente. Quando isso acontece, eu costumava perder a cabeça — sabe, "Como eles podem fazer isso!" Depois de fazer o processo, me sinto bem neutro. Não é mais um grande problema.

Claire: Foi uma experiência maravilhosa. É incrível que, ao olhar para aquela situação, ela realmente não tem mais carga. É impressionante como fazer isso pode te deixar relaxado — você se sente muito mais leve.

Taylor: O que mais me surpreendeu foi como o sentimento original mudou completamente. Eu estava me sentindo tenso e preso. E depois de fazer isso, percebi como pode ser divertida aquela situação. Então eu poderia reagir de forma completamente diferente.

Lena: Sempre achei irritante quando meu marido fala comigo com um certo tom de voz. É como se ele estivesse me menosprezando ou me julgando de alguma forma. Então trabalhei com isso. Agora, quando penso nisso, parece meio engraçado. Eu poderia quase chamar de "fofo." Acho que ele está apenas sendo ele mesmo, e isso não me ofende mais.

Wilson: Tenho feito isso nos últimos dias. Estou achando muito fácil com o medo. Qualquer coisa de que tenho medo parece simplesmente se desintegrar e desaparecer.

Rhonda: Foi uma experiência extraordinária. O terceiro 'Eu' estava hesitando em se integrar, então encontramos o quarto. E foi muito interessante porque era um espaço gigantesco. E depois fizemos o relaxamento, e foi incrivelmente lindo. Era como se dissolvesse e se expandisse. E foi realmente uma experiência mística muito profunda. Foi muito especial.

Lee: Foi bastante profundo. Um testemunho do processo, porque meu parceiro para este exercício e eu éramos ambos bastante inexperientes, mas acabou indo muito bem. Eu tinha um 'Eu' que era leve e fofinho. E outro que era realmente denso, e eu achava que não ia se dissolver. E sinto que dar tempo e talvez repetir uma ou duas vezes, lentamente, ajudou.... Eu te ouvi [Connirae]. E você disse: "fale devagar." E não parecia que iria se dissolver, mas realmente se dissolveu.

fluxograma
o processo básico

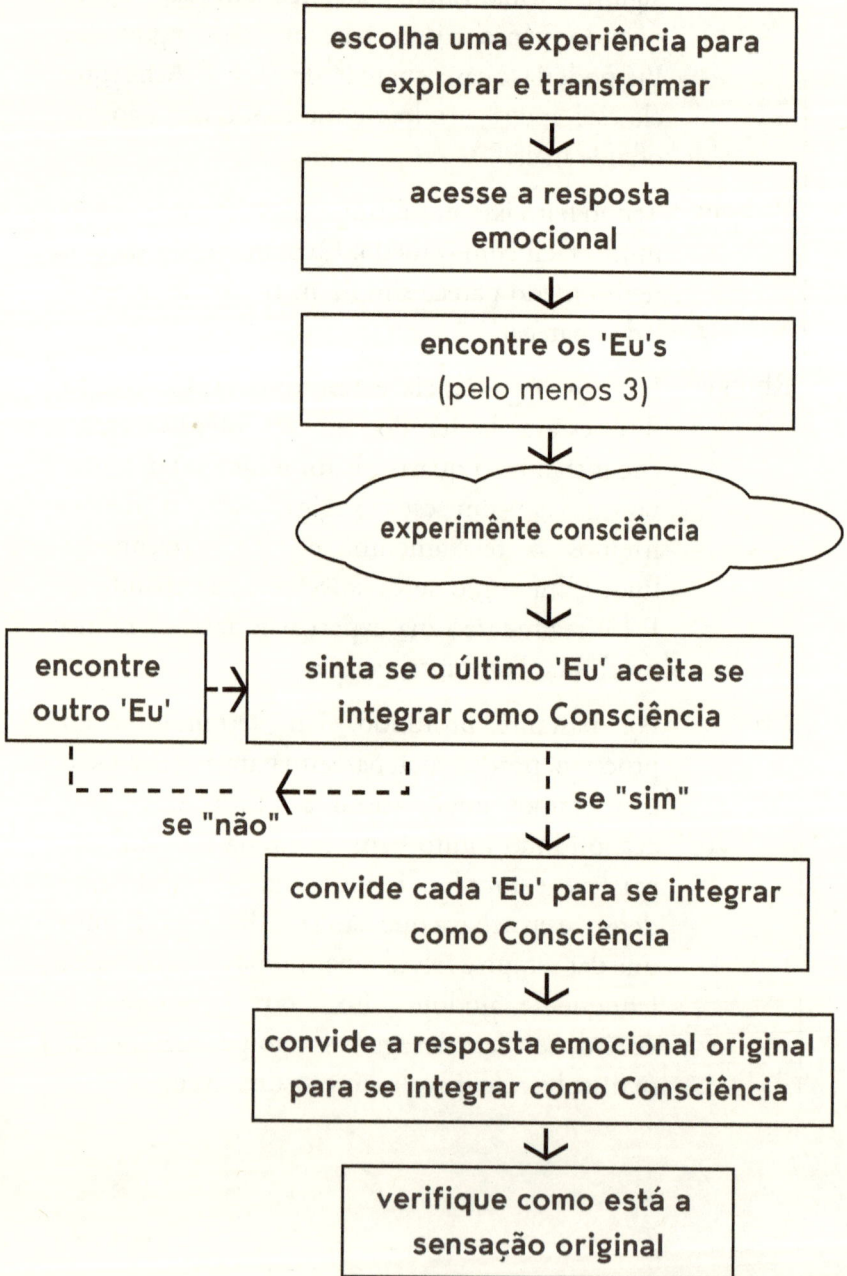

```
┌─────────────────────────────┐
│  escolha uma experiência para│
│    explorar e transformar    │
└─────────────────────────────┘
              ↓
┌─────────────────────────────┐
│      acesse a resposta       │
│        emocional             │
└─────────────────────────────┘
              ↓
┌─────────────────────────────┐
│    encontre os 'Eu's         │
│      (pelo menos 3)          │
└─────────────────────────────┘
              ↓
      ╭───────────────────╮
      │ experimênte consciência │
      ╰───────────────────╯
              ↓
┌──────────┐   →┌─────────────────────────────┐
│ encontre │    │ sinta se o último 'Eu' aceita se│
│ outro 'Eu'│   │  integrar como Consciência   │
└──────────┘    └─────────────────────────────┘
     ┆          ←┄┄┄┄┄┄┄┄┄     ┆
     └┄┄┄┄┄┄┄┄┄┄┄┄┄┄┄┘
       se "não"                se "sim"
                                  ↓
┌─────────────────────────────┐
│ convide cada 'Eu' para se integrar│
│      como Consciência        │
└─────────────────────────────┘
              ↓
┌─────────────────────────────┐
│ convide a resposta emocional original│
│ para se integrar como Consciência│
└─────────────────────────────┘
              ↓
┌─────────────────────────────┐
│  verifique como está a       │
│    sensação original         │
└─────────────────────────────┘
```

Guia Passo a Passo
o processo básico

Você está pronto para tentar isso sozinho?[4] Simplesmente leia cada passo abaixo e pause após cada instrução em itálico; depois, feche os olhos e experimente esse passo.

Então, observe qual resposta vem para você.

Você quer escrever breves notas para cada resposta que obter, como eu fiz ao guiar Eva? Use este código QR para imprimir uma planilha para *este* processo ou acesse [www.thewholenesswork.org/BookResources] (www.thewholenesswork.org/BookResources).

Passo 1. Escolha uma experiência para explorar.
Escolha uma questão ou experiência difícil que seja de intensidade média a leve. Escolha algo que te incomode um pouco, mas você sabe que realmente não machuca ninguém ou causa dano. [É importante escolher algo pequeno na sua primeira vez!]

Passo 2. Acesse a resposta emocional.
Imagine que está acontecendo agora e perceba como você se sente em resposta... [Por exemplo: "Eu me sinto irritado," ou "Eu me sinto magoado," ou "triste," etc.]

- *Observe onde essa resposta emocional está localizada. [Pode ser em algum lugar do seu abdômen. Pode estar no peito. Pode até estar parcialmente dentro do corpo e parcialmente fora. Pode estar em qualquer lugar.]*
- *Observe o tamanho e a forma.*
- *Agora, sinta dentro e através dessa área, e perceba a qualidade sensorial.*

---

[4] Se você quiser assistir a uma demonstração antes de tentar por conta própria, você pode encontrar uma demonstração curta no final deste treinamento em vídeo gratuito: [www.andreasnlp.com/resources/free-wholeness-intro-video/. Vá diretamente para o tempo 46:39.]

Pode haver uma sensação de peso, pressão, vibração, efervescência ou borbulhamento. Pode ser quente ou frio. [Pode ser algo que você não consegue colocar em palavras, e isso é normal. Apenas observe a sensação que está lá...]
   E que sensação você nota?

Passo 3. Encontre o 'Eu'.
Agora, você poderia dizer, "Eu estou consciente dessa sensação." [A sensação que você notou no Passo 2.]

- *E "Onde está o 'Eu' que está ciente dessa sensação?" Onde esse 'Eu' está localizado?...* [Perceba qualquer localização que vier à mente. Pode estar em algum lugar na sua cabeça ou corpo, ou fora da sua cabeça ou corpo, em algum lugar...]
- *E qual é o tamanho e a forma desse 'Eu'?*
- *Sentindo dentro e através dessa área [do 'Eu'], qual é a qualidade sensorial nessa área?*

[Pode ser nebuloso, claro, denso, ou vazio; pesado, leve, vibrante, estático, e assim por diante. Se nenhuma palavra descrever bem, tudo bem. Você pode apenas perceber a sensação em si.]

Passo 4. Encontre o Segundo e o Terceiro 'Eu' (a Cadeia do 'Eu').
Agora, você poderia dizer... "Eu estou ciente dessa [_qualidade sensorial do 'Eu' anterior_] sensação, aqui em [_localização do 'Eu' anterior_], certo?

- Então, "Onde está o 'Eu' que nota isso?" Outra maneira de fazer a pergunta é "De onde está vindo essa percepção?"
- E qual é o tamanho e a forma desse 'Eu'?
- E sentindo dentro dessa área que está [_localização do 'Eu'_], qual é a qualidade sensorial dentro e através dessa área?

Repita o Passo 4 para encontrar um Terceiro 'Eu'.
Agora verifique a qualidade sensorial do terceiro 'Eu':

Se for bastante arejada ou difusa e insubstancial, vá para o Passo Cinco.

Se ainda for bastante densa e substancial, repita o Passo Quatro para encontrar outro 'Eu' até que você chegue a um 'Eu' que seja menos denso ou substancial. Então, vá para o Passo Cinco.

Passo 5. Experimente a Consciência.

Agora, reserve um momento para experimentar a Consciência... Agora mesmo, você pode facilmente sentir dentro e através do seu corpo, então a Consciência está presente em todo o seu corpo... E se um som acontecesse de um lado de você, você o ouviria automaticamente, sem esforço... Se um som acontecesse do outro... Se um som acontecesse do outro lado, você também estaria ciente disso sem esforço... E mesmo que seus olhos estejam fechados, é fácil ter uma noção do espaço ao seu redor... A Consciência é essa capacidade sem esforço de perceber, que está em todo o corpo e ao redor... e não há realmente qualquer limite ou fim para isso.

E você pode experimentar tudo isso, simultaneamente, agora mesmo...

Passo 6. Convide os 'Eus' para se integrarem como Consciência.

Agora, sintonize-se com o primeiro 'Eu' que você encontrou...

Sentindo novamente a qualidade sensorial por meio desse 'Eu', verifique: "A sensação deste 'Eu' aceita de bom grado o convite para se abrir e relaxar, dentro e como a plenitude da Consciência?" [Não importa se a resposta for "sim" ou "não". Isso apenas indica o próximo passo a ser dado.]

Se "Sim": Vá para o Passo 7.

Se "Não": Isso significa que você precisa encontrar outro 'Eu'. Aqui está como fazer isso:

Você percebeu que a sensação [do último 'Eu'] não quer se abrir e relaxar, certo?

- *Então, "Onde está o 'Eu' que percebe isso?" ... De onde está vindo essa percepção?*
- *E qual é o tamanho e a forma?*
- *E qual é a qualidade sensorial dentro e através deste local?*

Agora que você encontrou o próximo 'Eu', verifique se ele aceita de bom grado a se integrar.

- *Verifique internamente... A sensação aqui [na localização deste 'Eu'] acolhe de bom grado o convite para se abrir e relaxar, dentro e como a plenitude da Consciência que está ao redor e por todos os lados?*

Você pode continuar encontrando outros 'Eus' até chegar a um que aceite de bom grado o convite para se integrar à Consciência. Depois, siga para o Passo 7.

Passo 7. Convide cada 'Eu' a se integrar à Consciência.

Com este 'Eu' que aceita se integrar... Observe o que acontece quando a sensação do 'Eu' é convidada a se abrir e relaxar... dentro e como a plenitude da Consciência, que está ao redor e por todos os lados.... Pode haver uma percepção suave da sensação nesse local, e uma permissão para que o se abrir e relaxar aconteçam à sua própria maneira. Você realmente não está fazendo nada — apenas percebendo como isso ocorre por conta própria, sem esforço. (Se você estiver experimentando um relaxamento, derretimento ou dissolução, apenas fique com essa sensação até que tudo se assente. Aproveite a sensação de relaxamento, paz ou fluidez o tempo que quiser.)

Em seguida, convide cada 'Eu' anterior a se integrar. Você fará isso um de cada vez, na ordem inversa. Então, comece com o último 'Eu' encontrado, depois o penúltimo, e assim por diante.

Aqui estão os passos:

- *Verifique na localização do 'Eu' anterior que você encontrou. Observe o que está presente nesse local agora. É o mesmo que era antes ou está um pouco diferente? Ambos são aceitáveis. Apenas perceba como está agora.* [Pode ser o mesmo que antes, ou pode ter mudado de alguma forma. Por exemplo, pode estar mais leve agora, menos denso ou um pouco expandido.]
- *Agora observe o que acontece quando a qualidade sensorial presente agora é convidada a se abrir e relaxar... dentro e como a plenitude da Consciência, que está ao redor e por todos os*

lados... Pode haver uma permissão para que isso aconteça à sua própria maneira. [Dê o tempo necessário para que tudo se assente.]

Agora, repita os dois pontos anteriores com cada 'Eu' na cadeia, até que todos os 'Eus' tenham sido convidados a se integrarem.

Passo 8. Convide a resposta emocional original a se integrar à Consciência.

- Agora, retorne suavemente sua atenção para a localização da resposta emocional original (do Passo 2). A sensação aqui é a mesma que era antes? Ou está um pouco diferente? (Tudo bem se for a mesma ou diferente, apenas observe como está agora.)
- Observe o que acontece quando a sensação aqui agora é convidada a se abrir e relaxar... na plenitude da Consciência... que está por todo o corpo e ao redor.
- Agora, pode haver uma permissão para o que quer que aconteça. Você pode aproveitar essa experiência enquanto ela durar.

Passo 9. Verifique como está agora na situação original.

Sendo dessa maneira, com os 'Eus' dissolvidos e a sensação original dissolvida, como é agora, quando você imagina estar na situação em que estava trabalhando?

** Uma Representação Visual do Processo Básico **

Aqui estão dois exemplos de como encontrar os 'Eus'. Cada 'Eu' pode estar localizado dentro do corpo, ou fora; pode estar em qualquer lugar.

Três maneiras em que sua experiência poderia mudar

Aqui estão as três maneiras mais comuns em que sua experiência poderia mudar ao fazer este exercício...

Você poderia se sentir neutro. Quando você pensa na pessoa fazendo "aquela coisa", sua resposta agora é simplesmente "ho hum" (quase não vale a pena notar).

Seu sentimento inicial é resolvido, mas agora você está consciente de uma emoção diferente. Por exemplo, se você inicialmente se sentiu irritado, talvez agora sinta tristeza. Isso é um progresso. Significa que o primeiro sentimento foi totalmente transformado, e isso possibilita que você perceba se há outra resposta emocional relacionada ao mesmo gatilho. Agora, você pode facilmente "chegar" a essa nova resposta, para que ela também possa ser transformada e curada. Se uma segunda emoção estiver presente, você pode simplesmente passar pelo Processo Básico novamente, começando com a nova resposta emocional.

Você pode sentir mais compaixão pela outra pessoa. Você pode experimentar uma sensação de compreensão mais profunda — ou espontaneamente aceitar, até amar essa pessoa mais completamente, incluindo seus defeitos, em vez de se irritar com eles. Quando isso acontece através do Método Wholeness, não é algo que temos que tentar fazer ou "praticar". Acontece naturalmente.

— Um Conceito-Chave —

Você não precisa *tentar* ter uma resposta específica. Apenas observe a resposta que você tem. O Método Wholeness nos ajuda a nos tornarmos cada vez mais inteiros, gentis e compassivos, começando conosco mesmos, e muitas vezes fluindo (naturalmente) para os outros também. Mas começa com a gentileza para conosco. Isso significa que "entendemos" que nossas respostas estão bem como são; podemos reconhecer, incluir e amar quaisquer que sejam nossas respostas reais, em cada etapa do caminho.

Dicas
Encontrando o 'Eu'

Se não parecer fácil encontrar o 'Eu', aqui estão várias dicas que podem ajudar...

Está tudo bem adivinhar. Percebi que se eu "apenas supor", muitas vezes posso seguir em frente mais facilmente. E muitas vezes algo útil e relaxante acontece, mesmo que eu estivesse "apenas supondo".

Perceba que o 'Eu' que você encontra pode ser "invisível" — pode ser apenas uma sensação de espaço, em vez de algo que você pode ver, como vemos objetos no mundo exterior. Se estamos esperando encontrar algo "visível" ou "tangível", podemos não perceber o fato de que nossa atenção vai para um determinado local no espaço quando perguntamos: "Onde está o 'Eu'?" Então, se a resposta que você obtém é apenas uma sensação de espaço, isso está totalmente bem.

Você encontrará mais dicas para "encontrar o 'Eu'" no livro *Coming to Wholeness: How to Awaken and Live with Ease* [*"Rumo ao Método Wholeness: Como Despertar e Viver com Facilidade"*].

Linguagem e Ritmo

Em um treinamento recente, várias pessoas compartilharam essas percepções após fazer este primeiro exercício. Estou oferecendo-as aqui caso você as ache úteis.

"A linguagem no roteiro foi muito útil. Especialmente a lembrança de permitir que a abertura e o relaxamento aconteçam à sua própria maneira, que você não está realmente fazendo nada, apenas percebendo como isso ocorre por conta própria, sem esforço. Posso ver que eu tinha o hábito de *tentar* fazer isso. E ouvir essa linguagem a cada vez me permitiu deixar ir mais e ver como isso acontecia."

"Achei extremamente útil ir devagar e simplesmente deixar cada 'Eu' ser sentido de forma gentil, percebendo os 'Eus', conectando-se com a textura. Eu nunca tinha feito isso antes, e isso ajuda muito. Meu parceiro e eu provavelmente passamos alguns minutos sentindo e descrevendo o 'Eu', e isso fez toda a diferença. E ouvir meu parceiro repetir de volta para mim ajudou a me conectar totalmente com isso. Eu realmente gostei disso..."

Integrando o Eu limitado

Compreendendo o que estamos fazendo

Agora que você experimentou o Processo Básico do Método Wholeness pelo menos uma vez, pode estar curioso para entender mais sobre esse processo. Como ele funciona e por que é eficaz? Aqui estão algumas ideias adicionais que podem ser úteis.

A Metáfora do Punho

No Capítulo 2, falei sobre como os 'Eus' que encontramos internamente são como o punho com a mão contraída. Eles são uma contração da consciência. Neste capítulo, você aprendeu a encontrar uma Cadeia de 'Eus'. Muitas vezes, o primeiro 'Eu' que

encontramos não está realmente em uma posição para se integrar. Você pode visualizar o que está acontecendo internamente ao fazer o punho com a mão direita fechada na sua frente. Em seguida, use a mão esquerda para agarrar firmemente em torno do punho direito. Agora você tem dois punhos fechados, sendo que o segundo envolve o primeiro. Nessa posição, o primeiro punho não pode se abrir e relaxar, mesmo que queira.

Isso é semelhante à Cadeia de 'Eus' que encontramos internamente. Funcionalmente, é assim, mas não fisicamente. O próximo 'Eu' geralmente não está fisicamente envolvendo o primeiro 'Eu'. Ele pode estar localizado em qualquer lugar. No entanto, a próxima camada de 'Eu' *funciona* para manter o primeiro no lugar. O primeiro não pode se liberar até que a "camada externa" se vá primeiro e tenha se aberto e dissolvido na Consciência.

Isso é o que torna este processo mais poderoso e fácil de usar. Não tentamos convencer um 'Eu' a se abrir e relaxar na Consciência. Se ele não pode ou não quer fazer isso facilmente por conta própria, simplesmente encontramos outro 'Eu'.

O Valor de Encontrar a Cadeia de 'Eus'

Foi uma descoberta importante reconhecer que a maioria das pessoas tem Cadeias de 'Eus' internas — não apenas um 'Eu'. Como mencionei há pouco, as "camadas externas" de 'Eu' frequentemente mantêm o primeiro 'Eu' em seu lugar. Então, encontrar a Cadeia de 'Eus' é o que torna essa significativa transformação possível — e fácil.

Mesmo que o primeiro 'Eu' POSSA se integrar, geralmente há valor em se encontrar a Cadeia de 'Eus', porque...

O primeiro 'Eu' geralmente se integra completamente quando nossas "camadas externas" de 'Eu' já se dissolveram na Consciência.

Quando mais 'Eus' se integram, mais nós relaxamos. Mais contrações da consciência conseguem se liberar de volta para a totalidade de nossa consciência. E isso é importante! Muitas vezes, essas "camadas externas" de 'Eu' se liberando realmente fazem a diferença em nosso acesso pleno ao "simplesmente estar presente como Consciência". Cada 'Eu' que encontramos internamente é

uma fonte inconsciente de estresse/esforço. Então, cada 'Eu' que se libera de volta para o todo significa que temos uma calma interior mais profunda que está simplesmente presente.

Por que pedimos três camadas de 'Eu'?

Neste Processo Básico, peço que você encontre três camadas de 'Eu' porque...

Às vezes, uma camada anterior diz «sim», está disposta a se integrar mesmo que seja um pouco relutante.

Ao obter a Cadeia de 'Eus', estamos incluindo algumas camadas mais penetrantes e significativas de contração interna. Poderíamos descrever isso como um nível "superior" de generalização, mas isso não descreve totalmente. Você pode descobrir isso por si mesmo ao notar como é quando encontra algumas "camadas de 'Eu'" em vez de apenas uma. Isso faz com que a mudança pareça mais forte para você?

Se você encontrar mais camadas, a mudança provavelmente será mais profunda e/ou significativa.

Como você sabe quantos 'Eus' obter?

Depois de fazer isso com muitas pessoas, percebi que, se o 'Eu' está aberto, arejado e não denso, ele geralmente acolherá a integração. Então, estou pedindo para você começar pedindo três 'Eus'. Se o terceiro 'Eu' for "aberto e arejado", isto é, "não denso", então você pode ir para a Fase de Integração e verificar se ele aceita de bom grado a integração.

Se o terceiro 'Eu' for bastante denso, então peça outro 'Eu' até chegar a um que seja menos denso/mais aberto e arejado. Isso geralmente significa encontrar de três a cinco 'Eus'.

Em raras ocasiões, alguém pode não conseguir encontrar mais 'Eus' depois do primeiro ou do segundo. Se isso acontecer, você pode ir para a Etapa de Integração.

Aqui está uma exceção a ser observada: de vez em quando — mesmo que alguém já tenha encontrado seis ou sete camadas de 'Eus' — os 'Eus' ainda estão bastante densos. Se isso acontecer, você pode mudar para perguntar se a sensação daquele último 'Eu' encontrado

quer tentar se integrar, mesmo que um pouco. Experimentar uma experiência inicial de integração pode às vezes funcionar melhor do que continuar encontrando mais camadas de 'Eus'.

Respondendo às suas perguntas

Se você tiver dúvidas sobre este processo ou estiver curioso sobre o que as pessoas frequentemente perguntam em meus treinamentos, leia este segmento agora. Ou, você pode voltar a estas perguntas e respostas mais tarde para explorar uma questão específica ou para aprofundar seu entendimento do Método Wholeness.

Emoções vs. Qualidade Sensorial

P   Quando eu percebi o 'Eu', ele estava com raiva. Essa é a qualidade sensorial?

R   Às vezes, quando as pessoas verificam a qualidade sensorial, elas primeiramente notam uma qualidade emocional, como "raiva", "tristeza" ou "mágoa". Se uma qualidade emocional estiver presente, é importante começar reconhecendo qualquer qualidade emocional que você perceba. Isso é gentil para com o sistema. Em seguida, o próximo passo é deixar essa palavra de lado, por exemplo, "raiva", e permitir uma percepção da própria sensação. Quando você deixa de lado a palavra "raiva", a sensação se torna mais facilmente percebida. Talvez haja uma aspereza ou suavidade. É densa ou um pouco arejada? Há uma sensação de calor ou frescor? Essa é a qualidade sensorial. E é importante fazer a transição da qualidade emocional para a percepção da qualidade sensorial. Isso é o que torna possível fazer o próximo passo de integração com a Consciência.

Palavras emocionais como "raiva", "tristeza" ou "medo" são, na verdade, interpretações de nossa experiência. Com o Método Wholeness, fazemos a transição do rótulo emocional para perceber a própria sensação. Na seção de recursos deste livro, você encontrará um quadro com exemplos de palavras da "Qualidade Sensorial" vs. palavras de "Significado/Interpretação". Veja meu livro anterior, *Coming to Wholeness*, Capítulo 11, para um capítulo completo sobre como reconhecer a diferença entre palavras de "significado/interpretação" e palavras de "qualidade sensorial", e como fazer a transição para a qualidade sensorial.

Plano vs. 3-D

P O 'Eu' que encontrei é plano. É como uma folha de papel plana. Então, não há realmente nada para perceber e sentir quanto à qualidade sensorial. Devo apenas notar a sensação da superfície? A superfície é meio lisa.

R Eu entendo que parece plano. No entanto, no Método Wholeness, tudo é na verdade tridimensional. No mundo externo em que vivemos, tudo é tridimensional. Uma folha de papel é fina, mas estamos vivendo em um mundo 3-D, então ela tem uma certa espessura. Quando fazemos o Método Wholeness, descobrimos que tudo em nosso mundo interior também é tridimensional. Esse 'Eu' que parece uma folha de papel parece ser bem fino, mas tem uma certa espessura. Então, se você pausar e perceber gentilmente essa finura que ainda tem espessura, é possível começar a perceber algo mais. Pode ser útil começar percebendo a suavidade da superfície, como você já fez... E então você pode ir além disso, e perceber dentro e através dessa estrutura muito fina... para começar a sentir esse espaço... E se isso não for fácil de fazer conscientemente, então pode haver apenas a intenção de sentir dentro e através desse espaço muito fino... a intenção de registrar, de perceber a qualidade sensorial que está dentro e através do espaço.

Órgãos do Corpo

P E se o 'Eu' for meus olhos, meu cérebro ou meu coração?

R O 'Eu' nunca terá exatamente o mesmo tamanho e forma de um órgão do corpo físico. Então, se parecer que é seus "olhos", seu "cérebro", seu "coração" ou algum outro órgão físico, verifique novamente e perceba como pode ser um pouco diferente. Se parecer ser "meu cérebro", você pode verificar: pode ser que a experiência desse 'Eu' seja um pouco maior ou menor que o cérebro físico? Pode estar um pouco mais à frente ou um pouco mais atrás? Ou um pouco mais à direita ou à esquerda? Se você verificar dessa maneira, isso ajudará a focar no que queremos focar para este processo. Não se trata de um órgão físico.

Podemos chamar isso de uma experiência mais "energética", uma que acontece de estar localizada com alguma sobreposição a uma parte do corpo.

O mesmo vale para um sentimento inicial. Estamos explorando nossa experiência subjetiva e isso é muito improvável de ser exatamente o mesmo que o tamanho e a forma de um órgão físico.

Uma Memória ou Sentimento Surgem

P Quando meu 'Eu' se dissolveu, uma memória da minha infância surgiu. Isso é normal? Preciso fazer algo?

R Às vezes, quando um 'Eu' se dissolve, uma memória ou um sentimento emergem. Isso é bom — até mesmo ótimo. A memória ou a resposta emocional provavelmente estão relacionadas ao 'Eu' que acabou de ser liberado. Assim, à medida que o 'Eu' se libera, a memória e a resposta emocional também estão emergindo para se dissolverem e integrarem. Você não precisa entender isso. Não precisa fazer sentido. Apenas acolha isso e deixe que, como sensação, também se dissolva no campo da Consciência que é você. Tudo pode ser incluído de forma gentil.

E, com qualquer tipo de trabalho interno, às vezes as pessoas se lembram de algo que não têm certeza se realmente aconteceu. Felizmente, quando fazemos este processo, não precisamos saber se uma memória aconteceu ou se é mais como um sonho, que nosso inconsciente apresenta e pode ter um significado simbólico. De qualquer forma, isso pode ser incluído no processo.

Sentimento Inicial Não Integra

P   No final, e se o sentimento inicial não se integrar?

R   Uma vez que os 'Eus' estão mesclados com a Consciência, geralmente o sentimento original com o qual você estava trabalhando aceita de bom grado a integração. Às vezes, isso começa a acontecer por conta própria. No entanto, se parecer difícil ou indesejado, é importante pausar. Isso significa que algo mais precisa acontecer primeiro. Aqui estão duas coisas que você pode fazer...

Você pode encontrar uma segunda Cadeia de 'Eus'. Às vezes, há outra Cadeia de 'Eus' relacionada ao sentimento inicial e que o mantém no lugar. Então, você pode explorar o que acontece se você simplesmente passar pelo mesmo processo novamente e notar qual cadeia de 'Eus' emerge desta vez.

Você pode verificar se há alguma reação acontecendo. (Veja a seção no Capítulo de Meditação do Método Wholeness chamada "O que fazer com os pensamentos e sentimentos que nos distraem?")

Com o Método Wholeness, nunca tentamos fazer algo acontecer. Este processo é todo sobre gentileza e relaxamento da força, não sobre adicionar força. Nos treinamentos, ensinamos como responder a cada situação de modo que:

Usar este processo pareça gentil e suave;

Você possa encontrar o lugar em seu mundo interior onde a mudança é bem-vinda.

"Não aconteceu muito" ou "Foi intenso!"

P E se eu não sentir nada acontecendo?

R Às vezes, a experiência de integrar é bastante sutil — quase imperceptível. Outras vezes, a experiência parece forte e poderosa. Ambas são totalmente normais. Você pode confiar que seu sistema fará o que for mais adequado para você — e para sua estrutura interna — no momento. Há razões pelas quais algumas integrações são quase imperceptíveis e outras são fortes. Mas isso não importa no momento. O que importa é saber que, mesmo quando a integração é quase imperceptível, algo útil está mudando em seu sistema mente/corpo.

P E se a integração for intensa? Isso é normal?

R A maioria das pessoas experimenta algumas integrações como "suaves" e outras como "fortes" ou intensas. Se você praticar o Método Wholeness diariamente, provavelmente experimentará algumas de cada. Uma integração mais intensa pode parecer uma rajada de calor, ou vibrações, ou ondas de energia ou luz fluindo através do corpo. Quando uma integração parece forte, certifique-se de dar ao seu sistema bastante tempo para permitir que a liberação aconteça, fluindo e se estabelecendo. Claro, pode ser útil consultar um guia treinado se você tiver alguma dúvida ou preocupação.

— Um Conceito-Chave —

Como lembrete, se estivermos usando o Método Wholeness de maneira gentil e suave como pretendido, sempre permitindo o que "quer acontecer" e nunca forçando, aprendemos a confiar cada vez mais em que nosso sistema corpo/mente se integrará naturalmente, de modo que nosso sistema corpo/mente geral se torne mais relaxado, não constricto e completo.

Um 'Eu' já está integrado

P Após convidar o último 'Eu' para se integrar, verifiquei o penúltimo 'Eu' e ele tinha desaparecido. O que devo fazer?

R Isso aconteceu na demonstração com Eva. Depois que o quarto 'Eu' de Eva se integrou, quando ela verificou o terceiro 'Eu', ele já havia desaparecido. Nada estava lá. Às vezes isso acontece. É como se aquele último 'Eu' fosse a única coisa que mantinha um ou mais dos 'Eus' restantes no lugar.

Se isso acontecer, eu gosto de ainda convidar *"qualquer coisa que possa estar restante"* para também dissolver e se fundir ao todo da Consciência. Você pode se lembrar de que fiz isso quando guiei Eva na demonstração. (Veja "Convidando o terceiro 'Eu' para se integrar.")

A "integração" deve sempre ser através do espaço ao redor?

P Quando convidei o sentimento inicial para se integrar, pareceu fluir pelo meu corpo, mas não pelo espaço ao meu redor. Isso está OK?

R Sim, isso está bem. É bom permitir que aconteça da maneira que ocorrer. Cada vez que você realiza um exercício do Método Wholeness, sua experiência de integração provavelmente será um pouco diferente. Às vezes, você pode experimentar a integração principalmente através do corpo; outras vezes, a dissolução pode acontecer principalmente fora do corpo físico. Às vezes, pode fluir pelo corpo e pelo espaço ao redor do corpo; outras vezes, pode haver uma dissolução e fluxo que se espalha pelo espaço mais amplo ao redor. Um sentimento emocional é mais propenso a se integrar através do corpo e possivelmente além do corpo. Não há necessidade de forçá-lo a ser algo mais ou diferente do que é.

Você sempre precisa fazer o Passo 5, experimentar a Consciência?

P   Na demonstração com Eva, você pulou o Passo 5, "Experimentar a Consciência." Por quê?

R   A razão para o Passo 5 é que pausar para experimentar a Consciência pode facilitar a dissolução do 'Eu' nessa presença espaçosa que está ao nosso redor em todas as direções. Quando guiei Eva, ela já havia experimentado uma exploração detalhada da Consciência na aula comigo e com o grupo. Então, eu sabia que a experiência da Consciência já estava fresca para ela e que provavelmente seria fácil para ela experimentá-la novamente.

Quando você se guia neste método, eu encorajo você a pausar para experimentar a Consciência, pelo menos nas primeiras vezes. Depois disso, você pode apenas notar se fazer o Passo 5 continua a adicionar algo para você.

Quais São Suas Perguntas?

Se você encontrar algo diferente e não souber o que fazer, aqui estão algumas sugestões...

Primeiro, saiba que sempre há uma "maneira fácil" de trabalhar com o que quer que você encontre. Aprender o Método Wholeness é como aprender a andar. Pode haver desafios no início, mas cada um de nós aprende a andar de maneira fácil e sem esforço. Isso acontecerá com você no Método Wholeness também, se você persistir.

Você pode encontrar a resposta para a sua situação em um dos próximos capítulos deste livro. O Método Wholeness é simples — no entanto, há muita sutileza nele. Meu objetivo é preencher este livro com o máximo de informação útil que eu puder. Estou oferecendo-o a você na sequência que a maioria dos meus clientes e participantes de workshops acharam eficaz. No entanto, cada um de nós é único, e você pode precisar de algo agora que está em um capítulo posterior.

Você também pode participar de um treinamento do Método Wholeness. Nos treinamentos ao vivo, posso responder às suas perguntas conforme elas surgem, e *coaches* treinados ajudam você a

adaptar o processo às suas necessidades. Você também pode contatar um *Coach* de Wholeness para ajudá-lo individualmente.

Distinções importantes

Ocasionalmente, as pessoas me dizem: "Eu realmente gosto do Método Wholeness... e isso me lembra muito o trabalho de Carl Rogers ou de Virginia Satir ou de fulano." Eu considero isso um grande elogio, pois admiro tanto Carl Rogers quanto Virginia Satir. Tendo tido a oportunidade de conhecê-los e observar seu trabalho, respeito o fato de que seu trabalho vinha de um lugar de profunda bondade e respeito por cada pessoa. Tanto Carl Rogers quanto Virginia Satir personificaram essa bondade de forma magnífica, assim como muitos mestres espirituais também o fazem.

Como os adultos geralmente aprendem conectando novas informações ao que já sabem, é natural notar semelhanças nas filosofias ou metodologias. E, ainda assim, acredito que você obterá o maior benefício do Método Wholeness se abordá-lo com a mente completamente aberta. Vou encorajá-lo, tanto quanto possível, a começar do zero.

Portanto, convido você a considerar como o Método Wholeness como um sistema e prática é diferente — como é único em relação aos métodos que vieram antes. O Método Wholeness inclui vários avanços que, se utilizados ao máximo, podem ajudá-lo a alcançar uma mudança mais profunda, completa, gentil e suave. Quanto mais você compreender o sistema completo do Método Wholeness, mais poderá obter esse benefício de maneiras que te honrem profundamente e te ajudem a experimentar sua essência natural, que é e sempre foi bela. Aqui estão os principais avanços que cobrimos até agora.

O *Método Wholeness* realmente localiza o ego ou o "pequeno eu".
Ensinos espirituais de muitas tradições nos dizem que o sofrimento humano é o resultado do "ego". Muitas filosofias se referem ao ego como o "pequeno eu", porque quando nós experimentamos

a nós mesmos como nosso ego, não estamos experimentando a plenitude de quem realmente somos. Essas tradições também nos dizem que, quando o ego se dissolve, nosso sofrimento humano também desaparece.

O Método Wholeness oferece uma maneira precisa de fazer isso verdadeiramente:

Você pode *encontrar* o 'Eu' ou o ego em sua experiência.

Temos uma maneira específica de convidar esse 'Eu' a se dissolver, para que você possa começar a experimentar a plenitude de seu ser — experimentar-se como o campo completo da Consciência que você é. E, indo além disso, há a descoberta de que existem múltiplos pequenos "eus" dentro de cada um de nós. Você pode encontrar toda a Cadeia de 'Eus'.

Incluir essa Cadeia de 'Eus' também é um avanço na capacidade de transformar e curar a divisão interna de maneira fácil e gentil. Quando o primeiro 'Eu' não se dissolve facilmente, podemos simplesmente encontrar o próximo. Cada transformação de um pequeno 'Eu' interior é reconfortante, relaxante e libertadora, e nos leva a um bem-estar cada vez maior.

Essas não são descobertas pequenas. Enquanto eu preparava este livro para você, mais do que nunca passei a ter uma profunda apreciação e respeito pelo método em si. E sinto uma sensação de admiração pelo que esses métodos nos levam a descobrir dentro de cada um de nós.

Estamos realmente focando na "ciência" de um tipo muito especial e significativo de mudança de consciência. Há uma precisão por trás de cada passo nos processos que você aprenderá neste livro. Aprender a ciência por trás da "mágica" pode tornar o Despertar acessível a todos nós.

Cada componente deste trabalho acrescenta algo valioso. Tomados em conjunto, são um roteiro bastante completo para o seu próprio florescimento, para o seu próprio bem-estar, para a sua própria felicidade.

O *Método Wholeness é gentil — não precisamos de força.*

Essencial para o Método Wholeness é o princípio de "não forçar". Isso significa que é algo que cada um de nós precisa escolher intencionalmente fazer. Só você pode decidir se deseja adotar a prática e desfrutar dos benefícios.

O *Método Wholeness é uma maneira profunda de transformar crenças limitantes.*

As pessoas reconhecem que crenças são importantes. Crenças limitantes podem... bem, nos manter limitados. O que pode não ser óbvio é que o Método Wholeness — por sua natureza — transforma nossas crenças limitantes. Isso ocorre porque os 'Eus' internos sempre contêm crenças limitantes sobre nós mesmos e/ou sobre o mundo ao nosso redor. Então, toda vez que encontramos um 'Eu' interno e o convidamos a se dissolver, as crenças limitantes se dissolvem junto com o 'Eu'.

Um benefício adicional é que nem precisamos identificar conscientemente quais são nossas crenças limitantes. Quando notamos algo que nos incomoda e encontramos a Cadeia de 'Eus' relacionada, estaremos automaticamente encontrando os 'Eus' que contêm as crenças limitantes que afetam a qualidade de nossa vida.

Aqui está outra coisa interessante para entender sobre as crenças: Mesmo "crenças positivas" envolvem alguma rigidez interna. Elas envolvem a formação de uma visão fixa das coisas — e, em certo sentido, impor essa visão fixa à "realidade". Com o Método Wholeness, não há necessidade de substituir uma crença limitante por uma crença positiva. Quando os 'Eus' se dissolvem, temos maior capacidade de experimentar a "vida como ela é". Temos menos necessidade de nos definir e de definir os outros ao nosso redor. Tornamo-nos cada vez mais flexíveis e capazes de estar presentes, e de responder a qualquer situação em que nos encontremos a partir dessa presença e bondade.

E a beleza é que nunca precisamos nos forçar a mudar. É um processo natural e fácil — a sensação é de ser mais quem eu já sou.

O Método Wholeness dissolve distorções — os filtros inconscientes que colorem nossa experiência.

À medida que crescemos, lidando com nossos desafios únicos na vida, inconscientemente criamos filtros para a vida. É quase como se nossas experiências precoces na vida nos levassem a olhar para a vida através de lentes ou óculos embaçados, que não percebíamos estar usando. Nossa experiência atual pode literalmente se tornar tingida por coisas que aconteceram em nossos primeiros anos, ou distorcida de outras maneiras. Isso é natural e talvez até tenha sido útil para nós na época.

No entanto, agora como adultos, também é extremamente útil ser capaz de liberar essas distorções e filtros. E são os 'Eus' que encontramos internamente que mantêm essas distorções. Então, quando os 'Eus' relaxam, nossas visões distorcidas da vida caem naturalmente. Alguns clientes e participantes de workshops me dizem: "É como se o ar estivesse mais claro agora." Você pode experimentar suas próprias mudanças únicas. Fazer o Método Wholeness nos permite ver as coisas mais facilmente "como elas são".

E a boa notícia é que é um alívio. É muito melhor do que olhar através daqueles óculos embaçados. Começamos a saber em um nível visceral que já estamos completamente bem, e nossa verdadeira essência é algo que nunca pode ser danificado. Gradualmente, começamos a experimentar que "somos amor". Chegamos ao tipo de entendimento que as pessoas às vezes obtêm em experiências de meditação profunda ou em viagens com drogas psicodélicas quando elas funcionam bem. Ganhamos uma sensação de estar em paz e saber que tudo está bem. Um bem-estar que simplesmente é.

O lado espiritual &
O lado psicológico

O Método Wholeness traz cura psicológica e desenvolvimento espiritual.

Em quase todas as aulas que ensino, alguém vem até mim e diz: "Sou um buscador espiritual de longa data e amo isso! Você está fornecendo uma maneira de realmente fazer o que os mestres espirituais falam. Você está oferecendo um caminho confiável."

Existem maneiras pelas quais o Método Wholeness nos oferece algo valioso tanto do lado psicológico quanto do lado espiritual. Aqui está um resumo rápido.

Do Lado Espiritual, descobrimos que...

O 'Eu' realmente existe. É algo que podemos localizar em nossa psique. E precisamos fazer isso; caso contrário, desviamos da nossa experiência real.

Existem múltiplos 'Eus'. O que é chamado de ego não é uma coisa só. Precisamos saber disso para realmente dissolver o ego e experimentar o "despertar".

Não se trata de ignorar ou contornar esses 'Eus' dizendo a nós mesmos: "Esses 'Eus' não são 'reais' de qualquer maneira." Trata-se de recuperar a energia que está atualmente sendo usada para formar e manter esses 'Eus'. Essa energia é parte da nossa vitalidade. É boa. É positiva. O verdadeiro desenvolvimento espiritual acontece quando recuperamos essa energia, não quando nos livramos dela.

Do Lado Psicológico...

Em vez de tentar mudar nossos sentimentos problemáticos, dissolvemos a experiência do eu separado que tem mantido a resposta emocional no lugar. Quando encontramos os 'Eus' relacionados aos nossos problemas emocionais, o processo de mudança se torna mais fácil, gentil e completo. Os 'Eus' são o que têm mantido nosso estresse e nossos problemas no lugar.

Estamos integrando os 'Eus' com o campo completo de Consciência, em vez de deixar partes permanecendo como estruturas separadas dentro de nós ou apenas fundindo duas "partes" uma com a outra. Isso resulta em uma mudança mais profunda e completa.

Se você fez o exercício neste capítulo, pode já ter começado a experimentar como o Processo Básico do Método Wholeness pode levar à dissolução da tensão e do estresse.

Esse método oferece um avanço em nossa capacidade de dissolver o estresse e nos libertar de muitos dramas e sofrimentos em nossas vidas.

Agora, vamos mais longe... Você está pronto para dar o próximo passo? Junte-se a mim no próximo capítulo para explorar como usar o Formato de Meditação do Método Wholeness como uma prática diária ou como um método rápido, no momento, para "refrescar e redefinir."

O FORMATO DE MEDITAÇÃO

Resetando Seu Sistema Mente-Corpo

Neste capítulo, você aprenderá o Formato de Meditação do Método Wholeness, também chamado de Prática do Momento Presente. Você descobrirá como sua experiência do momento presente — o que quer que esteja acontecendo agora — pode se tornar uma porta de entrada para um profundo relaxamento e um gentil *reset* do seu sistema nervoso.

Milhares de pessoas têm utilizado essa prática para transformar o estresse do dia a dia, alcançando uma experiência de presença tranquila e resiliência. Eu mesma continuo a utilizá-la para meu bem-estar. Essa prática simples pode ser surpreendentemente eficaz, mesmo em meio a grandes turbulências no mundo externo. Espero que você a experimente e descubra por conta própria como é possível encontrar "paz interior", mesmo diante de circunstâncias desafiadoras na vida — mesmo quando não há "paz no exterior".

Você não precisa de um problema de vida para obter resultados.
Se você tem se dedicado ao crescimento pessoal por muito tempo, encontrar continuamente outra questão para trabalhar pode começar a parecer um "trabalho". Com o Formato de Meditação, nem é necessário pensar em uma questão específica para trabalhar. No entanto, essa prática simples vai além do relaxamento — ela nos ajuda a crescer, evoluir e mudar para melhor.

Um Processo Restaurador que se Encaixa na Sua Vida

O Formato de Meditação oferece um processo relaxante e restaurador do qual você pode se beneficiar mesmo que tenha apenas cinco minutos. Talvez você esteja esperando na fila do supermercado ou em outro contexto em que tenha apenas um curto período de tempo. E, claro, se você optar por usar o processo por mais tempo, talvez 20 minutos ou meia hora, ele se torna mais profundo. Portanto, cabe a você decidir quando e como realizar essa prática de vida. Faça por alguns minutos ou por mais tempo, dependendo do seu humor, e você colherá benefícios cumulativos.

Uma Prática que Torna a Meditação Fácil

Você pode ser alguém que já medita, ou alguém que não tem nenhum interesse em meditação. Ambos os tipos de pessoas já me disseram que amam o Método Wholeness.

Muitas pessoas que acham a meditação desafiadora me contam que esta é a primeira prática que conseguem fazer — e, além disso, gostam de fazer. Com o Método Wholeness, não há esforço. Você verá o porquê neste capítulo.

Meditadores experientes frequentemente dizem que este formato os leva a um estado profundo mais rápido e facilmente do que já haviam experimentado antes.

Se você não tem interesse em meditação, pode se surpreender com o quanto esse formato simples pode se tornar uma prática de vida revigorante. Depois de conhecer os passos, praticar parece uma recompensa — como um passeio relaxante a um spa — em vez de algo que você precisa fazer.

Dissolvendo o Ego com Novos Pontos de Escolha

O Formato de Meditação é, na verdade, semelhante ao Processo Básico que você aprendeu no Capítulo 3. No entanto, aprender este formato é importante porque:

Você pode começar de onde está no momento. Não precisa de um problema ou questão.

Você aprenderá dois novos "pontos de escolha". Conhecê-los pode tornar mais fácil "acolher" sua experiência de maneira simples e gentil.

Você ganhará mais prática em encontrar e dissolver os 'Eus', preparando-se para o que vem a seguir. Nos Capítulos 5 e 6, exploraremos territórios completamente diferentes. Você aprenderá dois processos poderosos que NÃO são focados em dissolver o ego: "Recuperar a Autoridade" e "Integrar o que Está Faltando." Você estará preparado para esses processos após concluir o exercício deste capítulo.

Experimentando a Consciência — Valiosa, Mas Não o "Caminho Completo"

No início e no final do Formato de Meditação, experimentamos a Consciência. Realmente vivenciar a Consciência pode ser algo incrivelmente luxuoso. Embora isso seja agradável, não é o motivo pelo qual este método é tão eficaz. A eficácia deste processo está no que acontece entre esses dois momentos. De fato, são os passos "entre" que nos levam a uma experiência mais rica e completa de Consciência.

Vamos explorar isso agora...

o formato de
meditação
demonstração

Um Prelúdio: Os Resultados para Rana

"... algo irradiando ao meu redor..."

"... mais paz..."

"... apenas estando no momento... Apenas estando aqui."

"... É lindo..."

Como Aprender com Esta Demonstração

Você tem algumas opções para vivenciar esta demonstração. Ao ler, pode imaginar que está assistindo e ouvindo Rana e eu. Deixe o

"filme" se desenrolar diante de você. Ou pode fingir que você é Rana e seguir adiante como se fosse ela, disfrutando de sua experiência. Uma terceira opção é realizar o processo por conta própria. Se optar por isso, toda vez que eu fizer uma pergunta a Rana, você pode pausar e observar que resposta surge para você.

E você não precisa decidir isso conscientemente com antecedência. À medida que lê, pode descobrir que algo está se transformando para você sem que precise rastrear isso ativamente. Esta demonstração se baseia no que você aprendeu nos Capítulos 2 e 3. Para aproveitar plenamente, leia esses capítulos primeiro.

Experimentando a Consciência

Eu: Então, Rana, enquanto você está sentada aqui agora, pode simplesmente fechar os olhos e encontrar uma posição confortável. Pode se mexer um pouco para realmente se sentir à vontade.

Rana: [Ajusta sua posição e sorri.]

Eu: Isso... e então inspire profundamente, relaxe e simplesmente permita-se experimentar o campo de Consciência que está ao redor. Tire um momento para notar que existe esta capacidade de vivenciar... que já está dentro e através do corpo... E cada um de nós pode perceber isso por si mesmo... e então nos tornamos conscientes de que essa capacidade de vivenciar também está ao nosso redor no espaço, em todas as direções... Pode haver uma sensação de amplitude... Pode haver uma sensação de presença... ou simplesmente de espaço... Às vezes, as pessoas experimentam isso como um *campo* de Consciência, porque ele se estende em todas as direções — está em todos os lugares ao mesmo tempo. Você pode começar exatamente de onde está no momento. Não precisa de um problema específico. Apenas essa capacidade de perceber, mesmo antes de surgir qualquer experiência....

E você pode fazer isso de forma fácil e confortável neste momento?

RANA: Sim. [Concordando com a cabeça.]

EU: Lindo, maravilhoso.

Encontrando um Ponto de Partida

EU: Certo, agora permita-se perceber o que quer que você perceba... Pode ser uma sensação no corpo. Pode ser um pensamento, pode ser uma imagem, pode ser uma voz interior. Pode ser uma tensão ou uma contração. Pode ser qualquer coisa. Apenas permita-se notar o que quer que surja... qualquer experiência que emerja... e chame sua atenção neste momento. E, quando perceber algo, pode me dizer o que é.

RANA: ... Uma leve tensão no meu pescoço. [Ela inclina a cabeça e aponta para a parte de trás do pescoço.]

EU: Certo, uma tensão no pescoço... E, ao notar essa "tensão" aqui no pescoço, observe a área que ela ocupa... É uma área grande? Pequena?... Qual é o formato e o tamanho?

RANA: ...Parece estar na parte de trás do pescoço... no pescoço todo. [Ela move a mão direita para cima e para baixo na parte de trás do pescoço.]

EU: Uhum... Certo, [então temos aproximadamente o tamanho (com base no gesto da Rana)]. E qual é o formato?

RANA: ... É como um bloco de madeira. [Com a mão direita, ela desenha o formato de um bloco no ar à sua frente.]

EU: Certo, ótimo, "como um bloco de madeira."

Para Você, Leitor(a): Rana está descrevendo sua experiência metaforicamente: "É *como um bloco de madeira*." Quando alguém usa uma metáfora, eu os guio para mudar sua atenção para notar a qualidade sensorial da experiência. Aqui está como isso é feito...

EU: Então agora, Rana, parece um bloco de madeira... E, deixando de lado essa imagem, se você sentir dentro e através da área, através do espaço que ela ocupa, qual é a qualidade sensorial que realmente está presente ali?

RANA: ... [Faz uma pausa, levanta a mão direita e move os dedos suavemente para frente e para trás, como se estivesse sentindo a área com os dedos.]

EU: E pode haver um formigamento, pode haver uma aspereza, pode haver uma sensação de dureza ou densidade... ou talvez uma leveza no ar.... Não podemos realmente prever ou saber até sentir ali.

RANA: Há uma pressão... Parece denso... não muito denso, mas denso.

EU: Certo, ótimo, parece denso e há uma pressão... Agora, quando alguém diz "pressão," isso significa que algo está pressionando algo. Então, Rana, é como se algo estivesse pressionando isso [essa área densa/em forma de bloco de madeira]? Ou é essa área [essa área densa] que está pressionando outra coisa?

RANA: Parece que o topo da minha cabeça está meio que pressionando meu pescoço. É isso que parece.

EU: Então, essa área que é meio densa, como um bloco de madeira... está sob pressão? De cima?

RANA: Sim. [Seus olhos permanecem fechados, ela faz uma pausa, as sobrancelhas ligeiramente franzidas.]

EU: Há uma sensação de densidade aí?

RANA: Sim.

EU: Certo, lindo.

Para você/Leitor: Perguntei a Rana algumas coisas sobre sua experiência de "pressão". Isso não faz parte do processo usual e você geralmente não precisará fazer isso[1].

---

[1] Nos treinamentos de Níveis II – IV do Método Wholeness, aprendemos mais opções para lidar com a "pressão". É melhor começar com a abordagem simples que estou demonstrando aqui. Às vezes, isso é tudo o que é necessário.

Notas da Sessão: A Experiência Inicial, "Tensão"	
Localização:	*Parte de trás do pescoço*
Tamanho e Forma:	*Toda a área do pescoço, em forma de bloco de madeira*
Qualidade Sensorial:	*Densa (não muito)*

Encontrando o 'Eu'

EU: Agora vamos encontrar o 'Eu' [como fizemos no Capítulo 3]. Então, Rana, você poderia dizer, e isso seria verdade: *"Eu estou ciente desse lugar denso no meu pescoço."*

RANA: Eu estou ciente desse lugar denso no meu pescoço...

EU: Sim. E até mesmo apenas pensando isso por dentro... *"Eu estou ciente disso."* ... Onde está o 'Eu' que percebe?

RANA: Está no topo da minha cabeça, aqui. [Ela levanta suavemente a mão esquerda acima da cabeça.]

EU: Certo, adorável. No topo da sua cabeça... E está acima da sua cabeça?

RANA: Sim, acima da minha cabeça. [Novamente, levantando a mão, olhos fechados.]

EU: Sim. E qual é o tamanho e a forma aproximados?

RANA: Parece um tampa. Como uma tampa de garrafa. [Sua mão esquerda faz o formato de um tampão de garrafa.]

EU: Como uma tampa de garrafa.
Certo, e qual seria o tamanho aproximado? Você pode nos mostrar com seus gestos?

RANA: Sim. [Ela indica um tamanho pequeno com o indicador e o polegar.]

EU: Sim, interessante.

RANA: [Sorri, parecendo pronta.]

Para Você, Leitor(a): Rana novamente oferece uma metáfora para sua experiência: "Como uma tampa de garrafa." Então, em seguida, eu a convido a mudar sua atenção para perceber a qualidade sensorial.

EU: Então, Rana, primeiro observe a metáfora... *"Parece uma tampa de garrafa"*... e agora o que fazemos é sentir dentro e através do espaço para encontrar a qualidade sensorial. Então, sentindo dentro e através dessa área que parece uma tampa de garrafa... qual é a qualidade sensorial aqui? [Eu imito os gestos da mão dela para indicar a localização.]

RANA: É quente. [Sua mão esquerda ainda está levantada acima da cabeça, com a palma próxima ao cabelo, movendo-se levemente enquanto ela percebe.]

EU: É quente.

RANA: Sim.

EU: E mais alguma coisa, como leveza —

RANA: — Bastante leve, na verdade. [Rana me interrompe para afirmar essa qualidade antes que eu tenha tempo de oferecer um menu de opções.]

EU: Quente e bastante leve. Certo. Ótimo. [Rana abaixa sua mão esquerda e levanta brevemente a direita, parecendo absorta na experiência.]

Notas da Sessão: O 1º 'Eu'	
Localização:	*Topo da cabeça*
Tamanho e Forma:	*Como uma tampa de garrafa*
Qualidade Sensorial:	*Quente, bastante leve*

Encontrando o Segundo 'Eu'

EU: Agora... Vou fazer algo que não preciso fazer no Formato de Meditação, mas que pode trazer benefícios. E isso é encontrar o segundo 'Eu'.

Então, Rana... há uma percepção disso (o primeiro 'Eu') ... que é quente e leve, que está acima de sua cabeça... *"De onde vem essa percepção? Ou onde está o 'Eu' que percebe isso?"*

RANA: Cerca de um metro acima. [Ela estende o braço esquerdo acima da cabeça, apontando para cima.]

EU: Certo, um metro acima. E qual é o tamanho e a forma aproximados?

RANA: Novamente, estou vendo uma metáfora, como uma fonte de água. [Ela ri, levantando novamente a mão esquerda acima da cabeça.]

EU: Como uma fonte de água.

RANA: Sim, e talvez este seja o tamanho dela. [Ela gesticula para mostrar o tamanho.]

EU: Isso é ótimo. E é maravilhoso que você esteja notando a metáfora e simplesmente relatando-a, exatamente como ela surge para você. Alguns de nós terão uma experiência metafórica. Muitos de nós não terão. E, seja como for que experimentemos, isso é perfeito. Nosso sistema está apenas revelando para nós de forma natural. E é útil seguirmos como nosso sistema apresenta essas coisas para nós.

Então, ao notar essa fonte de água ... e sentir dentro e através do espaço disso — do que parece uma fonte de água — simplesmente sentindo dentro e através desse espaço... Qual é a qualidade sensorial aqui?

RANA: ...É mais fresco. [As pálpebras dela pressionam-se levemente, tremulando, enquanto ela sente internamente.]... Bem leve.

EU: Fresco.

RANA: Sim... Bem leve.

EU: E bem leve. Certo. Ótimo, e isso é suficiente. É lindo.

Notas da Sessão: O 2º 'Eu'	
Localização:	*Um metro acima da cabeça*
Tamanho e Forma:	*Fonte de água*
Qualidade Sensorial:	*Fresco, bem leve*

Sentindo se o 'Eu' aceita se integrar com a Consciência.

Eu: Agora vamos fazer algo diferente do que fizemos com o Formato Básico do Método Wholeness que você aprendeu no Capítulo 3. Em vez de buscar três camadas do 'Eu', vamos verificar com o 'Eu' que encontramos e descobrir se ele já aceita dissolver-se e integrar-se ao campo de Consciência.

Então, é isso que gostaria que você fizesse agora, Rana.... Percebendo e sentindo através deste espaço aqui, que é fresco e um pouco leve [peço a Rana que preste atenção ao segundo 'Eu' que acabou de encontrar.]... Verifique: "Essa sensação aceita ser convidada a se abrir, relaxar e dissolver dentro e como a plenitude da Consciência... que está ao redor e por todos os lados?"

[Enquanto faço essa pergunta, o rosto e o corpo de Rana começam a relaxar.]... Sim, e posso ver que isso já está acontecendo. Sim, e você pode simplesmente permitir que isso continue, do jeito que for... Sim... e me avise quando as coisas tiverem se estabilizado.

Rana: ...Sim.

Convidando o Primeiro 'Eu' a se Integrar

Eu: Certo. Ótimo. Então, agora vamos voltar para o anterior, que estava no topo da cabeça. E como está agora? Está igual ou um pouco diferente?

Rana: ...Um pouco diferente.

Eu: Certo... Então, percebendo como está agora, note o que acontece quando a sensação aqui é convidada a também se abrir, relaxar, dissolver, derreter dentro e como o campo completo de Consciência que está ao redor e por todos os lados. [Ela inspira e expira suavemente.]

Isso mesmo... E você pode simplesmente deixar isso acontecer do jeito que acontecer.

...Sim. E relaxando no acontecimento disso... Isso mesmo. E me avise quando tudo estiver estabilizado.

...Sim. [De olhos fechados, o corpo de Rana está muito imóvel. Então, ela acena com a cabeça.]

Convidando a Sensação Inicial a se Integrar

Eu: Certo, adorável. E agora verificamos o lugar original, na área do pescoço. [Faço um gesto em direção ao meu pescoço com as duas mãos atrás.] E está igual? Ou está um pouco diferente?

Rana: ...Está diferente.

Eu: Certo, e como está agora?

Rana: O bloco meio que desapareceu agora.

Eu: O bloco meio que desapareceu... E o que há lá agora? Alguma coisa dele ainda resta? Ou é apenas espaço?

Rana: Não, acho que ele não está lá, na verdade.

Eu: Não está lá de forma alguma? Certo, tudo bem. Então, talvez já esteja completamente integrado e dissolvido na Consciência. Só para garantir que não reste absolutamente nada, vamos convidar o que quer que possa estar lá, se houver algo, a também se abrir, relaxar, dissolver e derreter dentro e como o campo completo da Consciência... Isso mesmo... [Eu posso ver que isso já está acontecendo.]... e você pode simplesmente deixar ir o que quer que aconteça.

Rana: [Suspira enquanto seu corpo entra em um relaxamento visivelmente mais profundo.]

Eu: E pode ser que o que queira acontecer seja que toda a Consciência possa relaxar e se abrir, dentro e como a área aqui, no pescoço. Ou talvez a Consciência já presente nesta localização possa despertar para si mesma...

E algumas dessas palavras podem ter significado, outras podem não ter. Você pode simplesmente permitir que o que quer que aconteça aconteça, incluindo se nada acontecer, e isso também está bem...

Para Você/Leitor: Você notou que ofereci à Rana três maneiras diferentes de como essa integração poderia acontecer? Eu chamo isso de "as três direções da Integração." Este é um novo "ponto de escolha," e explicarei mais sobre isso mais adiante neste capítulo. Rana provavelmente não precisou dessas "três direções" desta vez. Mas, às vezes, a segunda ou a terceira "direção" são necessárias para que a integração aconteça com facilidade.

EU: Você pode me avisar quando as coisas se estabilizarem. Se já se estabilizaram, tudo bem. Se precisar de mais tempo, isso também pode ser permitido.

RANA: ...Está estabilizado. [Ela fala suavemente e devagar, a partir de um estado profundo de tranquilidade. Ela está relaxada e imóvel, parecendo experimentar uma liberação profunda.]

EU: Está estabilizado. Certo, ótimo. E agora, como foi isso? Você notou algo a mais? [A sensação inicial já havia "desaparecido", então estou perguntando se Rana experimentou alguma mudança adicional a partir do convite para "qualquer coisa restante" se integrar mesmo assim.]

RANA: Você está falando sobre o final? [Rana abre os olhos.]

EU: Sim.

RANA: Sim, eu me vi flutuando e algo irradiando ao redor. [Ela move a mão esquerda para cima, pairando-a momentaneamente, e depois abre os braços para fora, demonstrando sua experiência.]

EU: Certo, algo flutuando e algo irradiando ao redor.

RANA: Sim, mais pacífico...

EU: E mais pacífico. Certo. Adorável. Lindo.

Para Você/Leitor: Mesmo que a sensação inicial já tivesse praticamente desaparecido, convidar "qualquer coisa que possa ter restado" para se integrar muitas vezes traz uma sensação boa e promove uma integração adicional.

Descansando como Consciência

EU: Certo, este é o Processo de Meditação completo. Isso foi uma rodada. E podemos fazer uma segunda rodada. Ou podemos simplesmente descansar como Consciência pelo tempo que quisermos, porque este é um espaço agradável para estar, certo?

RANA: Sim. Muito obrigada. [Ela responde calorosamente e se prepara para sair.]

EU: E fique aqui só mais um pouco... porque quero enfatizar como isso — tanto a fase de integração quanto simplesmente descansar como Consciência — é a parte que é curadora e restauradora em todos os níveis. Fazer isso é restaurador no nível físico, no nível dos pensamentos, no nível da nossa psique... simplesmente nos permitir descansar neste espaço de Consciência aberta. E podemos fazer isso pelo tempo que acontecer.

        E então, nosso sistema pode nos trazer algo mais para atender. Estamos nesse espaço de Consciência e então "Ah, há outro pensamento, sensação." Algo mais aconteceu.

        Então, Rana, ao voltar sua atenção para dentro novamente agora, é apenas Consciência aberta? Ou há algo novo para perceber?

RANA: ...[Ela fecha os olhos e se volta para dentro em silêncio.]... Estou apenas estando no momento, acho que agora, não há mais nada... Apenas estando aqui.

EU: E é tão agradável apenas estar neste espaço lindo e adorável. Certo, então estamos finalizados. Este é o Formato de Meditação. Obrigado, Rana.

RANA: Muito obrigada. É lindo. [Ela balança suavemente e exibe um sorriso radiante.]

Notas Completas da Sessão: Demonstração do Formato de Meditação do Método Wholeness	
Experiência Inicial:	*"Tensão"*
Localização:	*Parte de trás do pescoço*
Tamanho e Forma:	*Toda a área do pescoço, formato de um bloco de madeira*
Qualidade Sensorial:	*Denso (não muito)*

Primeiro 'Eu'	
Localização:	*Topo da cabeça*
Tamanho e Forma:	*Como uma tampa de garrafa*
Qualidade Sensorial:	*Quente, bastante leve*

Segundo 'Eu'	
Localização:	*Um metro acima da cabeça*
Tamanho e Forma:	*Fonte de água*
Qualidade Sensorial:	*Fresco, bem leve*

dois novos pontos de escolha

Esta demonstração do Formato de Meditação apresenta dois novos pontos de escolha que você pode usar a qualquer momento durante o Método Wholeness. A formulação para esses novos pontos de escolha está no Guia Passo-a-Passo. Você começará a aprendê-los de forma simples ao seguir o roteiro durante o exercício. Os dois pontos de escolha são quando convidamos a integração — e como fazê-lo.

Quando Convidamos a se Integrar

No Processo Básico, encontramos uma Cadeia de 'Eus' e, então, começamos a se integrar. Talvez você tenha percebido como fazer isso muitas vezes torna a experiência mais poderosa e completa.

No entanto, às vezes, o primeiro 'Eu' que encontramos já aceita se integrar. Se for assim, é mais simples e direto apenas convidá-lo a fazer isso. No Formato Meditativo, estou apresentando um roteiro fácil para realizar isso. Apenas perguntamos ao primeiro 'Eu' que surge se ele aceita se integrar. Caso aceite, o convidamos a seguir adiante.

Frequentemente, quando as pessoas começam a praticar o Método Wholeness, há muitos benefícios em buscar uma Cadeia de 'Eus'. (Por isso, na demonstração, guiei Rana para encontrar um segundo 'Eu', mesmo enquanto ensinava o Formato da Meditação.) Mas, depois de praticar o Método Wholeness por um tempo, você pode descobrir que, às vezes, é mais fácil apenas convidar o primeiro 'Eu' a se integrar. Com o Método Wholeness, estamos sempre percebendo o que nosso sistema quer fazer — o que parece natural.

Como Convidamos a se Integrar
Existem três formas diferentes de convidar à integração. Recomendo que você explore essas opções.

Nas explorações que você fez nos Capítulos 2 e 3, a formulação que dei para convidar à integração é o que chamo de a primeira "Direção de Integração." O roteiro guia você para convidar à integração da maneira que funciona para a maioria das pessoas, especialmente ao iniciar o Método Wholeness.

No entanto, às vezes, um 'Eu' ou uma sensação inicial necessita se integrar de uma forma diferente. É nesse momento que oferecer as outras duas Direções de Integração pode fazer toda a diferença. Aqui está uma breve descrição de cada uma das três Direções de Integração.

A Primeira Direção: o 'Eu' Relaxa na Consciência
Você já experimentou isso nos Capítulos 2 e 3. A sensação do 'Eu' estava contraída em um espaço relativamente pequeno. Então, convidamos o 'Eu' a se dissolver e derreter de volta no campo completo da Consciência. Você pode experimentar isso como a sensação do 'Eu' indo de uma posição central concentrada para se abrir, dissolver ou fluir para fora. Pode parecer como uma dispersão em todas as direções. É semelhante ao que se pode observar quando

se coloca uma gota de corante em uma tigela com água. A cor gradualmente se dispersa em todas as direções.

A experiência do 'Eu' relaxando na Consciência pode ser algo como...

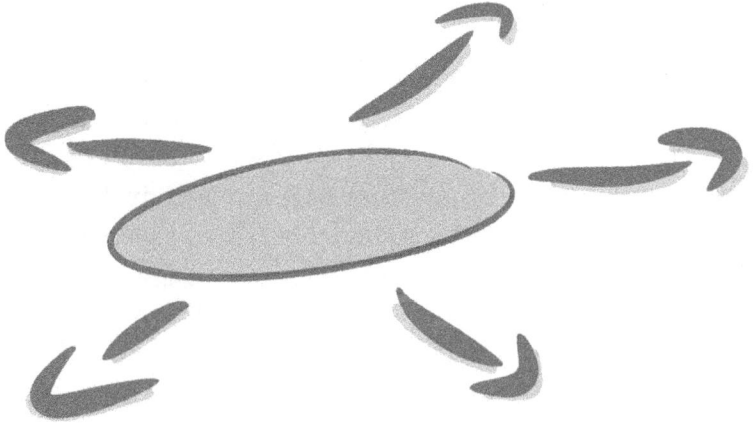

'Eu' → Consciência

A Segunda Direção: a Consciência Relaxa/Abre-se para o 'Eu'

Em vez de convidar o 'Eu' a se abrir para a Consciência, convidamos toda a Consciência a fluir para dentro e como a sensação do 'Eu'. Isso pode parecer impossível. Como algo tão vasto pode entrar em uma área menor de espaço? No entanto, se você não tentar entender, às vezes, é exatamente essa experiência que o 'Eu' deseja. Quando é o tipo certo de integração para o 'Eu', ela parecerá natural e como uma liberação bem-vinda. Pode parecer como toda a Consciência gentilmente se abrindo para dentro e como a sensação do 'Eu', e isso pode levar a um derretimento ou dissolução natural do que estava sendo mantido ali de forma rígida.

A experiência da Consciência se abrindo para o 'Eu' pode ser algo assim...

Consciência → *'Eu'*

Se isso não fizer sentido para você, está tudo bem. Isso geralmente significa que esse não é o tipo de integração que se encaixa para você agora.

A Terceira Direção: Sem Movimento

Nessa direção de integração, convidamos "a Consciência já presente no espaço do 'Eu' a 'despertar para si mesma'". Pode literalmente parecer algo "acordando" sem necessidade de movimento. O que já está presente "desperta".

A experiência do 'Eu' despertando para a Consciência já presente pode ser algo assim...

'Eu' = Consciência

Novamente, se essa direção não fizer sentido, isso geralmente significa que não é a melhor abordagem para o seu sistema neste momento.

A Importância das Três Direções

Você pode se perguntar por que precisamos de três Direções de Integração. Não seria uma só o suficiente?

A resposta curta é "não." A maioria das pessoas precisa da primeira direção ao começar o Método Wholeness. Mas para quase todos — talvez para todos — chegará um momento em que essa direção não funcionará. Isso acontece porque o tipo de integração necessário precisa corresponder ao tipo de constrição. Se você fechar a mão no punho, há apenas uma maneira de seus dedos se abrirem e relaxarem novamente. Cada dedo se abre para fora, a partir do ponto onde está conectado à palma. Mas e se você tentasse abrir os dedos pelo outro lado, a partir do ponto de conexão com a palma? Simplesmente não funcionaria.

Cada 'Eu' dentro de nós é literalmente uma contração da nossa consciência. A integração ocorre quando ao esforço dessa contração é permitido relaxar. A integração precisa reverter o que aconteceu quando a contração se formou. Ao oferecer as três direções, facilitamos para o seu sistema responder ao que for adequado[2].

Se isso não fizer sentido para você no nível mental, tudo bem. Você pode simplesmente seguir o script no Guia Passo a Passo e deixar que o processo aconteça da maneira mais fácil para o seu sistema.

---

[2]   Se você quiser saber mais sobre as três direções de integração, há um capítulo completo sobre isso no meu livro anterior, *Coming to Wholeness: How to Awaken and Live with Ease* (Capítulo 13).

fluxograma
o formato de meditação

No fluxograma a seguir você pode ver os principais passos do Formato de Meditação em uma única imagem.

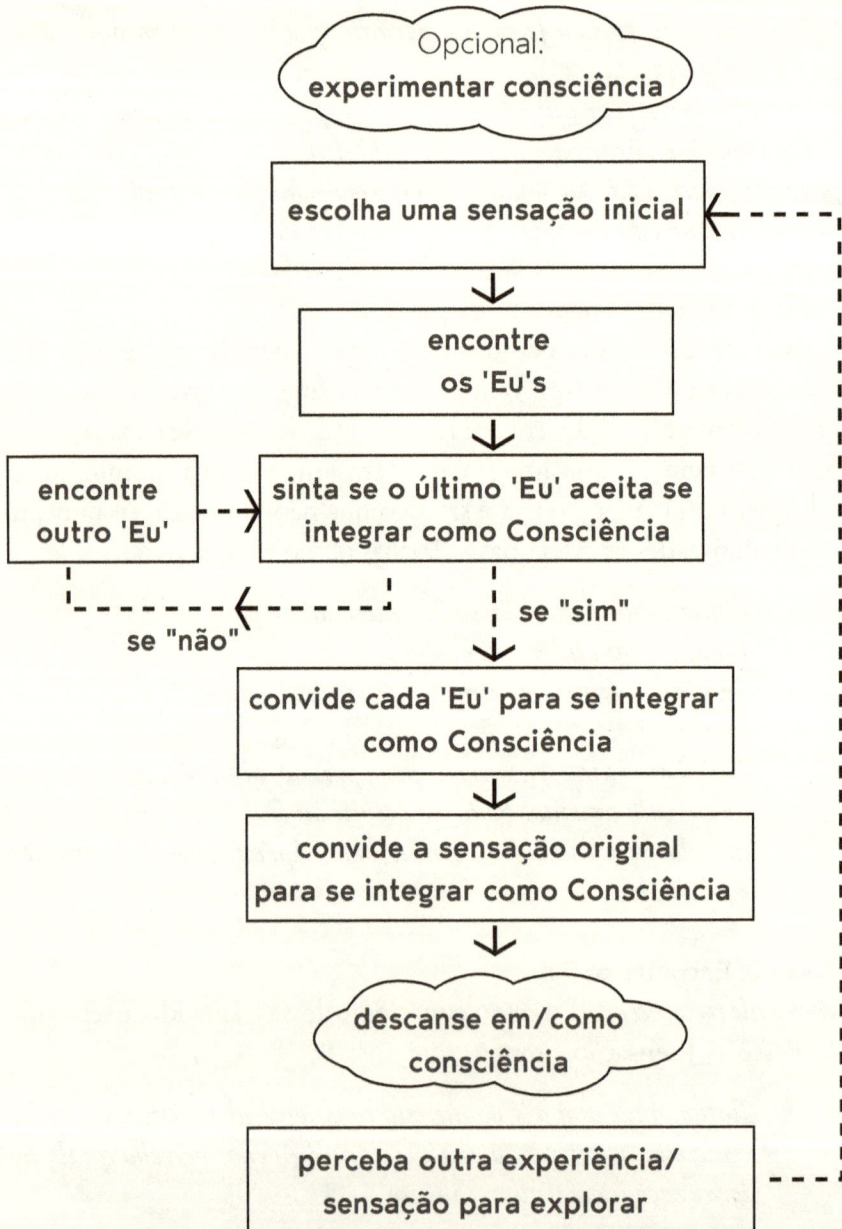

```
                    ╭──────────────────────╮
                    │      Opcional:        │
                    │ experimentar consciência │
                    ╰──────────────────────╯
                              ↓
              ┌──────────────────────────────┐
              │  escolha uma sensação inicial │ ←- - - - ┐
              └──────────────────────────────┘          │
                              ↓                          │
              ┌──────────────────────────────┐          │
              │           encontre            │          │
              │          os 'Eu's             │          │
              └──────────────────────────────┘          │
                              ↓                          │
  ┌───────────┐   ┌──────────────────────────────┐     │
  │ encontre  │- -→│ sinta se o último 'Eu' aceita se│    │
  │ outro 'Eu'│   │  integrar como Consciência     │    │
  └───────────┘   └──────────────────────────────┘     │
        ↑    ←- - - - - - - ┘        │ se "sim"          │
      se "não"                       ↓                   │
              ┌──────────────────────────────┐          │
              │  convide cada 'Eu' para se integrar │     │
              │        como Consciência        │         │
              └──────────────────────────────┘          │
                              ↓                          │
              ┌──────────────────────────────┐          │
              │  convide a sensação original   │         │
              │ para se integrar como Consciência │       │
              └──────────────────────────────┘          │
                              ↓                          │
                    ╭──────────────────────╮            │
                    │   descanse em/como     │           │
                    │     consciência        │           │
                    ╰──────────────────────╯            │
                              ↓                          │
              ┌──────────────────────────────┐          │
              │  perceba outra experiência/    │- - - - - ┘
              │  sensação para explorar        │
              └──────────────────────────────┘
```

Guia Passo a Passo – Formato de Meditação

Agora experimente por si mesmo. Você pode fazer essa meditação sentado em uma cadeira confortável ou deitado. Recomendo encontrar um local onde suas costas e toda a coluna vertebral estejam apoiadas, para que, quando o corpo relaxar, você tenha suporte.

Preparação: Experimentar a Consciência

Com os olhos abertos ou fechados, permita que seu corpo encontre uma posição confortável...

Você pode reservar um momento para experimentar a Consciência... A capacidade de experimentar... que está dentro do corpo... e ao redor e por toda parte. Pode ser sentida como uma sensação de amplitude... de presença... que está em todos os lugares ao mesmo tempo...

Passo 1: Encontre um ponto de partida

Agora faça um escaneamento mente-corpo e perceba o que quer que você perceba. Permita que o que relaxa facilmente relaxe... e observe o que permanece... Pode ser uma tensão, uma sensação de constrição ou peso, uma emoção, uma imagem que vem à mente, uma voz interior ou qualquer outra coisa. Pode até ser algo que não se encaixe exatamente em nenhuma dessas categorias... Apenas observe o que notar.

- *Onde essa experiência está localizada?*
- *Qual é o tamanho e a forma?*
- *Sentindo dentro e através dessa área, qual é a qualidade sensorial? ...*
- *Pode haver uma sensação de peso, pressão, vibração, efervescência ou borbulhamento. Pode ser quente ou frio. Pode ser algo difícil de colocar em palavras, e tudo bem. Apenas observe a sensação que está lá.*

Passo 2: Encontre o 'Eu'.

Você pode reconhecer: "Eu estou consciente dessa [_qualidade sensorial do Passo 1_] sensação", *certo?*

- *Então, onde está o 'Eu' que está consciente dessa sensação? ... De onde está acontecendo essa percepção? Apenas perceba qualquer localização que venha à mente.*

- *E qual é o tamanho e a forma? [desse 'Eu']*
- *Agora perceba a qualidade sensorial dentro e ao redor dessa área.*
- *[Pode ser nebulosa, clara, densa ou vazia, pesada, leve, vibrante, imóvel e assim por diante. Se nenhuma palavra descrever exatamente, tudo bem. Apenas observe a sensação em si...]*

Passo 3: Veja se o 'Eu' aceita se integrar à Consciência.

Agora perceba suavemente o que é bem-vindo: "A sensação deste 'Eu' aceita o convite para se abrir e relaxar como a plenitude da Consciência?"

<u>Se "Sim":</u> Vá para o Passo 4.

<u>Se "Não":</u> Isso indica que é necessário encontrar outro 'Eu'. Veja como:

Você percebeu que a sensação aqui [_na localização do 'Eu'_] não aceita o convite para se abrir e relaxar, certo?

- *Então, onde está o 'Eu' que percebe isso? De onde essa percepção está acontecendo?*
- *E qual é o tamanho e a forma, e a qualidade sensorial desse novo 'Eu'?*
- *Agora verifique novamente: "A sensação deste 'Eu' aceita o convite para se abrir e relaxar como a plenitude da Consciência?"*

Continue esse processo até encontrar um 'Eu' que aceite se integrar à Consciência. Em seguida, prossiga para o Passo 4.

Passo 4: Convide o 'Eu' a se integrar.

Observe o que acontece quando a sensação deste 'Eu' é convidada a se abrir e relaxar... como a plenitude da Consciência... E isso pode acontecer do seu próprio jeito, conforme parecer mais natural.

Aqui estão algumas maneiras adicionais de convidar a integração, caso sejam úteis.

...Ou talvez o que queira acontecer seja que toda a Consciência se abra e relaxe dentro e como a sensação aqui... Ou pode ser que a Consciência já presente dentro e através da sensação aqui desperte para

si mesma... Pode haver um sentir do que quer acontecer—o que começa a acontecer naturalmente por conta própria... sem esforço.

Se houver mais 'Eus': Convide cada 'Eu' anterior a se integrar, indo do último para o primeiro.

Agora vamos verificar [_a localização do 'Eu' antes daquele que acabou de se integrar_]. ... Primeiro, perceba: está do mesmo jeito que antes ou está um pouco diferente? Qualquer uma das opções está bem.

Agora observe o que acontece quando a qualidade sensorial aqui agora ... é convidada a se abrir e relaxar ... como a plenitude da Consciência.... Pode haver uma permissão para que isso aconteça de sua própria maneira.

Formulações opcionais: Ou pode ser que o que queira acontecer seja que toda a Consciência se abra e relaxe dentro e como a sensação aqui ... Ou a sensação aqui pode começar a despertar para si mesma.

Passo 5: Convide a sensação inicial para se integrar.
Agora vamos voltar para o local onde você começou. Qual é a sensação aqui agora?

Seja qual for a sensação presente, sinta suavemente qual caminho de integração quer acontecer. Pode ser que essa sensação queira se abrir e relaxar dentro e como toda a Consciência. Ou talvez essa sensação queira que toda a Consciência flua para dentro dela. Ou pode parecer que a Consciência já presente nesse local desperte para si mesma...

Agora pode haver uma experiência do que quer que aconteça. E, se/quando um relaxamento e derretimento acontecerem, aproveite esse estado pelo tempo que desejar.

Passo 6: Descanse como Consciência.
Agora pode haver um momento de simplesmente "descansar dentro e como Consciência" pelo tempo que quiser.

Opcional: Ciclar pelo processo novamente.
Você pode continuar utilizando este Formato de Meditação pelo tempo que quiser. Se outra sensação, sentimento ou resposta surgir,

pode haver uma observação gentil da localização e da qualidade sensorial e você pode passar pelo processo novamente.

Você pode seguir estas etapas uma vez ou várias vezes em uma única sessão.

Compartilhando Experiências

Aqui estão algumas experiências que pessoas em sessões de treinamento do Método Wholeness compartilharam sobre a realização deste exercício.

> *"Eu me senti incrivelmente em paz, muito rápido."*
>
> *"Comecei a bocejar na etapa de integração. Foi como se meu corpo estivesse liberando tensões que eu nem sabia que estavam lá."*
>
> *"Já tentei meditar antes, e parecia uma luta porque eu tinha esses pensamentos distraídos e não conseguia manter o foco. Mas isso foi fácil porque eu posso simplesmente notar e incluir os pensamentos distraídos." (Veja a próxima seção: "E os Pensamentos e Sentimentos Distraídos?" para saber como fazer isso.)*
>
> *"Comecei com uma dor crônica e fiquei surpreso que ela praticamente desapareceu no final."*
>
> *"Meu corpo simplesmente relaxou, e eu estava aproveitando estar relaxado."*
>
> *"Sou praticante de meditação há muito tempo e, fazendo isso, entrei em um estado meditativo profundo muito rapidamente. Normalmente levaria mais tempo. Também percebi que, com minha prática anterior de meditação, eu sentia um estado maravilhoso, mas esse estado de êxtase parecia separado da vida real. Com [a Meditação do Método Wholeness], eu não me separo de nada. Parece fazer parte da minha vida."*

mudança
sem esforço
por que a meditação do Método Wholeness funciona

A Meditação do Método Wholeness oferece uma maneira gentil e direta de incluir e, de fato, integrar *tudo* o que está presente na nossa experiência do momento. Começamos com a experiência do momento presente — essa é a parte óbvia. Depois, passamos a incluir alguns aspectos importantes, mas frequentemente negligenciados, da nossa experiência...

Os 'Eus' — o "eu que percebe", geralmente ativado em cada momento.

Pensamentos, emoções ou distrações interferentes. Não precisamos evitá-los também.

Gostaria de explicar por que incluir cada um desses aspectos adicionais da nossa experiência é importante — e faz com que a Meditação do Método Wholeness pareça tão fácil e sem esforço — sem luta. Quando incluímos essas coisas, torna-se possível e simples "descansar como a Consciência" de maneira mais completa e plena. Na verdade, o próprio campo da Consciência torna-se mais rico e completo quando chegamos lá dessa forma.

Mesmo pessoas que acham a meditação difícil muitas vezes encontram na Meditação do Método Wholeness algo fácil e natural. E se você não se identifica com a palavra "Meditação", tudo bem pensar nisso como uma prática simples e nutritiva.

Encontrar e Relaxar o 'Eu'

Muitas formas de meditação instruem as pessoas a "*descansar como a Consciência*" ou "*ser a Consciê*ncia" ou algo parecido. Se tentarmos fazer isso sem encontrar, acolher e integrar os 'Eus', geralmente se torna algo difícil, porque ignoramos um aspecto importante da nossa experiência inconsciente. O 'Eu' realmente existe em um nível inconsciente: é uma contração interna da consciência que — se não liberada — continua a estressar nosso sistema. Isso é uma forma de "*bypass* espiritual" que muitas vezes não é reconhecida. Quando encontramos e integramos os 'Eus', a experiência torna-se mais fácil e relaxante.

Além disso, quando os 'Eus' se liberam na Consciência, o campo de Consciência que experimentamos torna-se, na verdade, mais rico e mais pleno. Tudo isso torna a experiência mais nutritiva e mais relaxante.

No geral, a vivência é mais completa e totalmente natural, sem esforço.

Até onde sei, o Método Wholeness é a primeira forma de meditação que oferece um caminho explícito para encontrar e relaxar os 'Eus' que existem no nível inconsciente. Antes do Método Wholeness, os ensinamentos espirituais focavam em afirmar que "o 'Eu' é uma ilusão; ele não existe de verdade." No Método Wholeness, reconhecemos que "sim, o 'Eu' não é real" no sentido em que meu corpo, um carro ou a comida à minha frente existem. Ele é algo que criamos; MAS ele existe como uma estrutura no nosso inconsciente. Por isso, é importante não ignorá-lo. É fundamental incluir essa "parte de consciência que sou Eu" e dar a ela a oportunidade de, finalmente, se liberar na plenitude da Consciência. Caso contrário, esse 'Eu' permanece internamente como uma contração de consciência, continuando a gerar estresse.

acolhendo pensamentos & sentimentos que distraem

A demonstração com Rana fluiu com bastante facilidade, mas você pode se perguntar:

"*O que eu faço se um pensamento distraído surgir?!*"

Se você praticar a Meditação do Método Wholeness com o tempo, isso provavelmente acontecerá. Na verdade, acontece com quase todo mundo — possivelmente com todos. E com a Meditação do Método Wholeness, na realidade, isso se torna uma parte útil do processo.

Em muitas formas de meditação, a instrução para lidar com pensamentos distraídos é algo como: "*basta retornar sua atenção para a respiração*" (ou para um mantra, um ponto na parede, uma vela, etc.). No entanto, a maioria das pessoas percebe que isso exige um certo esforço para "trazer a atenção de volta." Essa abordagem acaba sendo mais uma forma de evitar nossa experiência real. Com o Método Wholeness, não precisamos fazer isso. Em vez disso, se nossa atenção for para outro lugar, simplesmente seguimos a experiência. Isso torna a Meditação do Método Wholeness fácil e simples.

Como fazemos isso? Aqui estão vários exemplos para mostrar.

Exemplos de Seguir Sua Experiência

Com o Método Wholeness, você não precisa "resistir" a pensamentos interferentes. Não precisa trazer sua atenção de volta à respiração, nem mesmo aos passos deste processo!

Nós sempre seguimos nossa experiência. Incluímos tudo o que acontece em nossa vida mental ou emocional. Observamos o pensamento e, em seguida, saímos do conteúdo para notar onde ele está localizado. Depois, é claro, notamos o tamanho e a forma, assim como a qualidade sensorial.

Você pode usar o Formato de Meditação para seguir sua experiência, independentemente do que surgir. Com a Meditação do Método Wholeness, você pode incluir facilmente qualquer experiência que emerja.

Aqui está um exemplo...

IDA: Você me pediu para notar uma sensação inicial, mas já estou me perguntando se estou fazendo isso certo.

EU: Ok, ótimo. Obrigada por me avisar. É exatamente isso de que eu preciso que você faça — que me conte qual é a sua experiência. Então, você disse: "Estou me perguntando se estou fazendo isso certo."

IDA: [Ida acena com a cabeça.]

EU: E onde está o 'Eu' que está se perguntando se está fazendo isso certo?

IDA: [Ida sorri e imediatamente aponta para um lugar à direita de sua cabeça.] Está aqui.

EU: OK, ótimo. E qual é o tamanho e a forma desse aqui?

Para você/leitor: Agora podemos simplesmente usar o Formato de Meditação com qualquer resposta que Ida der. Notamos a localização, o tamanho e a forma, e a qualidade sensorial. Convidamos isso a se integrar e, se não aceitar a integração, encontramos outro 'Eu'.

Aqui está outro exemplo...

RON: Quando volto minha atenção para dentro e começo a fazer isso, primeiro percebo uma sensação corporal, mas depois minha mente divaga. Começo a pensar em outras coisas.

EU: Ok, ótimo... E você quer explorar isso um pouco agora? [Ron acena com a cabeça.] Ok, você pode se voltar para dentro... e verificar se há uma sensação corporal. [Ron fecha os olhos e acena com a cabeça enquanto segue o processo.]... e me avise quando a mente começar a divagar...

RON: Ok, já está acontecendo. Já estou pensando em outras coisas e perdendo o foco.

EU: Então... onde está o 'Eu' que está pensando em outras coisas?

RON: — Não tenho certeza. Sua pergunta me pegou de surpresa.

EU: OK, ótimo. Então, agora, onde está o 'Eu' que não tem certeza?... ou talvez... onde está o "aquele que" foi pego de surpresa? [Observe que, mais uma vez, estou apenas seguindo a experiência de Ron. Mudamos a atenção para a experiência mais recente dele e apenas seguimos a partir daí.]

RON: Ok, acho que está aqui. [Ele gesticula para um ponto atrás e acima da cabeça.]

Quando mudamos o foco para qualquer pensamento ou sentimento que surge como distração e perguntamos: "Onde está *este* 'Eu'?", geralmente é fácil para a pessoa notar. A maioria de nós consegue perceber o 'Eu' que está realmente ativado no momento, se for questionado sobre isso.

Você pode aprender mais sobre como incluir reações e qualquer outra experiência que surja...

Veja o Capítulo 7, "Melhor Descanso e Sono."

Há um capítulo completo sobre reações no meu livro anterior, "*Coming to Wholeness: How to Awaken and Live with Ease*" (Capítulo 20, "Reações").

Nas sessões de treinamento do Método Wholeness, nossa equipe de apoio ajuda você a lidar com essas questões conforme surgem. Podemos ajudá-lo a "capturar" o 'Eu' que está ativado no momento.

respondendo às suas perguntas

Postura para Meditação

P   Preciso de uma postura especial para meditar?

R   Use uma posição que seja confortável para você. Eu gosto de sentar em uma cadeira ou deitar com os braços e pernas descruzados. Essas posições oferecem suporte total para as costas e a coluna vertebral.

Durante a integração, muitas tensões corporais se liberam espontaneamente. Isso pode acontecer com mais facilidade quando suas costas estão apoiadas.

Quando o 'Eu' é Metafórico

P E se o meu 'Eu' parecer um objeto, como um bloco de madeira, uma fonte ou um sol?

R Na maioria das vezes, os 'Eus' que encontramos internamente não têm uma aparência específica. Você pode simplesmente notar um local no espaço com um tamanho, forma e qualidade sensorial.

No entanto, para Rana, tanto a sensação inicial quanto cada 'Eu' pareciam algo do mundo físico: "um bloco de madeira," "uma tampa de garrafa," "uma fonte."

Os 'Eus' que você encontra também podem parecer objetos físicos familiares (por exemplo: "Parece uma nuvem" ou "um guarda-chuva"). Se você perceber que um 'Eu' tem aparência de algo, aqui está o que fazer:

Primeiro, reconheça: "Sim, parece um bloco de madeira." Depois, você pode deixar a imagem de lado e sentir através do espaço que essa imagem ocupa. Pode haver uma percepção da qualidade sensorial dentro e ao redor desse espaço.

Dessa forma, você reconhece a sua experiência e, em seguida, direciona suavemente a atenção para outro nível da experiência. Mudar o foco para a qualidade sensorial (em vez do que parece visualmente) facilitará a integração desse pequeno 'Eu' de volta ao todo. Esta demonstração com Rana fornece um exemplo de como fazer isso.

Quando Pedir por um Segundo 'Eu'

P Na demonstração, por que você pediu a Rana um segundo 'Eu'?

R Ao seguir o formato "puro" da Meditação, nós simplesmente tomamos o primeiro 'Eu' que encontramos e perguntamos se ele aceita se integrar. Se sim, convidamos à integração. Se não, buscamos um segundo 'Eu'. O primeiro 'Eu' de Rana já estava "leve." Muito provavelmente, ele teria se sentido confortável em se integrar.

No entanto, quando aprendemos o Método Wholeness pela primeira vez, a maioria de nós traz várias camadas de 'Eu'. Pode ser útil incluir mais dessas camadas. Isso torna o processo mais fácil e acolhedor. Por isso, ao iniciar o uso do formato da Meditação, talvez seja interessante pedir também um segundo 'Eu'.

Com o tempo, ao usar o Método Wholeness, você pode perceber que restam menos camadas de 'Eu'. Nesse caso, o formato da Meditação pode fluir de maneira mais simples, apenas convidando o primeiro 'Eu' encontrado a se integrar.

E se o 'Eu' se integrar apenas parcialmente?

P   E se um 'Eu' começar a se integrar, mas não terminar? Quando convidei um dos 'Eus' para se integrar, ele começou a expandir, ficou mais transparente e bem maior, mas ainda estava lá. Isso está certo?

R   Sim, isso está perfeito. Isso é o que chamamos de "integração parcial." A Estrutura do 'Eu' começou a se integrar e está se movendo na direção de uma integração completa. Confiamos que o sistema sabe até onde pode ir no momento. Quando o 'Eu' integra completamente, não haverá mais nenhuma estrutura separada em existência. Ele estará unido ao Todo. Mas, se parar após uma integração parcial, sempre há uma boa razão.

Se algo integra apenas parcialmente, pode significar...

Este é o máximo que deseja se integrar agora.

Ele precisa de uma "direção de integração" diferente para se completar.

Outra estrutura precisa ser notada e incluída antes que essa possa se integrar. Por exemplo, pode haver outro 'Eu' ou uma estrutura diferente como o que chamamos de uma "Autoridade." Você aprenderá sobre isso no próximo capítulo.

Por enquanto, apenas aproveite a integração parcial. Ela já oferece um alívio interno benéfico. O mais importante é permitir que isso aconteça naturalmente, sem forçar nada além do que é espontâneo no momento.

Para algumas pessoas, a maioria das integrações acontece por completo. Para outras, muitas integrações acontecem apenas um pouco de cada vez no início. Não é necessário forçar mais do que acontece naturalmente. Entretanto, se você perceber que está forçando por mais, essa é uma reação importante para ser incluída. Encontre o "Eu que" está forçando mais integração e convide-o para se integrar. Fazer isso pode ser bastante poderoso. (Em *Coming to Wholeness*, ver o Capítulo 20, "Trabalhando com Reações")

Experiências Auditivas e Visuais

[P] E se minha experiência inicial for uma voz interna ou uma imagem?

[R] Você lida com essas experiências da mesma forma que lidaria com sensações corporais ou sentimentos.

Se for uma voz interna, perceba onde ela está localizada. Talvez esteja à esquerda da sua cabeça. Pode estar em qualquer lugar. Apenas perceba onde está localizada, e observe o tamanho e forma dessa área de onde algo está falando. E note a qualidade sensorial.

Às vezes, você pode notar que uma imagem ou figura parece meio presa na sua mente. Então, apenas perceba onde ela está localizada. Talvez, ao verificar, você perceba que ela está localizada à sua frente. Observe o espaço que ocupa — o tamanho e a forma aproximados dessa imagem. E então sinta dentro e através desse local, percebendo a qualidade sensorial.

Com vozes e imagens, deixamos de lado o conteúdo ou significado e passamos a perceber a localização, o tamanho e a forma, e depois a qualidade sensorial. Isso nos leva a um nível diferente de experiência. E podemos resolver pensamentos estressantes em um nível que está "além do conteúdo". Quando fazemos isso, tendemos a descobrir uma presença pacífica, a partir da qual é mais fácil lidar com qualquer situação. E fica muito mais fácil. Não precisamos entender ou resolver com nossas mentes conscientes. Navegar pela vida se torna mais simples. Quando usamos esse processo, nossa inteligência emocional começa a melhorar imediatamente — porque as soluções começam a vir até nós a partir do todo.

Descansar como Consciência versus Repetir o Processo

P   No final, eu só devo "descansar como Consciência" ou passar pelo processo novamente?

R   No final desta demonstração, eu convidei Rana a apenas descansar como Consciência, e então perceber se surgia outra sensação corporal ou imagem, voz ou pensamento. Para Rana, ela acabou apenas aproveitando a experiência de Consciência.

A maioria de nós descobrirá que, se descansarmos como Consciência por um tempo, outra experiência surgirá. Se isso acontecer, você pode passar pelo Formato da Meditação novamente, usando essa nova experiência. Você pode continuar pelo tempo que quiser (ou por pouco tempo, se preferir). Cada experiência que você "acolhe e processa" dessa forma leva a um relaxamento cada vez mais profundo e a uma reorganização do sistema mente-corpo.

Pensamentos Interferentes

P E se surgirem pensamentos interferentes assim que eu me voltar para dentro?

R Essa é uma pergunta muito importante! A maioria das pessoas TEM pensamentos interferentes que parecem interromper o processo. Mas, com o Método Wholeness, NADA pode realmente interromper ou interferir no processo. Porque cada pensamento que surge, nós simplesmente incluímos. Volte à seção deste capítulo sobre "E quanto a pensamentos e sentimentos que distraem?" para vários exemplos de como fazer isso.

Qualidade Sensorial "Densa" e o Que Isso Pode Indicar

A experiência inicial de Rana foi "densa" e incluiu algo pressionando-a. Densidade é um indicador de que também pode ser útil usar o Formato de Autoridade com essa mesma experiência. Você aprenderá o Formato de Autoridade no próximo capítulo. (Recomendo aprender o Formato de Autoridade da maneira como ele é ensinado. Mais tarde, você pode retornar a quaisquer estruturas densas de exercícios anteriores, caso elas ainda não tenham se integrado completamente.)

Com o Método Wholeness, você não precisa fazer tudo de uma vez. Começamos com o que é fácil, e cada pequeno passo que damos nutre nosso ser. *E cada pequeno passo que damos torna mais fácil aproveitar os benefícios da próxima vez que você fizer o Método Wholeness.*

Somente o Formato de Meditação, sem acréscimos, já resultou em muitas mudanças visivelmente úteis para Rana.

sutilezas significativas

Como você sabe, o Método Wholeness trata de transformações suaves — grandes e pequenas. Para obter os melhores resultados em suas explorações usando esses formatos, é útil seguir os passos *conforme são descritos.*

Sentir Dentro e Através vs. Experimentar de Fora

Quando fazemos o Método Wholeness, começamos percebendo a localização de uma experiência. Em seguida, notamos o tamanho e a forma (ou a área que ocupa) e, finalmente, *"sentimos dentro e através"* para perceber a qualidade sensorial. Reservar um tempo para "sentir dentro e através" é um passo importante. Fazer isso torna a integração fácil e natural.

A Linguagem: Use o Script

Eu incentivo você a usar exatamente as palavras nos scripts, especialmente enquanto estiver aprendendo os processos. Os scripts são cuidadosamente escritos — cada palavra é escolhida com intenção e projetada para guiar sua experiência interior de uma maneira específica. Esses scripts também foram testados e aprimorados ao longo de anos de uso com clientes e participantes de workshops.

Quando as pessoas mudam a redação, geralmente estão convencidas de que sua formulação alternativa está boa. Às vezes, adicionam linguagem hipnótica que acreditam aumentar o efeito, mas geralmente as mudanças que fazem, na verdade, diluem o impacto. Frequentemente, suas formulações alternativas contêm suposições sutis que atrapalham o efeito completo do método.

Alguns dos propósitos da formulação das palavras vão além do que podemos abordar neste livro. Então, vou apenas sugerir que você use a redação que estou fornecendo — até que o processo se torne tão familiar que você não precise mais de palavras.

o que acontece ao longo do tempo
como sua experiência pode mudar

Começando com o 'Eu'

Assim que essa prática se tornar mais familiar, quando você se voltar para dentro, em vez de perceber uma sensação corporal, às vezes a primeira coisa que você notará poderá ser um 'Eu'. Quando isso acontecer, sua prática poderá se parecer com o seguinte fluxograma...

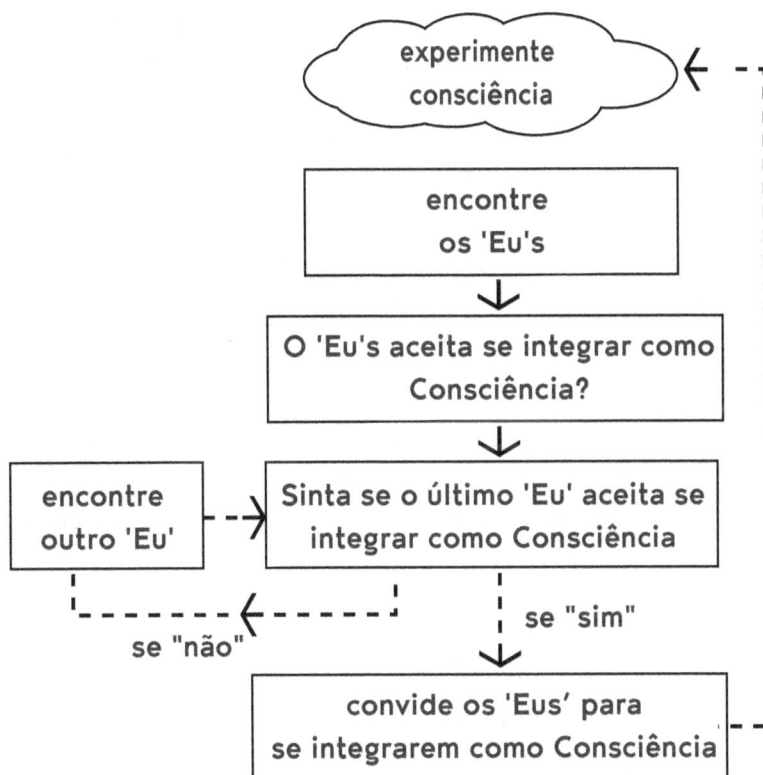

```
                    ⎛ experimente  ⎞  ←- - -┐
                    ⎝ consciência  ⎠        ┊
                          │                 ┊
                          ↓                 ┊
               ┌──────────────────────┐     ┊
               │      encontre        │     ┊
               │      os 'Eu's        │     ┊
               └──────────────────────┘     ┊
                          ↓                 ┊
               ┌──────────────────────┐     ┊
               │ O 'Eu's aceita se     │    ┊
               │ integrar como         │    ┊
               │ Consciência?          │    ┊
               └──────────────────────┘     ┊
                          ↓                 ┊
  ┌──────────┐   ┌──────────────────────┐   ┊
  │ encontre │-→ │ Sinta se o último     │  ┊
  │ outro    │   │ 'Eu' aceita se        │  ┊
  │ 'Eu'     │   │ integrar como         │  ┊
  └──────────┘   │ Consciência           │  ┊
       ┊         └──────────────────────┘   ┊
       └- - - -←- - - - -┘   ┊              ┊
         se "não"            ┊ se "sim"     ┊
                             ↓              ┊
               ┌──────────────────────┐     ┊
               │ convide os 'Eus' para │- - ┘
               │ se integrarem como    │
               │ Consciência           │
               └──────────────────────┘
```

Apenas Descansando como Consciência

Depois de ter feito o processo várias vezes, pode haver momentos em que você se encontre espontaneamente relaxando como Consciência ao começar a meditar. Você pode não precisar notar o 'Eu' que está consciente porque talvez não haja nenhum. Se for fácil simplesmente relaxar todas as perspectivas em/como Consciência, você pode simplesmente aproveitar essa experiência. Quando uma perspectiva, sentimento, resposta, etc., surgir — basta convidá-lo ou permitir que ele derreta ou se dissolva de volta na Consciência. Você nem precisa notar se é um 'Eu' ou uma "Resposta." Apenas perceba a localização e permita que ele derreta — ou talvez você, como Consciência, possa simplesmente cair nele de todos os lugares ao mesmo tempo.

O mais importante é fazer tudo de maneira fácil e suave. Se o processo parecer difícil, você pode simplesmente aproveitar relaxando como Consciência — sem tentar *fazer* nada. Perceba o que já está em paz. E, *sendo* Consciência, pode haver um permitir natural do que surgir para estar presente ou fluir, sem que você precise fazer nada a respeito.

Há mais maneiras de sua prática mudar à medida que você usa o processo com o tempo. Isso acontece porque a estrutura do seu inconsciente está realmente mudando quanto mais você utiliza esses métodos. O princípio fundamental é sempre seguir o fluxo natural da experiência.

Usar o Método Wholeness como prática diária leva a um reinício natural do sistema corpo-mente, talvez no nível mais fundamental[3]. Praticar diariamente resulta em um processo inevitável de transformação pessoal e evolução, que tende a ser sutil, mas confiável. É benéfico para a saúde física, assim como para o bem-estar mental e emocional[4].

Quer você use o Formato de Meditação como prática diária ou apenas "no momento," ele pode trazer benefícios poderosos e duradouros. Uma amiga minha me contou que sua mãe costumava oferecer o seguinte conselho sobre manter o espaço em que vive agradável: "Se você limpar à m*edida que avança*, será muito mais fácil." Ela frequentemente pensa na mãe quando faz uma pequena limpeza no sistema corpo-mente "no momento/sobre a marcha". E ela percebe que desfruta dos benefícios de aplicar a filosofia da mãe ao Método Wholeness.

Nos próximos capítulos, você aprenderá dois formatos que podem levar sua jornada de transformação para o próximo nível.

---

[3] Você pode encontrar mais detalhes sobre os métodos do Método Wholeness apresentados nos Capítulos 2-4 no livro *Coming to Wholeness: How to Awaken and Live with Ease*. Incluí novamente o básico neste livro para que você esteja preparado para aprender os métodos nos Capítulos 5 e seguintes.

[4] Esta afirmação sobre os benefícios para a saúde física e o bem-estar emocional é baseada em relatos anedóticos de inúmeras pessoas que usam essa prática. Aguardamos pesquisas futuras para testar e potencialmente verificar essas experiências pessoais.

Eles vão além de "dissolver o ego" e seguem para o próximo passo na cura emocional e no despertar. Muitas pessoas consideram que esses novos formatos oferecem uma transformação significativamente mais profunda do que os já abordados.

Você está pronto para explorar essas mudanças transformadoras?

CAPÍTULO 5

O FORMATO
REIVINDICANDO AUTORIDADE

Curando o Perfeccionismo, Julgamento, Vergonha e Mais

Você já lutou contra a autocrítica ou sentimentos de desvalia? Talvez você tenha uma voz interna crítica que sempre parece encontrar algo de errado no que você faz. A maioria de nós passa por experiências como essas. Em certos momentos, podemos até sentir que precisamos fazer tudo perfeitamente apenas para estarmos bem.

O tema comum nessas experiências é que todas envolvem algum tipo de julgamento. Para a maioria de nós, esse tipo de julgamento interno é difícil — ou até impossível — de simplesmente desligar. Podemos nos pegar discutindo com essa voz crítica interna, mas ela não simplesmente desaparece. Ou podemos perceber que, mesmo quando os outros nos mostram gentileza, de alguma forma nos sentimos indignos ou não conseguimos realmente aceitá-la por completo.

O reverso disso é que também podemos nos pegar julgando outras pessoas. Podemos nos perceber frequentemente irritados ou incomodados com o comportamento dos outros. Talvez até desejemos ser mais tranquilos; mas, novamente, a tendência de julgar não é algo que podemos simplesmente desligar à vontade.

Essas experiências podem ser difíceis de mudar porque existem estruturas ocultas no nível inconsciente que as mantêm no lugar. Você já descobriu a primeira estrutura oculta. São os 'Eus' — ou podemos chamá-los de o Eu limitado. Nos capítulos 2 a 4, você aprendeu como encontrar e integrar isso.

No entanto, para transformar completamente o julgamento — seja julgando a si mesmo ou aos outros — há uma segunda estrutura oculta importante que precisamos perceber e transformar. Neste capítulo, você aprenderá o que é essa estrutura e como encontrá-la, transformá-la e curá-la de maneira simples e gentil.

Quando sabemos como fazer isso, torna-se possível experimentar mudanças profundas e duradouras em muitos problemas persistentes com os quais muitos de nós passamos anos ou até décadas lutando.

além dos 'Eus'
uma segunda estrutura interna

Então, qual é essa segunda estrutura oculta da psique que pode nos levar a uma cura mais profunda? Eu a chamo de "autoridade interna". Essa estrutura universal do inconsciente mantém muitos tipos de "sofrimento" e estresse no lugar.

Os 'Eus' (o que exploramos até agora) são nossa experiência de *si mesmo*. Os ensinamentos espirituais nos dizem que aprender a dissolver o ego é importante. No entanto, há um próximo passo libertador: encontrar e transformar aquilo que inconscientemente codificamos como "não-Eu". A "autoridade" é a primeira dessas estruturas que precisamos encontrar e transformar, para uma integração interna mais profunda e gentil.

Neste capítulo, vou compartilhar um formato simples para encontrar e transformar a "autoridade interna", para que você possa sentir os resultados. Como preparação, primeiro vou explicar:

Como descobri a Estrutura de Autoridade
O impacto potencial das Autoridades Internas
Como as Autoridades Internas são formadas

Um checklist de questões da vida em que esse método oferece valor significativo

Por que começaremos com constrangimento ou vergonha

Como Descobri a "Autoridade Interna" — Aprendendo com o Constrangimento e a Vergonha

Quando comecei minha prática do Método Wholeness, concentrei-me em "dissolver o ego" — encontrar e integrar os 'Eus' internos. Como muitos ensinamentos espirituais descrevem isso como a chave, pensei: "Agora que tenho uma maneira de fazer isso, talvez seja tudo de que eu preciso. Talvez isso me leve até o fim." Muito do meu estresse já estava desaparecendo; a reatividade emocional frequentemente cedia lugar a uma sensação de paz interior.

No entanto, percebi que certos eventos externos ainda podiam, às vezes, desencadear sentimentos de constrangimento, vergonha ou desvalia. Fiquei curiosa sobre a estrutura dessas experiências e me perguntei: "Como é possível sentir essas coisas?"

A primeira coisa que percebi é que, para mim — ou para qualquer pessoa — sentir constrangimento ou vergonha requer a sensação de que violamos alguma regra ou padrão. Se não houver uma autoridade ou legislador presente, como poderíamos sentir vergonha? Como chegaríamos a isso? Não seria possível. Então, ocorreu-me que eu devia estar carregando algum tipo de "autoridade interna" — tornando possível pra mim sentir constrangimento, vergonha e outras emoções semelhantes [por exemplo, desvalia].

Esse reconhecimento me levou a explorar dentro de mim para realmente encontrar essa estrutura inconsciente da "Autoridade". Depois de testar e refinar cuidadosamente o método comigo mesma, e depois com clientes e participantes de workshops, cheguei ao formato confiável e eficaz que você aprenderá neste capítulo. É simples — tão fácil quanto encontrar os 'Eus' internos, mas precisamos fazer perguntas diferentes. Logo percebi que essas Estruturas de Autoridade Internas são tão universais quanto os 'Eus'. Todo mundo as possui. E todas as pessoas que encontrei até agora se beneficiaram — de forma significativa — ao encontrá-las e integrá-las.

O Impacto desses "Jogadores Ocultos" chamados Autoridades Internas

Vergonha, constrangimento e várias outras experiências problemáticas *pressupõem* uma autoridade. Em outras palavras, não seria possível vivenciar esses problemas sem uma autoridade interna. Notamos nosso sentimento desagradável, mas não temos consciência dessas figuras interiorizadas que estabelecem regras ou padrões e cuja presença realmente *causa* o sentimento. Essas Estruturas de Autoridade Internas são "jogadores ocultos" poderosos. Elas têm um impacto significativo sobre como nos sentimos e o que fazemos em muitas áreas da vida.

Então, como essas Autoridades Internas chegaram lá? Como se tornaram parte de nossa estrutura interna inconsciente?

Como as Estruturas de Autoridade se Formam

Quando nascemos, chegamos a este mundo como bebês dependentes, incapazes de sobreviver sem cuidadores. Do ponto de vista de uma criança pequena, esses cuidadores parecem incrivelmente sábios e poderosos. Eles sabem como fazer a comida aparecer, como nos manter aquecidos e fornecer abrigo. Também nos ensinam muito sobre como sobreviver, como ficar seguros e como enfrentar os desafios da vida — tanto os simples quanto os mais complexos.

Esses cuidadores criam o contexto em que vivemos. Eles estabelecem regras e determinam as consequências. Essas autoridades no mundo externo desempenham um papel fundamental em nossas vidas. Por isso, talvez não seja surpreendente que também desenvolvamos autoridades em nosso mundo interno.

Formar uma experiência interna de autoridade nos dá uma maneira de manter continuidade — de carregar conosco as regras que nossas autoridades externas nos deram. Mas essas Estruturas de Autoridade são criadas com a compreensão de uma criança pequena. Elas tendem a ser baseadas em ideias simples e rígidas, geralmente carregadas de julgamentos. Assim como os 'Eus', a forma como as Estruturas de Autoridade se formam não é o que poderíamos esperar. Elas são muito diferentes de algo que projetaríamos conscientemente, e não se parecem nem soam como poderíamos antecipar. Além disso, não foram adaptadas para se alinharem às compreensões adultas e, certamente, não foram atualizadas para refletirem "a sabedoria do todo" em nós.

Às vezes, as regras mais impactantes são aquelas que nunca nos foram explicitamente ensinadas, mas que aprendemos através da interação com os outros. Por exemplo, imagine que uma criança expressa espontaneamente seus sentimentos sobre algo, e seu cuidador fica bravo ou até mesmo diz para ela se calar. Essa criança pode concluir que não é aceitável ter ou expressar sentimentos. E, sem perceber conscientemente, pode começar a evitar expressar suas emoções.

Isso faz você se perguntar quais autoridades ou legisladores pode ter internalizado? E quais sentimentos e comportamentos do presente esses jogadores ocultos podem estar influenciando?

Felizmente, você não precisará desvendar tudo isso por conta própria. Ao seguir o exercício simples deste capítulo, você descobrirá respostas interessantes e únicas para você.

E, ao encontrar essas Autoridades internas, o que provavelmente aparecerá será completamente diferente do que você poderia esperar. Você verá um exemplo disso ao ler a demonstração logo a seguir.

Checklist: Questões que Podem ser Transformadas com o Formato de Autoridade

Praticamente todos se beneficiam do Formato de Autoridade do Método Wholeness. Começaremos transformando e curando experiências de constrangimento e vergonha. Resolver essas questões é algo muito significativo. Além disso, esse formato ajuda a curar e transformar muitas outras experiências de estresse ou dificuldade emocional. Aqui está uma lista parcial de questões nas quais este método pode ser significativo na sua cura...

Autocrítica
Sentimento de desvalia

Perfeccionismo (mantendo padrões inatingíveis na tentativa de evitar se sentir insuficiente)

Necessidade de agradar aos outros

Medo de palco ou ansiedade de desempenho

Ansiedade (em geral)

TEPT (Transtorno de Estresse Pós-Traumático)

Culpa

Necessidade de provar "Eu estou certo."

Sentir-se como "Eu não pertenço"

Expectativa de rejeição — "Eles não vão me aceitar."

Depressão

Vergonha

Constrangimento

Operar em modo de sobrecarga — tentando superar a sensação de "Eu não mereço."

Falta de motivação — por exemplo, "Não adianta trabalhar duro porque, de qualquer forma, não sou bom o suficiente."

Procrastinação

Rigidez em como as coisas "deveriam ser"

Julgamento ou desprezo pelos outros

Raiva ou frustração

Esse formato fornece uma maneira simples de encontrar as Autoridades Internas que orientam inconscientemente nossas vidas. E você aprenderá a transformá-las e integrá-las. Você pode descobrir por si mesmo como esse processo frequentemente nos liberta de maneiras inesperadas.

Para a maioria de nós, viver sem julgamentos é uma transformação radical. Por isso, não precisa acontecer de uma vez só. Com este método, você pode avançar passo a passo. Cada etapa traz seus próprios benefícios, permitindo que você se sinta cada vez mais relaxado ao viver a sua vida. Muitas pessoas me dizem que, *cumulativamente*, os resultados obtidos ao usar este formato são simplesmente impressionantes.

Por que Começaremos com Embaraço ou Vergonha?

A primeira vez que você experimentar esse formato, é recomendável começar com uma experiência de constrangimento ou vergonha, assim como eu fiz. Por quê?

Constrangimento e vergonha são maneiras mais fáceis de começar a encontrar as estruturas de regras inconscientes dentro de nós. Geralmente este método resolve completamente o constrangimento ou a vergonha, ou proporciona uma mudança significativa de cura. E é provável que transformar essas experiências seja também transformador para a vida.

Eu comecei a usar este formato com minhas próprias experiências de constrangimento. Antes de aplicar este método, eu ficava facilmente envergonhada. Às vezes, sentia meu rosto ficando vermelho e nem sabia exatamente por que estava me sentindo assim. Com o uso deste método, isso foi acontecendo cada vez menos. Hoje, faz muito tempo desde a última vez em que me senti envergonhada.

Não sentir constrangimento, por si só, não é algo tão significativo. Eu nunca considerei sentir vergonha um grande problema. O que realmente importa para mim são as outras mudanças que aconteceram como resultado dessa transformação. Passei a me sentir livre para ser simplesmente quem eu sou, sem precisar agradar aos outros ou buscar aprovação. Sinto-me mais à vontade em muitas áreas da minha vida. Vou dar um exemplo: antes de fazer o Método Wholeness, eu sentia ansiedade toda vez que entrava em uma sala para ensinar uma nova turma. Agora, eu me sinto tranquila. Estou simplesmente presente. É MUITO mais fácil desse jeito. Em minha vida, também me sinto mais confortável com a possibilidade de cometer erros; estou mais OK com o fato de que, ao tentar algo novo, eu posso fracassar. Eu poderia citar muitos outros exemplos.

Passei a apreciar que o Despertar é uma evolução contínua, um desdobramento gradual — não se trata de estar "pronto" ou "acabado." E sei que, se algum dia eu voltar a me sentir envergonhada, isso significa apenas que fui presenteada com mais uma oportunidade para curar e integrar algo. É apenas mais uma porta "para os braços do amado," como diria Rumi.

O valor de curar a vergonha não é uma ideia nova. Por décadas, líderes de pensamento em crescimento pessoal — como John Bradshaw (autor), Gabor Maté (médico canadense) e Brené Brown (pesquisadora sobre vergonha) — falaram sobre como os sentimentos de vergonha ou constrangimento são importantes de se reconhecer e curar.

No entanto, antes do Método Wholeness, ao tentar curar a vergonha, a abordagem costumava ser lidar diretamente com o *sentimento* de vergonha. Esse é o caminho difícil. Com o Método Wholeness, temos uma forma fácil. Vamos usar uma linha de perguntas simples para descobrir a Autoridade interior responsável por gerar a vergonha. Você verá como encontrar essa estrutura leva a uma cura e transformação mais fácil, direta e completa.

Quero que você saiba, desde o início, que este é um formato fundamental. Vale a pena praticá-lo repetidamente. Muitas pessoas relatam até melhorias na saúde ao usar este método. Para mim, foi definitivamente significativo. Depois de aplicar este processo algumas vezes, recuperei a energia física para sair de um estado de "hibernação" que durou dez anos e voltei a ensinar.

O Formato de Autoridade ajudou muitas pessoas a se libertarem de experiências de vergonha, constrangimento, sensação de desvalia, perfeccionismo, julgamentos e muito mais — e pode libertar você também. Mais adiante neste capítulo, exploraremos outras oportunidades para aplicar este formato.

Por favor, leia atentamente a demonstração a seguir antes de experimentá-lo por conta própria, pois isso o preparará para uma experiência mais profunda e enriquecedora.

o formato de autoridade em ação
demonstração

Vislumbre: Os Resultados para Anne

"A emoção horrível que eu sentia antes desapareceu..."
"Eu nem consigo mais pensar nisso
[na experiência que costumava provocar vergonha]."
"Simplesmente sumiu...
[Aquele incidente] já não tem mais relevância."
"Isso [essa mudança] parece algo bem grande — libertador."

Escolhendo Algo para Trabalhar e Começando o Processo

EU: Então, Anne, você tem uma experiência que gostaria de explorar?

ANNE: Sim. (Ela balança a cabeça afirmativamente.)

EU: Certo. E é constrangimento, vergonha ou outra coisa?

ANNE: Vergonha, vergonha.

EU: Ok. Vergonha. E quando você pensa nisso agora — já está sentindo isso? (Anne parece neutra.) — e se não, você pode simplesmente se colocar na última vez em que sentiu isso... (A expressão e a respiração de Anne mudam enquanto ela começa a imaginar a experiência acontecendo.) ... Isso... apenas o suficiente para começar a perceber sua resposta emocional...

E agora perceba a localização — onde está essa experiência que você está chamando de "vergonha"?

ANNE: (Gesticula em direção ao peito.)

EU: Ok. Na área do peito.

ANNE: Sim. (Ela fecha os olhos.)

Eu: Certo. Agora perceba o tamanho e a forma.

Anne: ...É como um oval. (De olhos fechados, ela desenha uma forma oval na frente do peito com a mão direita.)

Eu: Como um oval. Certo. E quando você verifica, essa experiência, que é como um oval aqui na área do peito... está toda dentro do corpo? Ou parte está fora, parte dentro? Qual é a localização?

Anne: Está principalmente dentro, mas um pouco fora também. (A expressão de Anne se torna mais neutra à medida que ela presta atenção à localização exata.)

Eu: Ok. Dentro, e um pouco fora.

Nota para Você (Leitor): O sentimento de constrangimento ou vergonha pode ser desagradável ou intenso. Quando mudamos o foco para perceber a localização, o tamanho, a forma e a qualidade sensorial, muitas vezes ocorre uma mudança imediata. Passamos de uma reação emocional para uma observação mais neutra de nossa experiência real. Essa mudança é útil para iniciar o processamento da experiência.

Eu: [Para Anne:] Ótimo. Ok, Anne... agora, ao observar essa área que está principalmente dentro do peito, mas um pouco para fora, na frente... percebendo dentro e através dessa área, qual é a qualidade sensorial?

Anne: Parece que bem no centro — é como se fosse sólido, formando uma linha. E, ao redor, é um pouco menos denso. (De olhos fechados, ela desenha uma linha na frente do peito e depois um formato circular. Ela parece concentrada em sentir.)

Eu: Ok. Então, é muito sólido ou denso —

Anne: — Bem no centro.

Eu: Isso... e ao redor é menos denso.

Anne: Sim.

Eu: Ótimo. Excelente.

Notas da Sessão: Experiência Inicial,	"*Vergonha*"
Localização:	*No peito (dentro e um pouco para fora)*
Tamanho e Forma:	*Oval*
Qualidade Sensorial:	*Linha densa no centro, menos densa ao redor*

Encontrando a Autoridade: O "Jogador Oculto"

EU: Então, já falamos sobre como não seria possível chegar a uma experiência como essa [vergonha], sem algum tipo de sensação de ter violado uma autoridade, ou regras, ou padrões, certo?

ANNE: (Ela balança a cabeça afirmativamente, sorrindo.)

EU   Ok. Agora, com a próxima pergunta, não estou pedindo uma opinião consciente...

Pode apenas haver uma percepção aqui no peito [a localização da experiência de vergonha]... e sentindo dentro e através desta área [o espaço no peito]... a partir da sensação aqui, perceba... "*Onde* está localizado aquilo que *esta* sensação está tentando agradar ou satisfazer?"

E apenas perceba qualquer localização que venha à consciência... (Os olhos de Anne estão fechados, e ela balança a cabeça enquanto ouve.)... E o que você percebe?

ANNE: ...(Ela faz uma pausa, aguardando por uma resposta.)... Por aqui, na frente do meu rosto e da minha testa. (Ela desenha um oval na frente do rosto com a mão direita.)

EU: Ok. Então, em torno do rosto e da testa. Ótimo. E qual é o tamanho e a forma, aproximadamente? Você está mostrando para nós...

ANNE: Sim, é meio oval de novo.

EU: É meio oval.

ANNE: Sim. E é muito vermelho. (Ela sorri, como se estivesse surpresa.)

EU: Ok... (Eu sorrio e dou uma risadinha.) É engraçado, às vezes há uma cor que realmente se destaca. Lindo. E percebendo dentro e através dessa área oval que é vermelha... qual é a qualidade sensorial dentro e através desta área?

ANNE: Ok, não é realmente denso, nem leve. É algo intermediário... Está apenas ali. (Ela dá uma risadinha, como se não conseguisse encontrar uma palavra adequada para descrever.)

EU: Não denso. Não leve. Intermediário. Isso, ótimo.

Notas da Sessão: A 1ª Autoridade	
Localização:	*Em frente ao rosto e à testa*
Tamanho e Forma:	*Oval (Gestos para indicar o tamanho)*
Qualidade Sensorial:	*Vermelho, não denso, não leve, intermediário*

A Cadeia de Autoridade Interna

Para o Grupo e para Anne: Certo, então agora nosso próximo passo é encontrar o que chamo de Cadeia de Autoridade interna. Assim como existem Cadeias de 'Eus', também existem Cadeias de Autoridades. Porque, geralmente, a primeira Autoridade que encontramos não é, de fato, uma "Autoridade Final." Pode ser mais como um gerente intermediário ou a pessoa que atende o telefone, por assim dizer. E é como quando você liga para uma empresa com uma sugestão ou solicitação — quem atende o telefone pode não ter nenhum poder real para implementar a mudança, certo? Então, você não vai conseguir resolver muita coisa. Mas, se você conseguir falar diretamente com o CEO (o chefe da empresa), aí, sim, estará falando com alguém que tem o poder de fazer mudanças de verdade.

Portanto, é importante descobrirmos: esta é uma Autoridade Final ou não? Ou será que é apenas um gerente intermediário tentando cumprir o que outra Autoridade deseja? É isso que vamos verificar agora.

Encontrando a Segunda Autoridade

EU: [Para Anne:] Então, voltando para esta localização aqui (faço um gesto indicando a localização da primeira Autoridade em relação ao meu corpo.)... essa que tem forma oval, na frente do rosto e da testa, que não é densa nem leve... percebendo dentro e através disso... há a sensação de que esta é uma Autoridade Final?

ANNE: (Ela balança a cabeça negativamente, indicando "não.")

EU: Ou... quando você verifica, há uma sensação de que existe algo mais... em algum outro lugar... a que isso está tentando agradar ou satisfazer?

ANNE: Áh ham. (Ela assente com firmeza.)

EU: Então, percebendo dentro e através daqui (referindo-me à localização da primeira Autoridade, que Anne ainda está explorando.)

           ... a partir dessa sensação que não é densa nem leve... de onde vem essa necessidade de agradar?... Sim, você já sentiu algo.

ANNE: Sim... É como um retângulo curvado que está pesando sobre meus ombros. (Com os olhos fechados, ela desenha a forma curvada na frente do peito. Depois, bate levemente com as mãos nos dois ombros.)

EU: Então, está apoiado nos seus ombros?

ANNE: Está apoiado nos meus ombros... É duro.

EU: Ótimo. E qual é a espessura disso?

ANNE: Mais ou menos assim. (Ela indica a espessura com o polegar e o dedo indicador, depois ri.)

EU: Entendi. Talvez um par de polegadas ou o que quer que seja sua medida? Cerca de meia polegada? Meio indicador talvez? (Anne e eu rimos disso.)... Percebendo dentro e através desse espaço... Qual é a qualidade sensorial aqui?

ANNE: ...É como um papelão grosso... Muito estável.

Eu:	Certo. Então, papelão grosso, muito estável... E é bastante denso?
Anne:	(Anne assente com a cabeça.)
Eu:	Ok, ótimo. E é assim por completo?
Anne:	Sim. (Ela confirma com firmeza.)

Notas da Sessão: A 2ª Autoridade	
Localização:	*Sobre os ombros*
Tamanho e Forma:	*Retângulo curvado, alguns centímetros de espessura*
Qualidade Sensorial:	*Duro, como papelão grosso, bastante denso*

Sessão: Encontrando a Terceira Autoridade

Eu:	Certo, excelente. Agora vamos fazer a mesma pergunta novamente para ver se há outra Autoridade. Então, percebendo dentro e através disso que é meio denso, como papelão... há a sensação de que esta é uma Autoridade Final? Ou... há a sensação de que isso também está tentando agradar, satisfazer ou servir algo mais em outro lugar?
Anne:	(Ela assente com a cabeça, indicando que há outra Autoridade.)
Eu:	Certo. Então, percebendo dentro e através disso aqui, que é como papelão... onde está localizado aquilo a que isso está tentando agradar, satisfazer ou servir?
Anne:	... Eu sinto algo atrás de mim, meio que pressionando aqui. (Ela gesticula em direção ao meio das costas.) Parece ser bem grande.

Nota ao Leitor: Eu pergunto as questões sobre tamanho, forma e qualidade sensorial, e descobrimos que essa Autoridade está localizada atrás das costas e da cabeça. É grande, curvada e retangular com mais substância na parte inferior e se torna mais vaporosa em direção ao topo.

Notas da Sessão: A 3ª Autoridade	
Localização:	*Atrás das costas e da cabeça*
Tamanho e Forma:	*Grande, curvada e retangular*
Qualidade Sensorial:	*Mais densa na base, vaporosa no topo*

Encontrando a Quarta Autoridade

EU: Certo, ótimo. Agora, percebendo dentro e através desse espaço, sentindo a sensação aqui... há a sensação de que esta é uma Autoridade Final?

Ou... há a sensação de que isso também está tentando agradar, satisfazer a algo mais, em algum outro lugar?...

ANNE: [Ela assente com a cabeça, indicando que há outra Autoridade.]

EU: Certo ... E onde está localizada essa?

ANNE: [Ela continua assentindo enquanto levanta os dois braços acima da cabeça para mostrar a localização.]

EU: Então, acima e um pouco ao redor... E qual é o tamanho e a forma?

ANNE: É como um plano. Não um avião, mas como um plano dimensional... que apenas sobe. [Suas mãos se abrem perto do topo da cabeça e, em seguida, os braços vão mais alto.]

Não consigo sentir onde termina.

EU: Certo, sobe... E não sabe onde termina...

ANNE: Ou até onde vai para os lados. [Seus braços se estendem para os dois lados.]

EU: Ok, então é bem largo. E se estende bastante para cima. Você não sabe ao certo onde termina. Certo, lindo. Então, percebendo dentro e através dessa área... Qual é a qualidade sensorial aqui?

ANNE: ... Meio nebuloso... Nebuloso, sim. [Ela pausa. Suas mãos se abrem brevemente de forma delicada, e então ela assente com a cabeça.]

Verificando se é uma Autoridade Final

Eu:　　　Ótimo. E percebendo dentro e através disso que é nebuloso... há a sensação de que esta é uma Autoridade Final?

ANNE:　　Ah-ham. [Assente definitivamente.]

Eu:　　　Certo. Lindo. Agora temos toda a Cadeia de Autoridades.

Notas da Sessão: A 4ª/Autoridade Final	
Localização:	*Acima da cabeça*
Tamanho e Forma:	*Um plano amplo que vai para cima e se expande amplamente*
Qualidade Sensorial:	*Nebuloso*

Encontrando o 'Eu'

Eu:　　　Agora vamos encontrar o 'Eu' em relação a tudo isso. Então, você pode estar consciente de tudo isso ao mesmo tempo, certo? Daquele lugar na área do peito,... depois do lugar ao redor do rosto e testa que não é tão denso,... do lugar apoiado nos ombros,... do lugar atrás de você que é maior, e desse lugar vasto acima ...

　　　　　Você pode estar consciente de tudo isso ao mesmo tempo, certo?... Então, "De onde está acontecendo essa percepção?" ou "Onde está o 'Eu' que percebe [isso]?

ANNE:　　[Ela gesticula acima da cabeça.]

Eu:　　　Ótimo. ... Então, o 'Eu' está acima —

ANNE:　　Sim. E um pouco para trás. Mais ou menos aqui... [Ela estende o braço direito acima da cabeça.]

Eu:　　　Ótimo, lindo. E qual é o tamanho e a forma?

ANNE:　　É como se fosse um olho real... mas como se estivesse olhando para baixo. Está criando um formato triangular, como se fosse um campo de visão. Isso faz sentido?...

[Os olhos de Anne se fecham enquanto ela tenta colocar sua experiência em palavras.]... Como se fosse um campo de visão olhando para baixo sobre tudo isso. [Seus braços estão bem abertos acima da cabeça, indicando o formato do "campo de visão" para esse 'Eu' acima da cabeça.]

EU: Ótimo. Então, sentindo dentro e através disso — que parece um olho — ...Sentindo dentro e através do espaço disso... Qual é a qualidade sensorial dentro e através...? [Minha voz fica suave.]...

ANNE: É — é bastante leve.

Notas da Sessão: O 'Eu'	
Localização:	*Acima da cabeça e um pouco para trás*
Tamanho e Forma:	*Como um olho olhando para baixo*
Qualidade Sensorial:	*Bastante leve*

Convidando o 'Eu' a se Integrar como Consciência

EU: Então agora estamos prontos para começar a fase de integração e ver o que acontece. Você está pronta para isso? [Anne sorri e faz sinal de positivo com os dois polegares.] Ok, ótimo.

Então, sentindo dentro e através disso aqui, que parece um olho e é bastante leve... Essa sensação aqui aceita o convite para se abrir, relaxar, dissolver, derreter... dentro e como o campo completo da Consciência? [Anne acena lentamente com a cabeça.]

... Ok. E pode simplesmente haver um relaxamento no acontecer disso.... Quando recebemos um "Sim," podemos apenas permitir que isso continue. E simplesmente permitir que isso se integre da maneira que for natural... abrindo, relaxando, dissolvendo e derretendo... Ou talvez, às vezes, que toda a Consciência venha até isso ... Ou até mesmo a Consciência já presente neste local despertando para si mesma, ou algo diferente... Sim... e você pode permitir que isso aconteça do jeito que acontecer.

E então, sempre que tudo se estabilizar, você pode me avisar...

ANNE: [A respiração dela fica mais lenta e profunda enquanto segue minha orientação. Eventualmente, um sorriso suave aparece, junto com um aceno de cabeça.]

EU: Sim... E como é essa experiência?

ANNE: [Ela sorri calorosamente e ri, fazendo sinal de positivo com os dois polegares, com os olhos ainda fechados.]

EU: Bem colocado. [Eu rio.]

Convidando a Quarta (Última) Autoridade a se Integrar

EU: Ok, ótimo. E agora vamos voltar pelo caminho que viemos.

Vamos para aquela última Autoridade, a final, que antes estava "acima e bastante leve." E como está agora? Está igual ou um pouco diferente?

ANNE: Está diferente. [Ela acena com a cabeça.]

EU: E como está agora?

ANNE: Hmmm... Está fina — como se quase não houvesse nada. [Anne parece curiosa sobre a mudança. Ela desenha uma linha fina na frente dela com os polegares e dedos indicadores, para mostrar como está agora.]

EU: Fina, quase nada. Então, parece que já começou a se integrar por conta própria. E só vamos convidá-la a continuar. Então, sentindo dentro e através disso que já está meio fino, quase nada... podemos convidar isso a se integrar da forma que for natural... [Anne parece cada vez mais relaxada.]

Sim... e parece que isso já está acontecendo... [Anne respira mais profundamente e parece estar experimentando um delicioso relaxamento.] e isso pode ser uma espécie de dissolver e derreter dentro e através do campo da Consciência... Sim ... é assim que funciona bem, para essa aqui?

ANNE: Áh ham. [Ela acena suavemente.]

EU: Ok. E se isso parecer fácil e natural, não vou sugerir outras opções. Há outras opções que, às vezes, são desejadas. Mas se isso parecer uma combinação muito boa, vamos simplesmente seguir com isso. [Anne acena.] Ok. Lindo. Então pode simplesmente haver um relaxamento no acontecer disso.

ANNE: [Anne suspira, o peito se movendo enquanto o processo de liberação continua.]

EU: Sim... e às vezes, quando faço isso, eu simplesmente respiro fundo... Porque é fácil simplesmente deixar ir o controle consciente, qualquer esforço para fazer algo acontecer ou até mesmo para rastrear o que está acontecendo. [Anne respira fundo novamente.]

 E apenas permitir que o que quiser acontecer, aconteça. Porque os elementos essenciais já estão aqui agora. Tornamo-nos conscientes da sensação disso. E a própria Consciência está presente aqui neste local. Então pode simplesmente haver uma abertura e relaxamento, do jeito que parecer natural. Sim...

ANNE: [Os olhos dela estão fechados, a cabeça balançando pacificamente.]

EU: ... E quando tudo estiver estabilizado, você pode me avisar.

ANNE: ... [Ela parece profundamente imersa no processo, permitindo que aconteça. Então, começa a sorrir suavemente e acena com a cabeça.]

EU: Ok. Lindo... Algo que você queira compartilhar sobre a experiência? Você não precisa. Podemos apenas continuar.

ANNE: [A respiração dela fica ainda mais profunda, enquanto parece continuar processando, profundamente imersa internamente. Ela apenas sorri e acena com a cabeça.]

EU: Sim, ótimo. Vamos apenas continuar.

Nota ao leitor: É claro, pelos sinais não verbais de Anne, que mudanças úteis já estão acontecendo. Estou verificando se há algo que Anne possa facilmente compartilhar em palavras. Ela prefere apenas permanecer com a experiência sentida, e é importante para mim respeitar isso.

Convidando a Terceira Autoridade a se Integrar

EU: Ok, agora vamos para a anterior, que antes era esse retângulo curvado apoiado nos ombros. E o que há lá agora? É o mesmo? Ou está um pouco diferente... ou até significativamente diferente? Apenas perceba o que há lá agora.

ANNE: Está bem menor.

EU: Bem menor. Ok. Ótimo. Então, sentindo dentro e através disso, que está bem menor... seja lá o que for que esteja aqui agora... queremos sentir dentro e através disso, e convidar isso também a se abrir, relaxar, dissolver, derreter, para se integrar da maneira que for natural para isso. [Anne respira profundamente mais algumas vezes, ela gentilmente alonga e gira os ombros enquanto o peito se torna mais aberto e relaxado.]

Sim, lindo.... E apenas permitindo que isso aconteça do jeito que acontecer... [Se quiser se dissolver na Consciência... se quiser que a Consciência venha até ele... ou se a Consciência já presente nessa área quiser despertar para si mesma.]... Às vezes, a integração acontece de uma maneira imprevisível ou incomum. E estamos apenas dando permissão para que aconteça, do jeito que realmente quiser acontecer. E, então, a sabedoria do sistema pode simplesmente se expressar. [Um sorriso relaxado se espalha pelo rosto de Anne. Ela parece profundamente calma.] Sim, sim....

EU: E você pode me avisar, sempre que tiver tido tempo suficiente para se completar, quando as coisas estiverem estabilizadas....

ANNE: ... [Um sorriso amplo surge, e ela acena algumas vezes com a cabeça.]

Convidando a Segunda Autoridade a se Integrar

EU: Ok, lindo. Agora vamos para a anterior, que estava atrás de você. Antes era esse tipo de retângulo curvado, com mais substância na parte inferior e mais vapor na parte superior. Então, o que há aqui agora?

ANNE: [Ela faz uma pausa para verificar.] ... Está quase desaparecido.

EU: Ok, está quase desaparecido. Então, já é uma mudança significativa, e você ainda consegue encontrar algo. E queremos ter certeza de incluir tudo o que permanece...

Então, sentindo dentro e através do que quer que permaneça aqui, pode haver apenas esse convite gentil para a vivacidade aqui agora, para a sensação aqui agora, abrir, relaxar, dissolver, derreter... Isso mesmo... dentro e como o campo completo de Consciência, que está ao redor e por toda parte. E/ou, como quer que deseje naturalmente se integrar, pode ser permitido acontecer.

Às vezes, o que quer acontecer é se fundir com o anterior. Às vezes, o que quer acontecer é que você, como Consciência, relaxe dentro e como a sensação disso, ou deixe isso vir até você como Consciência. [Anne está sorrindo amplamente.] Então, como quer que aconteça naturalmente, estamos apenas relaxando no acontecimento disso...

ANNE: Hmmm... [Ela diz com um suspiro, seu corpo relaxando. Então ela sorri e acena com a cabeça.]

EU: Isso... certo. Lindo. E você pode levar todo o tempo que precisar e me avisar quando tudo estiver estabilizado.

Convidando a Primeira Autoridade a se Integrar

EU: Agora vamos verificar aquela que antes estava em torno do rosto e da testa. Era algo entre denso e arejado.
E como está agora?... O que há aqui agora?

ANNE: Está quase transparente... nublado, menos substancial.

EU: Nublado, menos substancial. Ok, então sentindo dentro e através disso, que está nublado e menos substancial... Note o que acontece quando isso é convidado a dissolver, derreter... no campo completo de Consciência que está ao redor e por todo o corpo.

Pode haver um fluxo e um escoamento, às vezes um derretimento e dissolução. Às vezes, se houver um fluxo e escoamento, isso acontece de maneiras e direções imprevisíveis...

E pode simplesmente haver um permitir... enquanto isso relaxa por si só... o que quer que aconteça naturalmente... porque será exatamente do que o sistema precisa para esse retorno à integridade — à Presença Não-Dividida... Isso...

ANNE: ... [De olhos fechados, ela parece profundamente imersa no processo, com respiração lenta e profunda, parecendo relaxada.]

EU: ... E levando todo o tempo que precisar, você pode me avisar quando as coisas se estabilizarem...

ANNE: [Ela sorri e acena com a cabeça, indicando que as coisas se estabilizaram.]

EU: Ok, lindo.

Convidando o Sentimento Original a se Integrar

EU: E agora voltamos ao lugar onde começamos, que era a área do peito... O que há aqui agora? Está igual ou diferente? O que está presente agora?

ANNE: Bem, a parte dura no centro se foi. Só há um pouco de sensação lá. Mas muito, muito menos substancial. [As mãos de Anne se movem na frente do peito, enquanto ela sente essa área do sentimento original.]

EU: Ok, lindo. Então, muita coisa já mudou e —

ANNE: [Ela levanta a mão esquerda indicando que quer falar.] Posso só dizer — a emoção horrível que eu tinha com isso antes se foi. Havia algo [inaudível — ela franze o rosto indicando algo desagradável] antes, e isso simplesmente se foi. [Ela parece aliviada.]

EU: Ah....

ANNE: Na verdade, havia uma emoção ruim com isso, e agora se foi.

EU: Sim, e isso não é interessante? E meio que faz sentido, porque uma vez que as Autoridades se dissolvem, é como se não houvesse mais nada — nenhuma estrutura de regras para que o nosso sentimento tirasse sua força. Pelo menos não do mesmo jeito. Então, isso é lindo.

Então, sentindo o que quer que ainda permaneça aqui, queremos incluir tudo o que ainda está presente. E assim, sentindo dentro e através da sensação disso agora — mesmo sem necessariamente entendê-la ou precisar rotular o que está lá — essa sensação em si é convidada a também se integrar da forma que for natural.

Seja isso dissolvendo e derretendo, abrindo e relaxando, escoando e fluindo... como quer que aconteça naturalmente, pode simplesmente acontecer. [Minha voz está suave e gentil.]

ANNE: [Anne parece tranquila enquanto processa. Ela respira profundamente, com um último suspiro de alívio, então sorri e acena com a cabeça.]

EU: Sim. Ok. E isso teve todo o tempo de que precisava agora?

ANNE: Sim. [Ela acena novamente.]

Verificando a Situação Original

EU: Ok, lindo. Então agora voltamos ao começo. E vamos verificar essa situação em si.

Então, estando assim, com as Autoridades integradas, o 'Eu' integrado, a sensação inicial integrada... como é agora quando você pensa em estar nessa situação?

ANNE: ... Eu nem consigo pensar nisso. Simplesmente desapareceu. [Ela levanta a cabeça, pisca repetidamente e balança a cabeça algumas vezes, como se expressasse surpresa, talvez admiração.]

EU: Certo. Tudo bem.

ANNE: Isso não tem mais nenhuma relevância. [Ela fecha os olhos, abaixa o olhar e balança a cabeça algumas vezes.]

EU: Áh ham. Entendi. Sim, isso soa como uma afirmação bem completa. Ok. Muito obrigada, Anne.

ANNE: Obrigada.

EU: Sim. Ok. E isso teve todo o tempo de que precisava agora?

ANNE: Sim. [Ela acena novamente.]

EU: E há mais alguma coisa que você gostaria de dizer sobre sua experiência com isso?

ANNE: [Seu rosto se ilumina com um sorriso.] Uma coisa foi especialmente interessante. Aquela que estava aqui [ela gesticula em frente ao rosto] quando você convidou a integração — minha consciência foi até lá. E meio que... puf! [Suas mãos estão próximas e então se abrem rapidamente, como se expressassem uma explosão súbita para fora.]

Então, primeiro ficou realmente brilhante. E, tipo, literalmente toda a minha atenção foi para isso. Mas então simplesmente... puf! [Ela parece surpresa e fascinada.]

Nota ao Leitor: Anne parece estar descrevendo duas direções de integração acontecendo em sequência. À medida que a integração começa, toda a Consciência flui para a área da estrutura que convidamos a se integrar. Essa é a segunda direção de integração. Depois, há um "puf" em que tudo se dissolve ou se dissipa para fora, no todo. Esta é a primeira direção da integração, ocorrendo com bastante rapidez.

Anne: Então, foi diferente. As outras eram mais como um fluxo, suavizando. Esta foi muito mais um "vuuush"... tudo foi para dentro dela [ela junta as mãos.]... e, então, simplesmente foi assim... [Seus braços se abrem rapidamente, mostrando uma explosão ou expansão repentina.]

Eu: Sim, eu aprecio você compartilhar isso. É um exemplo de como é útil conhecer as três direções da integração.

    Quando conhecemos as três direções da integração, isso ajuda a criar permissão para que a integração aconteça da maneira que for necessária — da forma que parecer certa, fácil e natural.

Anne: [Anne dá um breve sorriso radiante.]

Eu: Muito obrigada. Certo. Aproveite. E agora você pode apenas notar como isso é. Às vezes, quando fazemos essas mudanças com Autoridade, a mudança vai para áreas que não esperamos. Isso faz com que —

Anne: Parece algo bem grande — como libertador. [Ela acena com a cabeça e abre os braços.]

Eu: Sim. Certo, lindo.

Notas Finais da Sessão: Recuperando a Autoridade Interior	
Experiência Inicial:	*"Vergonha"*
Localização	*Dentro e um pouco fora da área do peito.*
Tamanho e Forma	*Oval*
Qualidade Sensorial	*Densa no centro, menos densa ao redor*

1a Autoridade

Localização	*Em frente ao rosto e testa*
Tamanho e Forma	*Oval (gesticula o tamanho)*
Qualidade Sensorial	*Vermelho, não denso, não aéreo, intermediário*

2a Autoridade

Localização	*Nos ombros*
Tamanho e Forma	*Retângulo curvado, não muito espesso (alguns centímetros)*
Qualidade Sensorial	*Grosso, duro, semelhante a papelão denso*

3a Autoridade

Localização	*Atrás da cabeça*
Tamanho e Forma	*Grande, curvado e retangular*
Qualidade Sensorial	*Mais substancial na base e vaporoso no topo*

4a Autoridade

Localização	*Acima da cabeça*
Tamanho e Forma	*Um plano que sobe e se expande amplamente*
Qualidade Sensorial	*Nebuloso*

O 'Eu'

Localização	*Acima e para trás da cabeça*
Tamanho e Forma	*Como um olho olhando para baixo*
Qualidade Sensorial	*Bastante leve*

fluxograma
o formato de autoridade

No fluxograma a seguir, você pode ver as principais etapas do Formato Reivindicando Autoridade em uma única imagem.

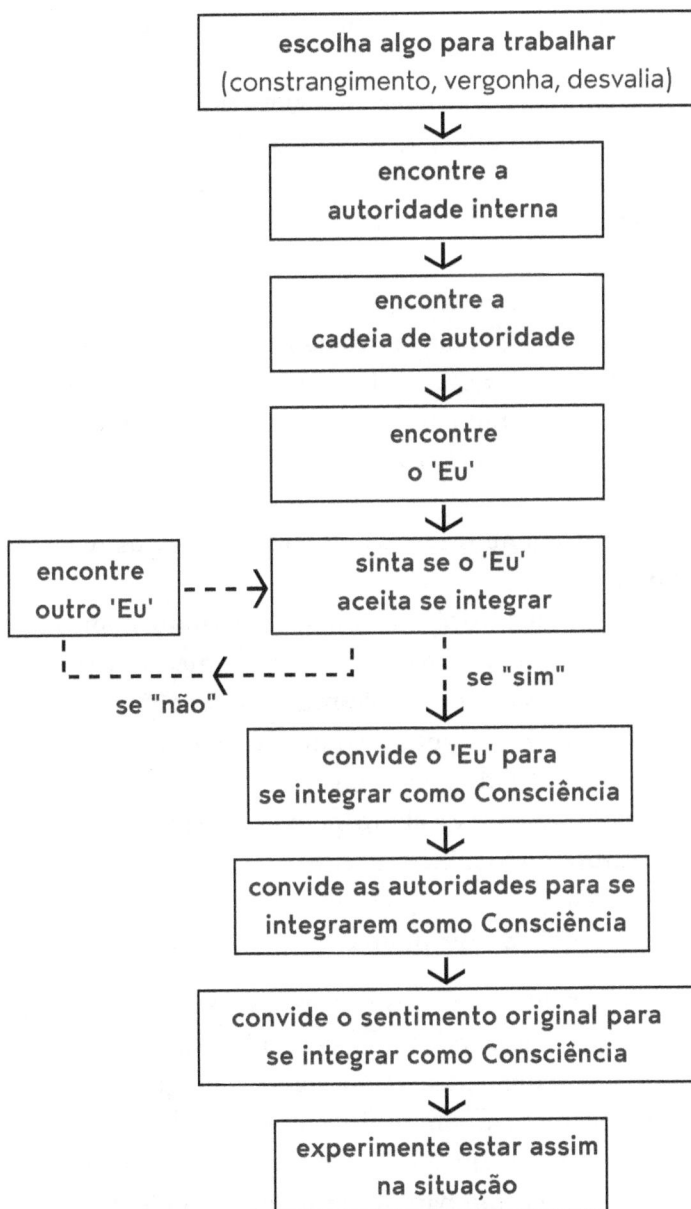

```
┌─────────────────────────────────────┐
│  escolha algo para trabalhar          │
│ (constrangimento, vergonha, desvalia) │
└─────────────────────────────────────┘
              ↓
┌─────────────────────────┐
│      encontre a          │
│   autoridade interna     │
└─────────────────────────┘
              ↓
┌─────────────────────────┐
│      encontre a          │
│   cadeia de autoridade   │
└─────────────────────────┘
              ↓
┌─────────────────────────┐
│      encontre            │
│      o 'Eu'              │
└─────────────────────────┘
              ↓
┌──────────────┐        ┌─────────────────────────┐
│  encontre    │----→   │   sinta se o 'Eu'        │
│  outro 'Eu'  │        │   aceita se integrar     │
└──────────────┘        └─────────────────────────┘
      ┆                         ┆
      └-------←------------------┘  se "não"      se "sim"
                                        ↓
┌─────────────────────────────┐
│   convide o 'Eu' para        │
│ se integrar como Consciência │
└─────────────────────────────┘
              ↓
┌─────────────────────────────┐
│ convide as autoridades para se│
│ integrarem como Consciência   │
└─────────────────────────────┘
              ↓
┌─────────────────────────────────┐
│ convide o sentimento original para│
│  se integrar como Consciência     │
└─────────────────────────────────┘
              ↓
┌─────────────────────────┐
│ experimente estar assim  │
│    na situação           │
└─────────────────────────┘
```

visão geral
& orientações

Você se sente pronto para experimentar isso por conta própria? Se sim, você pode pular para a próxima seção — o Guia Passo a Passo. Se preferir algumas orientações antes, leia esta seção.

Passo 1: Escolha uma experiência de embaraço ou vergonha — e entre nela para notar a resposta emocional.

Na primeira vez que fizer este exercício, escolha algo leve a moderado. Pode ser uma experiência recente ou algo do passado — até mesmo da infância.

Depois de selecionar uma experiência, você será convidado a entrar nessa situação e notar a resposta emocional. *Não precisa acessar essa experiência por completo* — basta acessar uma pequena parte do sentimento, o suficiente para perceber a localização, o tamanho, o formato e a qualidade sensorial.

Passo 2: Encontre a Autoridade ou criador de regras relacionado a esse sentimento.

Isso não é algo que você encontrará pensando com sua mente consciente. Em vez disso, o roteiro o guiará começando pela sensação emocional em si. Você pode simplesmente notar a qualidade sensorial desse sentimento. Em seguida, enquanto estiver percebendo isso, você perguntará: "Onde está o que quer que isso esteja tentando agradar ou satisfazer?". Essa abordagem torna fácil para a localização de uma estrutura interna inconsciente se revelar para você.

* * Esteja preparado para o inesperado * *

Você se surpreendeu com as Estruturas de Autoridade que Anne encontrou na demonstração? Nossas Estruturas de Autoridade inconscientes geralmente são bem diferentes do que esperamos. Elas costumam se formar em um nível inconsciente de maneiras que não se parecem ou se sentem como qualquer pessoa em nossa vida e podem não fazer sentido para nossa mente consciente. E está tudo bem — eu estou mencionando isso para que você esteja preparado para notar o que quer que surja internamente, em vez de esperar algo específico.

Passo 3: Encontre a Cadeia de Autoridade

Geralmente, a primeira Autoridade que você encontra não é a Autoridade Final — ou seja, aquela com o poder para promover mudanças. Como mencionei anteriormente, é como ligar para uma empresa sobre algum assunto. A pessoa que atende o telefone geralmente não é o CEO. Ela pode não ter poder para fazer mudanças. Mas se você conseguir chegar ao CEO, alcança uma Autoridade com poder para realmente realizar a mudança. No Passo 3, você será guiado para encontrar a Cadeia de Autoridade interna que tem mantido o sentimento inicial no lugar.

A maioria das Cadeias de Autoridade possui duas ou três "camadas" de Autoridades, mas você pode encontrar até cinco — ou, em casos raros, até mais.

* * Algumas Dicas sobre a Autoridade Final * *

- **Pode ser densa ou não.** Não se surpreenda se a Autoridade Final que você encontrar for densa. Às vezes, a Autoridade Final é densa, outras vezes não. Ambas funcionam bem. Na primeira vez que fiz esse processo comigo, a Autoridade Final era super densa. Pensei: "Ah não, como isso vai conseguir se integrar?" Eu estava acostumada a trabalhar com 'Eus', e geralmente um 'Eu' denso não consegue se integrar.

   No entanto, tentei perguntar a essa Autoridade Final densa se ela aceitava se integrar. Para minha surpresa, aceitou! E aconteceu de forma fácil. Testei isso com outras pessoas e percebi que funcionava da mesma maneira para elas. Portanto, a Autoridade Final pode ser bastante densa, mas se for realmente a Final, ainda assim será capaz de se integrar.

- **Pode ser escura ou clara.** A Autoridade Final pode ser escura, clara ou nenhuma das duas. Seja como for, está tudo bem.

- **Pode parecer uma pessoa — ou não.** Às vezes, a Autoridade que você encontra por dentro pode se parecer com uma pessoa. Se isso acontecer, trate-a como trataria qualquer outra forma ou formato. Apenas observe o que parece ser e depois solte a imagem, sentindo dentro e através do espaço para a qualidade sensorial. (Veja a seção de Perguntas & Respostas mais adiante neste capítulo para mais detalhes sobre isso.)

Passos 4 e 5: Encontre o 'Eu' e depois convide-o para se integrar.

Muitas vezes seria possível integrar a Cadeia de Autoridade sem este passo, mas encontrar e integrar o 'Eu' relacionado torna todo o processo mais suave, fácil e completo.

Passos 6 e 7: Convide cada Autoridade a se integrar — começando pela "final" ou última.

Você percebeu, na demonstração, que ao convidar uma autoridade para se integrar, eu ofereci algumas novas opções? Quando comecei a convidar minhas próprias Autoridades internas para se integrarem, percebi que às vezes elas queriam se integrar de formas diferentes das que os 'Eus' geralmente escolhiam. Por isso, no seu roteiro, incluí as principais opções que observei em mim mesma, em clientes e nos participantes de workshops.

Novas formas para a Integração

Aqui estão as principais opções que você encontrará no seu roteiro: A sensação/energia da Autoridade pode querer:

- Dissolver-se em e como toda a Consciência.
- Fundir-se com a Autoridade imediatamente anterior.
- Permitir que "Você como Consciência" relaxe em e como a sensação da Autoridade.

As duas primeiras opções são fáceis de entender, certo? Mas talvez você se pergunte o que a terceira opção significa. O que significa "você como Consciência"?

Essa ideia é mais fácil de explicar em uma sessão prática, onde você pode observar meus gestos. Mas farei o meu melhor para esclarecer por escrito. Já exploramos o conceito de Consciência. A

Consciência pode ser descrita como a capacidade de experimentar que está dentro e através do espaço ao redor. Ou também podemos descrever Consciência como a experiência de amplitude do espaço dentro do corpo e ao redor dele.

A experiência de "eu *como* Consciência" é um pouco diferente. Eu não estou apenas percebendo a Consciência (ou a amplitude do espaço ao redor), mas eu SENDO a Consciência. Não há um 'Eu' separado que observa. Nesse estado, sou a própria Consciência. E essa experiência de SER Consciência tem um centro na experiência subjetiva — e esse centro é a minha coluna central. Por isso, estou usando a expressão: "você como Consciência". Não é um "eu separado" que percebe a Consciência; você está realmente *sendo* a Consciência. E ainda assim, há um centro nessa experiência de ser Consciência. E *este* é o que pode "se inclinar para dentro" ou relaxar para dentro do local onde a Autoridade está presente.

Se "Eu como Consciência" estiver relaxando na sensação da Autoridade, pode parecer como se eu *fosse* a Consciência e, *como Consciência*, eu apenas relaxasse ou caísse suavemente para o local onde a Autoridade está. Pode até parecer fisicamente que estou me inclinando naquela direção. (Vou explicar isso com mais detalhes na seção de Perguntas e Respostas.)

Se isso não fizer sentido agora, não tem problema. Geralmente, isso só significa que essa não é a forma de integração de que seu sistema precisa neste momento. Você pode ler o roteiro incluindo essa instrução e, se algo nisso fizer sentido para você, vai acontecer por si só — mesmo que você não compreenda conscientemente.

- Um Conceito-Chave -

Ao convidar as Autoridades para se integrarem, a principal ideia a ser lembrada é: sempre estamos convidando cada estrutura interna a se integrar *do modo que ela quiser* — da maneira que parecer natural para ela. Estamos percebendo o que a Autoridade deseja fazer — tanto *o que* ela deseja se integrar quanto *como* deseja se integrar. Tudo isso está no Guia Passo a Passo, então você pode simplesmente seguir o texto sem precisar pensar muito sobre isso. O roteiro inclui as opções principais que funcionam para a maioria das Autoridades internas.

Você pode usar a Folha de Trabalho Reivindicando a Autoridade para fazer anotações enquanto se guia pelo processo. Você só precisará de algumas palavras-chave ou uma frase curta para se lembrar de cada "aspecto". Para acessar este recurso, use o código QR fornecido no livro ou visite: www.thewholenesswork.org/BookResources

guia passo a passo
reivindicando a autoridade interior

Ok, você está pronto para experimentar isso você mesmo? Você pode reservar 30 a 40 minutos de tempo ininterrupto na primeira vez para explorar isso plenamente. Quando estiver familiarizado com o formato, o processo pode acontecer de forma tranquila em apenas 10 minutos. À medida que continuar praticando o Método Wholeness, descobrirá o tempo ideal para realizar cada processo de maneira confortável e relaxada.

Leia cada um dos passos a seguir. Pause após cada etapa para perceber sua experiência.

Passo 1: Escolha uma experiência para trabalhar — entre nela & perceba a resposta emocional.
Pense em uma experiência de vergonha ou constrangimento. Pode ser algo atual ou do passado. (Se não conseguir pensar em vergonha ou constrangimento, escolha outra experiência envolvendo autoridade, como desvalia, culpa ou necessidade de se defender ou provar algo. Entretanto, recomendo fortemente começar com vergonha ou constrangimento.)

• *Entre na experiência só o suficiente para notar como se sente.*

- *Observe onde a sensação [_de vergonha, constrangimento, etc..._] está localizada.*
- *Qual é o tamanho e a forma?*
- *Qual é a qualidade sensorial dentro e através dessa localização?*

Passo 2: Encontre a "Autoridade Interna."

Não seria possível sentir [vergonha/constrangimento] sem uma sensação de estar violando algum tipo de regra ou padrão, certo?... Então, percebendo essa sensação em [_localização do Passo 1_], a partir daqui, pergunte-se:

- **Onde está a localização a que essa sensação está tentando agradar ou satisfazer? Onde está a Autoridade para isso? Quem define os padrões? O legislador?** *Não estou pedindo para nomear uma pessoa. Estou pedindo um local no espaço, dentro ou ao redor de você. Pode ou não estar relacionado a uma pessoa em particular. Outra maneira de perguntar:* **Para onde essa sensação/experiência em [_localização do Passo 1_] está se orientando? Com que localização se verifica essa experiência?**
- *Chamaremos isso de Autoridade.*
- *Observe o tamanho, forma e, especialmente, a qualidade sensorial dentro e ao redor deste local.*

Passo 3: Encontre a Cadeia de Autoridade.

Verifique se esta é a Autoridade Final.

Agora, perceba a sensação na [_localização da Autoridade_] e se questione: "Esta é uma Autoridade Final? Ou há a sensação de que isso, aqui, está tentando agradar ou satisfazer a algo mais, em outro local? Existe algum outro local para o qual isso aqui está se orientando, verificando ou agindo em serviço?"

<u>Se esta Autoridade estiver tentando agradar ou satisfazer outra coisa:</u>

Encontre a próxima Autoridade.

- *Então sentindo dentro dessa sensação que está em [_localização da Autoridade_],... a partir daqui... verifique: <u>Onde está a localização a que isso está tentando agradar ou satisfazer?</u>*
- *Observe o tamanho, forma e qualidade sensorial dessa próxima Autoridade.*
- Verifique se esta é a Autoridade Final. *Sentindo dentro disso, esta é uma Autoridade Final?... Ou, esta sensação também está tentando agradar ou satisfazer a outra coisa, em algum outro local?*

Continue explorando até chegar à Autoridade Final. (A maioria das Cadeias de Autoridade tem de três a cinco camadas.)

<u>**Se esta for a Autoridade Final:**</u> prossiga para o Passo 4.

Passo 4: Encontre o 'Eu'.
E há como notar tudo isso ao mesmo tempo, certo?... [Tire um momento para perceber simultaneamente cada uma das Autoridades e a experiência inicial.]

De onde está acontecendo essa percepção de tudo isso?... Perceba a localização, o tamanho e forma, e a qualidade sensorial.

Passo 5: Verifique se o 'Eu' aceita se integrar.
Observe a sensação na localização do 'Eu'. Essa sensação aqui acolhe o convite para se dissolver, derreter, dentro e como... a plenitude da Consciência... que está ao redor e por todos os lados?

<u>**Se "Sim":**</u>
Perceba o que acontece quando a sensação deste 'Eu' é convidada a se abrir e relaxar como a plenitude da Consciência, que está ao redor e por todos os lados.

<u>**Se "Não":**</u>
Encontre outro 'Eu'. Continue até encontrar um que esteja pronto para se integrar.
(Ou, você pode verificar se a Autoridade Final está pronta para se integrar.)

Passo 6: Convide a Autoridade Final para se integrar.[1]

Agora, vamos retornar à última/Autoridade Final.

- Verifique nesta localização. *É a mesma agora? Ou um pouco diferente?...*
- Agora observe: *O que essa [_a sensação da Autoridade Final_] aceita se integrar com? Ela pode querer se dissolver como toda a Consciência... pode querer se fundir com a Autoridade imediatamente anterior a ela... ou pode querer se fundir com "você como Consciência".*
- *Permita simplesmente que ela se integre, dissolva ou se funda de qualquer maneira que queira acontecer. Se quiser se integrar diretamente contigo, pode querer que você como Consciência relaxe dentro dela... ou pode preferir ir até você, ou um pouco de cada opção.*

    (Apenas permita que aconteça o que quiser acontecer, até que tudo naturalmente se estabilize.)

Passo 7: Convide cada Autoridade para se integrar.

Começando pela penúltima Autoridade, convide cada Autoridade restante para se integrar da seguinte forma:

- *Verificando na localização desta Autoridade, primeiro perceba como ela está agora. Está exatamente igual ao que era antes, ou está um pouco diferente? Qualquer uma das opções está bem. É apenas útil perceber como está agora.*
- *Verifique com a sensação nesta localização. Com o que ela quer se integrar? Pode querer se integrar com a Consciência que está ao redor e por todos os lados, ou com a Autoridade imediatamente anterior, ou com você como Consciência.*
- *E isso pode ser permitido acontecer da forma que parecer mais natural.*

---

[1] Minha experiência até agora mostra que a Autoridade Final está quase sempre disposta a se integrar com algo. Se não quiser se integrar, verifique outra Autoridade.

Passo 8: Convide o sentimento original para se integrar com a Consciência.

Agora observe o que está presente na localização do sentimento original. Está igual ou um pouco diferente?... O que quer que esteja lá agora pode ser convidado a se abrir e relaxar como toda a Consciência. E/ou toda a Consciência pode ser convidada a fluir dentro e como a sensação aqui agora.

Passo 9: Verifique se está completo e experimente no contexto.
Verificando internamente, isso parece completo?

Se "Sim," Experimente no Contexto:

Tire um momento para experimentar como é ser assim (com a energia das Autoridades e do 'Eu' fundida com toda a Consciência) *na situação com a qual você começou...* (Se isso parecer fortalecedor, explore uma ou duas situações adicionais.)

Se "Não," Pergunte:

O que mais há aqui? (Você pode verificar se há outro 'Eu' ou talvez uma Reação. Em casos raros, pode haver outra Cadeia de Autoridade.)

Compartilhando Experiências

Aqui estão algumas experiências compartilhadas por pessoas durante as sessões de treinamento do Método Wholeness ao realizarem este exercício.

> "Assim que todas as partes da Autoridade apareceram e eu as convidei para relaxar na Consciência, tudo, tipo, desmoronou ao mesmo tempo — muito, muito rapidamente. E houve uma sensação de grande alegria. Tipo, sim, uma alegria imensa. Foi maravilhoso!"

"Eu trabalhei com a sensação de constrangimento. Era uma sensação de estresse acelerado na área do meu coração. E tudo isso se dissolveu. Agora, essa mesma área parece meio plana — neutra. Parece tudo bem."

"É esse fluxo contínuo de alívio. Lágrimas de alívio."

"[Fazendo este exercício] experimentei o mais profundo sentimento de auto perdão que já tive."

"Foi uma jornada incrível para mim. E também percebi humor — como se houvesse esse líquido fresco sob a experiência — no final. Fiquei muito surpreso."

"Sinto como se meu coração tivesse crescido, e ele está lá, batendo. Foi como se meu coração estivesse comprimido e [por meio deste exercício] ele pôde se expandir."

"O que me surpreendeu foi que precisei ir muito mais devagar ao integrar as Autoridades do que ao convidar os 'Eus' para se integrarem. Tive que dar mais tempo para elas."

"Minha avó, que já faleceu, havia abandonado meu pai quando ele era bebê — nunca a conheci, mas [ao fazer este exercício, descobri que] ela estava pesando nas minhas costas e ombros. Durante o exercício, ela foi liberada e agora consigo respirar. ... AGORA EU SOU. A vida está sendo regenerada."

Relatos Posteriores sobre os Resultados

Os relatos anteriores foram extraídos do que os participantes do workshop compartilharam imediatamente após realizar o processo. A seguir, vêm duas histórias sobre como as transformações se estenderam para o dia a dia.

A Chefe da Rena

Após realizar o Processo da Autoridade em uma situação envolvendo sua chefe, Rena percebeu que se sentia mais "igual" e à vontade para expressar o que pensava. Rena disse: *"Minha chefe queria que um colega doente viesse trabalhar mesmo assim. Eu não conseguia acreditar que fui capaz de dizer, com muita calma, que discordava e achava que ele tinha o direito de se recuperar. Fiquei surpresa quando minha chefe aceitou meu ponto de vista. Isso não era algo que ela fazia normalmente."*

O Trabalhador da Construção de Vera

Vera vinha tendo problemas com um trabalhador que contratou para consertar seu telhado. Ela estava muito chateada e com raiva porque ele não estava cumprindo o combinado e não aparecia para trabalhar todos os dias, como havia prometido.

Após realizar o Processo da Autoridade sobre essa questão em um treinamento, Vera estava radiante. Ela relatou que o estresse havia derretido e que se sentia profundamente em paz. Ficou surpresa ao perceber que a sensação de paz continuava no dia seguinte. Ela disse: *"Até meu marido notou a mudança no meu comportamento. Eu estava tão calma. E o homem veio cedo para terminar o trabalho que havia começado há 4 meses."* Ela supôs que a mudança nela mesma levou à mudança no comportamento do trabalhador.

reivindicando nosso poder
compreendendo o formato da autoridade

No nosso processo de Despertar ou de alcançar a Plenitude interior, integrar a Autoridade produz um tipo de transformação diferente daquela que ocorre ao integrar os 'Eus'.

Quando você convidou uma Autoridade para se integrar, o que você percebeu? Sua experiência ao integrar Autoridades foi diferente daquela ao integrar os 'Eus'?

Para muitas pessoas, integrar as Autoridades tem uma qualidade sensorial diferente, comparada à experiência de integrar os 'Eus' — pelo menos em alguns momentos. Frequentemente, as pessoas descrevem mudanças internas como: "Sinto-me mais sólido, mais centrado." Uma mulher descreveu a sensação como: "Foi como algo sendo derramado em mim — como cálcio sendo derramado nos meus ossos." Não é incomum ter uma experiência visceral de maior solidez dentro e através do corpo.

Isso faz sentido porque as Autoridades são representações que literalmente contêm muita força e poder. No entanto, esse poder é codificado, em um nível inconsciente, como algo "não nosso." É codificado como algo que não nos pertence. Assim, quando essa energia poderosa é convidada a se integrar, podemos novamente experimentar esse poder como sendo "nosso" — em vez de algo separado de nós. Estamos, literalmente, recuperando nosso poder.

Frequentemente a energia da Autoridade é percebida como densa ou substancial de alguma forma. Quando essa substancialidade é integrada, o "poder" contido nela passa a ser parte de nós, em vez de algo percebido como "não nosso."

Quando integramos as Estruturas de Autoridade, estamos literalmente recuperando um poder que sempre foi 'nosso'.

Outra mudança típica é que, antes da integração, a "Energia da Autoridade" é frequentemente rígida — literalmente rígida. Após a integração, a Energia da Autoridade geralmente se transforma em algo que é experimentado como substancial e, ao mesmo tempo, de alguma forma flexível de maneira enraizada.

Lembre-se de que, independentemente de como você experimentou este exercício, está tudo bem — na verdade, está perfeito. Sua experiência pode ser completamente diferente do que estou descrevendo. O processo sempre funcionará melhor para você quando você permanecer fiel à forma como ele está se desenrolando no seu caso. Desde que você esteja gentilmente convidando, e não forçando nada, tudo acontecerá de um modo natural e que será o melhor para o seu sistema.

* * Uma Representação Visual do Formato de Autoridade * *

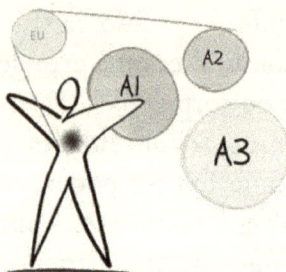

Você pode encontrar um 'Eu' ou uma Autoridade tanto fora quanto dentro do corpo; eles podem estar em qualquer lugar.

o significado
dessa mudança

O Processo de Autoridade do Método Wholeness pode, potencialmente, trazer um nível de mudança bastante profundo. E há um "porquê" por trás disso. Uma espécie de "ciência", por assim dizer.[2]

Esse processo nos ajuda a integrar algo fundamental em nossa psique que, até então, não tínhamos como acessar. Quando a maioria das abordagens terapêuticas trabalha com *sentimentos* como vergonha ou constrangimento, elas lidam diretamente com esses sentimentos.

---

[2] Aqui, estou usando "ciência" no sentido de termos um mapa específico, preciso e baseado na experiência, além de uma compreensão de como nossas estruturas inconscientes funcionam, com procedimentos que podem ser repetidos e testados de forma confiável por meio de pesquisas. Algumas pessoas entendem Ciência como algo que já possui amplo respaldo em pesquisas. O Método Wholeness já conta com suporte de pesquisa preliminar, mas ainda há muito a ser feito!

Mas essas emoções são apenas a *consequência* de ter uma estrutura de regras não integradas (e inconscientes). Com o Método Wholeness, estamos encontrando e integrando a *origem* desses sentimentos — especificamente, a construção interna que sustenta uma estrutura de regras inconsciente.

Quando outra abordagem terapêutica vai além do trabalho com os sentimentos de vergonha, por exemplo, para abordar uma experiência de autoridade, geralmente isso é feito por meio do conteúdo. Por exemplo, se você já explorou abordagens terapêuticas, pode ter aprendido a se comunicar com o seu "Pai" ou "Mãe" internos. Esse tipo de abordagem pode ser benéfico. No entanto, o Método Wholeness chega mais longe das seguintes três maneiras:

1: Trabalhando com a Autoridade em um Nível Mais Profundo do que o Conteúdo

Como mencionado anteriormente, a maioria dos métodos que lidam com "questões de autoridade" trabalham no nível do conteúdo. Nós conversamos sobre nosso relacionamento com uma pessoa em nossa vida que foi uma autoridade para nós e tentamos desenvolver um novo relacionamento mais adulto. Quando trabalhamos no nível do conteúdo, a mudança tende a ser lenta e incompleta.

O Método Wholeness sai do nível do conteúdo e entra no nível do processo. Nós encontramos a(s) Estrutura(s) de Autoridade(s) interna(s) que sustenta(m) nossos sentimentos de contrangimento ou vergonha no lugar. Quando encontramos essas estruturas internamente, muitas vezes descobrimos que elas já não são mais representadas como uma pessoa específica em nossas vidas. Elas não parecem mais com a Mamãe, o Papai ou o Vovô.

Você pode ter descoberto isso ao fazer o exercício neste capítulo. Se sua Estrutura de Autoridade interna apareceu como uma nuvem densa de poeira, um arquivo de fichas ou outra coisa, isso significa que apenas conversar com o Papai ou a Mamãe internamente não resolverá o que realmente está acontecendo agora dentro de você. Frequentemente, não estamos mais respondendo à Mamãe ou ao Papai, mas sim, a uma representação interna mais generalizada de autoridade — por exemplo, uma nuvem escura e densa ou até mesmo um sol brilhante. Com o Método Wholeness, quando saímos do conteúdo, conseguimos encontrar facilmente as Estruturas de Autoridade energéticas que existem hoje no nível inconsciente.

Estamos trabalhando no nível da estrutura interna.

2: Encontrando a Cadeia de Autoridade

Se outros métodos abordam a questão da Autoridade interna, eles geralmente lidam apenas com o primeiro nível de autoridade e nunca chegam à Autoridade Final. Isso torna o processo de mudança mais difícil.

Com o Método Wholeness, é fácil encontrar e incluir a Cadeia de Autoridade inteira e alcançar a Autoridade Final. Isso é o que torna o processo de mudança, às vezes, bastante profundo — e, ao mesmo tempo, simples. Usando o Processo de Autoridade, é possível experimentar uma transformação profunda, rápida e completa, de uma forma que também parece gentil e cuidadosa. Esse é um avanço importante — e, até onde eu sei, nunca foi feito antes.

3: Integrando — Não Apenas Comunicando

Como já discutimos, com o Método Wholeness nós realmente integramos as Estruturas de Autoridade. Apenas aprender a se comunicar melhor não realiza a integração se nossa experiência da Autoridade ainda estiver separada de "nós." Ter uma Estrutura de Autoridade separada dentro de nós nos deixa suscetíveis a lutas internas contínuas entre os "criadores de regras" e "nós." Assim que as Estruturas de Autoridade são integradas como parte de "nós," descobrimos uma nova capacidade de agir a partir de um tipo diferente de "moralidade" que é baseada no Todo. (Consulte a seção sobre "nova moralidade" no final deste capítulo.)

Portanto, com o Método Wholeness, vamos além de apenas conversar sobre o problema ou mudar seu significado. *Nós realmente integramos algo que estava separado.* É assim que ocorre o nível mais profundo de mudança.

As Estruturas de Autoridade estão envolvidas em muitos problemas da vida.

No início deste capítulo, apresentei uma lista de verificação de problemas da vida nos quais uma Estrutura de Autoridade provavelmente está envolvida. Qualquer questão que inclua uma sensação de como você "deveria ser" ou como os outros ou o mundo "deveriam ser" envolverá Estruturas de Autoridade internas. Se alguém sente ansiedade ou depressão, muitas vezes entra em jogo uma sensação subjacente de como as coisas "deveriam ser." Essas estruturas de regras são uma parte fundamental para manter muitos problemas difíceis de mudar. Assim que trazemos essas estruturas de regras inconscientes para a consciência e sabemos como processá-las, tudo muda de figura.

As Autoridades Internas estão envolvidas na manutenção de muitos problemas que podem parecer difíceis de mudar.

Durante os treinamentos avançados do Método Wholeness (Nível II e posteriores), aprendemos mais sobre como e quando utilizar a busca pela Autoridade Interna como parte do fluxo do trabalho interior. A maioria das pessoas acha esse trabalho bastante libertador. Ele permite que você se torne mais quem você realmente é.

respondendo às suas perguntas

Não consigo encontrar a Autoridade Interna

P   E se eu não conseguir encontrar a Autoridade?

R   Se você não conseguir encontrar as Autoridades dentro de si, recomendo participar de um treinamento ao vivo (online ou presencial) ou trabalhar com um *coach* experiente no Método Wholeness. Nos treinamentos, as pessoas quase sempre acham fácil perceber a Autoridade interna. Isso acontece porque você terá uma equipe treinada para ajudá-lo, além de poder assistir e ouvir outra pessoa passando pelo processo. Isso pode fazer uma grande diferença para que seu inconsciente "compreenda" o processo com mais facilidade.

Se estiver trabalhando sozinho, você também pode tentar "apenas fingir." Você pode fingir que sabe onde a Autoridade está localizada e ver o que acontece.

A Autoridade parece uma pessoa

P E se a Autoridade parecer uma pessoa?

R Uma Autoridade pode ter qualquer forma e tamanho. Ela pode aparecer como uma massa indefinida no espaço ou parecer uma pessoa (talvez um dos pais, um professor ou alguém do seu passado). Não importa como ela aparece. Se parecer uma pessoa, você a trata do mesmo modo como trataria uma nuvem indistinta. Você observa como ela parece, é claro, e então — deixando de lado sua aparência — permite-se sentir através do espaço dessa representação que se parece com alguém.

Se parecer uma pessoa, é importante perceber que o que você está integrando não é a outra pessoa. Você está integrando parte de sua própria consciência, parte de sua própria energia. Trata-se de uma estrutura mental que você formou dentro de algo que se assemelha àquela pessoa. No entanto, aquela pessoa não está aqui. Ela não está na sala com você. Portanto, não é realmente ela que você está integrando. É a sua representação dela. Quando você sente a qualidade sensorial nessa área, isso torna possível integrar a "vitalidade" que, na verdade, é você, que estava utilizando para criar essa estrutura de pensamento interno que se parece com aquela pessoa.

A Autoridade não quer se integrar

P   E se a Autoridade Final não quiser se integrar?

R   Em geral, a Autoridade Final sempre quer se integrar. Se a Autoridade que você encontrou não quiser se integrar, é provável que ela não seja, na verdade, a final. Às vezes, percebo que uma Autoridade quer se apresentar como a Autoridade Final — como se estivesse se esforçando demais para agir como o "verdadeiro chefe," quando na verdade não é. Então, se isso acontecer, basta permanecer com ela por um tempo, mantendo uma presença gentil. Com o tempo, ela permitirá que você a "conheça" mais completamente. Isso significa que ela permitirá que você sinta através dela de forma mais profunda e, por fim, reconhecerá que não é a Autoridade Final.

As estruturas que encontramos também realmente anseiam por ser conhecidas pelo que/quem são. Elas anseiam por ser reconhecidas e experimentadas por — e como — o campo de Consciência. Isso é inerentemente uma bondade. Assim, você pode verificar gentil e cuidadosamente novamente. Deixe haver uma sensação dentro e através da sensação nesta área... Pergunte: *"Existe algo mais, em algum outro local, a que isso aqui está tentando agradar ou satisfazer?"*

Ocasionalmente, se uma autoridade final não quiser se integrar, é porque a pessoa tem uma reação a ela. Pode haver um senso de odiar essa autoridade ou de se rebelar contra ela. Nesse caso, pode ser necessário trabalhar com essa reação primeiro e, então, voltar a convidar a autoridade para se integrar.

Como sempre, é importante não pressionar ou forçar nada. Se precisar de mais ajuda com isso, você pode entrar em contato com um *Coach* de Wholeness ou participar de um treinamento.

A Autoridade não me deixa entrar

P   Quando tentei sentir dentro e através da Autoridade, ela não me deixou entrar. Foi como se não confiasse em mim.

R   Se isso acontecer, a primeira coisa a fazer é relaxar e essencialmente "recuar". Com o Método Wholeness, nunca queremos forçar nada. Se ela não confia em você, tudo bem. Porque "você" não precisa fazer nada. Se você estava tentando sentir dentro e através, pode ser que [a Autoridade] tenha sentido uma certa imposição e resistido.

Por outro lado, é mais fácil não fizermos nada, mas apenas permitirmos que o campo de Consciência em si sinta dentro e através. Quando permitimos, na realidade, é o campo de Consciência que pode gentilmente sentir o que quer que esteja presente. O campo de Consciência, por sua própria natureza, não tem julgamentos. Assim, as estruturas que encontramos dentro geralmente gostam de se tornar "conhecidas" pelo próprio campo de Consciência. "Você" não precisa fazer isso. Porque o campo de Consciência naturalmente faz isso de uma maneira gentil e amável. Essa é simplesmente a sua natureza.

A Autoridade é densa e/ou escura, não leve ou arejada.

P   E se a qualidade sensorial da Autoridade for densa e/ou escura? Ela ainda assim se integrará?

R   Às vezes, a Autoridade Final é escura e densa, e outras vezes é leve. Quando a Cadeia de Autoridade começa escura e densa, às vezes cada nova Autoridade é mais escura e densa até que uma Autoridade Final realmente escura seja revelada. Outras vezes, ela "inverte" de uma cadeia escura/densa para algo leve e menos denso. Ambas as opções estão bem. E você pode encontrar algo diferente dessas opções.

É valioso estarmos abertos para o que quer que esteja realmente ali.

E, claro, como mencionei antes, mesmo que uma Autoridade Final seja escura e densa, ela AINDA assim se integrará. Se for a Autoridade Final, sempre se integrará.

Autoridade se Integrando com a Consciência vs. "Você como Consciência se Fundindo com a Autoridade"

P Qual é a diferença entre a Autoridade se integrando com a Consciência e "você como Consciência" se fundindo com a Autoridade?

R Vamos imaginar que a Autoridade está localizada em algum lugar fora do corpo. A Autoridade se integrando com a Consciência é geralmente experimentada como o que quer que esteja lá fora (a localização da Autoridade) derretendo e se dissolvendo dali para o Todo. Assim, há um fluxo suave para fora, em todas as direções.

Agora vamos falar sobre "você como Consciência" se fundindo com a Autoridade. Aqui está como eu experimentaria isso...

Neste momento, a Consciência está toda ao meu redor, e se essa Consciência tiver um centro, ele estaria ao longo da coluna central do meu corpo físico (a localização da minha coluna vertebral). Digamos que a Autoridade com a qual estou trabalhando esteja localizada fora do meu corpo, na minha frente. Ela tem outro centro dentro dela. Quando eu convido "eu como Consciência" para se integrar com essa Autoridade, estou convidando uma fusão desses dois centros (e dessas duas experiências), para se tornarem um só. Então, essa experiência da Consciência com seu centro no meu corpo ao longo da coluna central se funde ou integra com a sensação na localização da Autoridade.

Podemos pensar nisso como a fusão de dois centros. Os dois centros começam em duas localizações diferentes. Quando eles se fundem, há apenas um centro. "Eu como Consciência" pode até se inclinar um pouco para frente, quase como se estivesse "caindo dentro" da energia da Autoridade... Apenas deixando ir qualquer coisa que a estivesse se mantendo separada.

Ou a Autoridade pode fluir para "mim como Consciência", e a partir daí se dissolver em tudo e em todos os lugares.

Com o primeiro tipo de integração — da Autoridade se integrando com a Consciência — há, em certo sentido, apenas um centro. A Autoridade está localizada onde quer que esteja. E ela se integra com a Consciência ao seu redor.

Com o segundo tipo, há a experiência de dois centros que você está acessando ao mesmo tempo e permitindo que se fundam/misturem/integrem da forma que for natural, até que a experiência seja apenas um centro.

Se isso não fizer sentido, tudo bem. Apenas convide o que quer que pareça natural.

A Autoridade é "Deus."

P ⟩ Se eu chegar a uma Autoridade que diz ser "Deus", ela é a Autoridade Final?

R ⟩ Às vezes, as pessoas descobrem uma Autoridade dentro de si que diz ser Deus, ou elas simplesmente sabem que é Deus. Isso não acontece com todo mundo, mas já aconteceu com várias pessoas — inclusive pessoas sem crenças religiosas. É fácil presumir que, se a Autoridade diz ser Deus, isso significa que é a Autoridade Final. Mas lembre-se de que essas estruturas que encontramos dentro de nós são nossas representações inconscientes de algo. Não aquela coisa em si.

Se você encontrar uma Autoridade que aparece como Deus, para este exercício, trate-a da mesma forma que qualquer outra Autoridade. Perceba a qualidade sensorial e pergunte: "Esta é uma Autoridade Final ou há algo mais a que isso está tentando agradar ou satisfazer?" Com bastante frequência, as Autoridades que se identificam como Deus também têm outra Autoridade a que estão tentando agradar ou satisfazer.

Lembre-se de que não precisamos entender o que encontramos dentro de nós. Isso não se trata, principalmente, de obter compreensão mental sobre questões filosóficas. No entanto, quando encontramos estruturas de "Deus" dentro de nós durante este exercício, essas provavelmente são experiências não integradas formadas em nossas tentativas de compreensão quando éramos crianças pequenas.

A Autoridade sou eu.

P   E se a Autoridade for eu?

R   Geralmente, experimentamos as Autoridades que encontramos dentro de nós como uma força que "não sou eu." Nós as experimentamos como uma força externa. No entanto, ocasionalmente, alguém me diz: "Essa Autoridade sou *eu*." Você não precisa, de fato, rotular o que ela é. Se uma Autoridade que você encontra dentro de si é experimentada como "você" ou como "alguém/algo mais," ela é sempre experimentada como separada da totalidade da consciência que é você. Portanto, de qualquer forma, você pode simplesmente notar o que está lá e convidá-la a se integrar.

Ter Estruturas de Autoridade dentro de nós pode ser funcional em certo estágio da vida. Quando somos crianças, precisamos nos orientar em relação às figuras de autoridade em nossa vida. Quando somos crianças, elas realmente têm autoridade sobre nós. No entanto, como adultos, elas não têm essa autoridade, mas podemos continuar agindo como se tivessem — e elas nem estão aqui! É uma representação que estamos carregando conosco (que às vezes até se parece com elas) e à qual estamos nos orientando.

indicadores para o processo da autoridade
pistas para quando usar este formato

Aqui estão as principais indicações de que o Formato de Autoridade provavelmente será útil ou necessário. (Você pode aprender mais sobre quando e como incluir um Processo de Autoridade nos treinamentos.)

Indicadores de Conteúdo: Constrangimento, Vergonha e Desvalia
O Processo de Autoridade sempre será útil para a cura profunda dessas questões. Também é provável que seja útil ao trabalhar com

qualquer coisa que envolva "deveria", "tem que", raiva, sensação de estar certo, sensação de estar errado, etc.

Indicadores de Processo: Densidade e Escuridão

Densidade

Quando encontramos uma estrutura interna que é densa (ou seja, quando sentimos dentro e através dela, é o oposto de arejada), isso quase sempre indica a presença de uma Estrutura ou Cadeia de Autoridade relacionada. Isso significa que quase sempre é útil perguntar pela Estrutura de Autoridade relacionada e incluí-la no trabalho.

Escuridão

Este não é um indicador tão confiável quanto a densidade. No entanto, quando a escuridão está presente, pode-se perguntar se há uma Estrutura de Autoridade relacionada.

— Uma Advertência Importante —

Certifique-se de vivenciar o Formato Básico do Método Wholeness e o Formato de Meditação *antes* de usar o Formato de Autoridade. Mesmo que você esteja lidando com uma questão que sabe envolver uma Autoridade, comece aprendendo e experimentando os formatos dos Capítulos 2-4. (Outros tipos de meditação ou trabalho interior não fornecerão o embasamento necessário.)

agindo a partir do todo
uma progressão da moralidade baseada em regras

Com o Método Wholeness, estamos fazendo uma transição da moralidade baseada em regras para algo diferente. Não se trata de amoralidade, mas de algo que já não é baseado em regras. Passamos a operar a partir de uma experiência orgânica do Todo. Podemos chamar isso de uma moralidade natural que está presente dentro de nós. As regras rígidas se dissolvem e o que permanece é a capacidade e a inclinação para uma maior compaixão e gentileza — em relação a nós mesmos e aos outros ao nosso redor — até mesmo ao mundo.

Quando estamos operando a partir de uma moralidade baseada em regras, fazemos coisas que são "boas" porque as regras nos dizem para fazê-las. Mas quando estamos vivenciando o estado de *Wholeness*, não precisamos mais disso.

Como funciona

Considere isto. Eu não preciso de uma regra para garantir que eu não deixe cair um martelo no meu próprio pé. E, no entanto, eu não o faço. Isso acontece porque eu *sei* que isso causaria dor. Poderia machucar. Eu sei disso porque experimento meu corpo como um todo único. Como meu corpo é um todo único, eu não preciso de uma regra que me diga que fazer isso seria errado ou ruim, e não preciso que ninguém me diga: "Connirae, certifique-se de não deixar cair esse martelo no seu pé."

Com o Método Wholeness, começamos gradualmente a experimentar o "Todo das coisas". Experimentamos o todo de nossa própria consciência e isso inclui cada vez mais as pessoas ao nosso redor — e até mesmo a terra onde vivemos. Quando experimento tudo isso como um único todo, e de certo modo eu *sou* esse Todo, então também não deixo cair um martelo no seu pé, não preciso de uma regra que me diga que isso é errado. Eu não o faço porque já consigo sentir a dor que isso causaria. Esse é o tipo de consciência que estamos desenvolvendo ao praticar o Método Wholeness.

Essa mudança de uma moralidade baseada em regras para uma moralidade natural, que surge quando experimentamos a nós mesmos como "o Todo das coisas", é bastante significativa. Isso significa que temos menos estresse na vida — porque não estamos mais preocupados se somos bons o suficiente ou se estamos atendendo aos padrões de outra pessoa. Isso significa que temos mais alegria na vida e podemos nos conectar mais plenamente e intimamente com os outros, com menos regras nos limitando.

À medida que as estruturas rígidas de regras caem, podemos descobrir que mais impulsos de gentileza e compaixão começam a emergir. Essa compaixão surge primeiro em relação a todas as partes de nós mesmos — todos os nossos desejos, impulsos e necessidades podem ser incluídos. Quando todas as nossas necessidades, emoções, pensamentos etc. são incluídos e integrados, tendemos a alcançar uma clareza natural sobre o que queremos e precisamos e do que estamos dispostos a participar. O que muitas pessoas chamam de "limites claros" tende a acontecer automaticamente. Além disso, reconhecemos com mais facilidade quando somos chamados a contribuir e queremos fazê-lo.

Quanto mais todas as nossas próprias emoções, desejos, impulsos e necessidades forem incluídos de forma integrada, como é possível através da prática do Método Wholeness, mais se torna possível e até inevitável que comecemos a experimentar o Todo que é mais amplo — algo *além* de apenas eu como indivíduo. Passamos a experimentar sermos esse Todo maior de que fazemos parte — e que, de certa forma, *somos*. A partir dessa consciência do Todo maior, somos naturalmente inclinados a fazer coisas que criam mais alegria no mundo, mais bondade, mais felicidade para os outros, assim como para nós mesmos. Porque nós *somos* esse Todo que experimenta a alegria e a bondade.

como o formato de autoridade me ajudou

Usei o Formato da Autoridade muitas vezes e ele fez uma diferença positiva em várias áreas da minha vida. Você também pode achar que é um processo que vale a pena repetir.

Anteriormente, neste capítulo, mencionei como eu costumava ficar facilmente envergonhada. Às vezes, eu sentia meu rosto corar, sem nem mesmo saber por que estava envergonhada. Em certo nível, isso não parecia algo grande, mas, em outro, sim. Era um sinal de que havia algo em mim tentando constantemente seguir certas regras ou padrões — tentando ser uma "boa pessoa" ou estar "certa" sobre as coisas. Isso criava uma tensão sutil no meu sistema, mesmo quando eu não estava plenamente consciente disso.

Depois de aplicar esse processo, percebi que eu não ficava mais envergonhada com tanta frequência. Isso aconteceu gradualmente conforme ia trabalhando com mais questões relacionadas à autoridade. E, então, o "não com tanta frequência" se transformou em "quase nunca." Agora ficou mais fácil simplesmente ser eu mesma.

Outra mudança que percebi é que, ao interagir com outra pessoa, eu costumava tentar sentir o que essa pessoa poderia querer ou valorizar e, então, tentava me encaixar nesse molde. Agora me sinto mais à vontade sendo simplesmente eu mesma, e percebo que a maioria das pessoas gosta mais disso, de qualquer forma. Porque estou sendo autenticamente eu, não estou tentando me moldar ao que acho que outra pessoa quer que eu seja. É muito mais relaxante para mim e mais fácil criar conexões naturais.

Continuo a usar este formato sempre que percebo alguma área da minha vida ou situação em que me sinto presa por padrões rígidos ou regras de algum tipo.

Mais uma vez, o Método Wholeness não se trata apenas de abandonar as regras e fazer o que eu quiser. Essa forma de dissolver estruturas rígidas de regras nos aproxima, gradualmente, do Todo. Do todo de nós mesmos, e talvez até de um Todo maior, que pode facilmente incluir o resto deste mundo em que todos vivemos juntos. Essa tem sido a minha experiência.

Fica mais fácil para eu experimentar empatia *pelos* outros e estar consciente *das* necessidades deles, sem sentir que preciso consertar tudo — ou *fazer* qualquer coisa. O que quer que eu possa fazer por outra pessoa é, então, feito a partir de um desejo autêntico de fazê-lo, e não, por obrigação.

Uma Ferramenta Indispensável para a Cura

Recentemente, uma colega próxima — *coach* e terapeuta — me disse, entusiasmada:

"*O Formato de Autoridade é realmente um divisor de águas!*" E continuou: "*Praticamente todas as vezes em que vejo um cliente tendo dificuldade para fazer mudanças em sua vida, as Estruturas de*

Autoridade internas estão desempenhando um papel fundamental para manter as coisas como estão. Isso é verdade para depressão, ansiedade complexa e até mesmo para problemas cotidianos comuns que as pessoas têm tanta dificuldade em mudar. Desde que aprendi este método, finalmente tenho uma maneira de ajudá-los. Meus clientes estão obtendo resultados muito mais rápido agora."

Ela continuou — *"Simplesmente não existe nada parecido com isso disponível em nenhum outro lugar. Este método nos ajuda a acessar e curar elementos importantes da nossa natureza que nada antes conseguiu tocar... Ele tem o potencial de fazer pela área da transformação o que o motor a combustão fez pelo transporte."*

Sempre recebo feedbacks incríveis sobre este formato, tanto de alunos quanto de *coaches*. E, cada vez que ensino este método ou guio um cliente por este processo, e testemunho as transformações poderosas, sinto o mesmo tipo de inspiração.

Espero que você use o Formato de Autoridade para encontrar e transformar Estruturas de Autoridade/regras que têm vivido dentro de você desde a infância. Embora tenham se formado com um propósito positivo — para ajudá-lo a compreender as regras que esperavam que você seguisse — agora você pode ter mais escolha. Este método pode ajudar a revelar, de forma orgânica, o que é autêntico para você agora.

A citação a seguir, do poeta sufi Rumi, descreve lindamente a transformação radical que ocorre quando fazemos essa mudança para além da moralidade baseada em regras:

Além das ideias de certo e errado,
existe um campo.
Eu me encontrarei com você lá.
Quando a alma se deita naquela grama,
o mundo está cheio demais para ser descrito.
Ideias, linguagem, até mesmo a expressão 'cada um'
deixam de fazer sentido.

–Rumi

Dissolver essas estruturas de regras na Consciência nos dá a oportunidade de avançar para o próximo nível de consciência, onde agimos a partir da percepção do Todo. Tornamo-nos mais diretamente responsivos às pessoas e ao mundo ao nosso redor, em vez de apenas respondermos a regras. Imagine como o mundo poderia ser diferente se mais pessoas operassem a partir do todo. Pessoalmente, estou adorando como essa mudança está tornando minha vida mais fácil. Espero que você também goste.

No próximo capítulo, você aprenderá um *novo* formato do Método Wholeness que permitirá transformar sentimentos de vazio, perda ou anseio — e o convidará a desfrutar de uma maneira mais plena de ser.

CAPÍTULO 6

O FORMATO "O QUE ESTÁ FALTANDO"

Nutrindo a Plenitude Interior

Eu estava no meio de uma sessão individual com uma cliente que chamarei de "Rita." Rita veio até mim porque estava angustiada com uma forte "dor no coração," que disse sentir "a vida inteira." Enquanto descrevia, tratava-se literalmente de uma sensação de dor bastante intensa na região do coração. Usando isso como ponto de partida, guiei Rita pelo Processo Básico do Método Wholeness. Identificamos a Cadeia de 'Eus' relacionada a isso e convidamos cada um a se integrar. Eu já havia guiado muitas outras pessoas em trabalhos com dores físicas, inclusive dores crônicas, frequentemente com resultados positivos. Mas a "dor no coração" parecia, de alguma forma, diferente.

As coisas pareciam estar indo bem e, no passo final, perguntei: "Qual é a sensação agora na área do coração?"

Rita verificou a região do coração. "Não há nada lá," disse, com talvez o tom de voz mais inexpressivo e monótono possível.

Perguntei: "Então, não há mais dor ali?"

"Não, a dor sumiu. Não está mais lá," confirmou Rita, ainda em um tom monótono e sem entusiasmo.

Fiquei intrigada. Rita estava me dizendo que a dor de longa data que a angustiava havia desaparecido completamente, mas ela parecia quase desapontada ao me contar isso. Fiquei me perguntando como isso fazia sentido.

Então perguntei: "Então, a dor sumiu... e o que há nessa área agora?"

"Nada. Está simplesmente vazio," explicou Rita.

Quando alguém descobre um "vazio" em seu interior, geralmente ele é de dois tipos. O primeiro é aquele tipo de "vazio" ou "amplitude" descrito por professores espirituais, que, na verdade, é positivo. Pode ser experimentado como um estado ilimitado, uma expansão, sem nada tangível preenchendo-o.

Observando Rita, ficou claro para mim que o "vazio" que ela estava percebendo não era desse tipo. O vazio de Rita era do segundo tipo: a experiência de que algo estava faltando. Era a sensação de "falta" — a percepção de que algo deveria estar ali, mas não estava.[1]

Imediatamente intuí o que era necessário para Rita e a guiei por uma série de passos que a levaram a experimentar uma sensação de plenitude no coração e em todo o seu ser. Esse é o formato que exploraremos a seguir.

Como isso se aplica a você?

Talvez você nunca tenha experimentado uma dor persistente no coração. Eu nunca tinha. No entanto, percebi rapidamente que Rita me ajudou a tomar consciência de outra "estrutura universal" — algo que existe dentro de cada um de nós.

Poderíamos chamá-la de uma experiência de vazio interior. Ou uma sensação de que "algo está faltando" e que ansiamos por completar ou preencher. Embora a experiência de "falta" ou de que "algo está ausente" seja universal, para muitos de nós, não é algo de que sejamos conscientes. Ainda assim, pode motivar

---

[1] É importante reconhecer a diferença entre a "vazio" que é a experiência do todo indivisível e quando é uma experiência de falta que surge de uma separação interior. Já vi mais de um professor espiritual não perceber essa distinção. Lembro-me de um professor em particular, que teve um aluno perguntando o que fazer sobre um "vazio" interior. Ficava claro, pela expressão do aluno, que se tratava de uma experiência de falta. Não era um espaço indivisível. Em vez disso, era uma experiência de separação entre o espaço vazio interior e algo mais. Por não fazer essa distinção, o professor disse ao aluno que esse "vazio" é o vazio fértil e que isso é algo bom. Não surpreende que esse conselho não tenha ajudado, e o aluno ficou sem respostas.

comportamentos e sentimentos que nos deixam infelizes ou nos colocam em apuros.

Perceber essa estrutura oferece o próximo "portal" para a plenitude.

Então, vamos falar sobre como você pode identificá-la na sua experiência e usar este formato para o seu próprio benefício. Uma experiência de estar incompleto ou sentindo falta de algo pode se manifestar de diferentes formas.

Nos Nossos Relacionamentos

Talvez você tenha, ou já tenha tido, um parceiro na vida ou nos negócios... E, se não tiver um agora, gostaria de ter? Se for o caso, aqui está algo para considerar. Quando escolhemos um parceiro de vida, o fazemos porque o amamos. Mas, se formos honestos, talvez também reconheçamos que, de alguma forma, esperamos que eles "preencham" algo que está faltando em nós mesmos. Isso não é necessariamente algo ruim. É valioso encontrar um parceiro que complemente nossas forças e traga algo diferente para o relacionamento — seja essa parceria pessoal ou profissional. No entanto, quando somos atraídos por alguém a partir de um lugar de carência, precisando que eles forneçam algo que não encontramos dentro de nós mesmos, inevitavelmente chega um momento em que nos sentimos decepcionados. Nosso parceiro não está preenchendo a necessidade que esperávamos que ele satisfizesse. Podemos facilmente começar a culpá-lo, e as coisas podem se tornar desconfortáveis para ambos. Ficamos insatisfeitos com eles porque não são quem "precisamos que sejam." E eles ficam infelizes porque não os apreciamos pelo que realmente são.

Essa dinâmica muda completamente quando fazemos o método do Método Wholeness que você aprenderá neste capítulo.

Uma vez que o vazio ou a carência sejam "preenchidos de dentro para fora," podemos apreciar e valorizar melhor nossos relacionamentos. Sem esse trabalho interior, nossos relacionamentos muitas vezes podem azedar quando nosso parceiro não preenche a necessidade que esperávamos que ele suprisse.

Luto e Perda

Não é possível atravessar a vida sem vivenciar perdas. Este formato ajudou muitas pessoas a curar profundamente o vazio e a tristeza que frequentemente acompanham a perda. Uma mulher havia perdido um animal de estimação querido há cerca de cinco meses antes de participar de um workshop que eu estava conduzindo. Quando ela se voluntariou para fazer o processo, percebi imediatamente que essa perda tinha sido muito profunda para ela. Ela descreveu como não conseguia se recuperar da tristeza, por mais que tentasse.

Ao final do processo, ela parecia visivelmente mais viva e presente, e disse: "Eu sinto como se o sangue estivesse fluindo pelas minhas veias novamente." Ela fez um gesto em direção aos braços, e pude ver que a cor da pele em seus braços havia mudado significativamente. Quando começamos, o tom de sua pele estava acinzentado e sem vida. Agora, seus braços pareciam rosados e vibrantes. Parecia literalmente como se o sangue estivesse fluindo novamente por suas veias.

Outra participante do workshop disse que sentia um "vazio por dentro" desde que seu irmão havia morrido quando ela ainda era criança. Após realizar esse processo, ela relatou sentir-se mais completa do que conseguia se lembrar em muito, muito tempo.

Quando perdemos uma pessoa significativa, um relacionamento — ou qualquer coisa que seja querida para nós — é comum sofrer um vazio interior que pode nos fazer sentir desprovidos de plenitude e vitalidade. Este processo oferece um caminho gentil e eficaz para transformar a experiência de vazio e perda em uma jornada para descobrir a abundância inerente que já está presente dentro de nós.

Desejos por Comida

Você já sentiu vontade de comer mesmo sem estar realmente com fome? Se sim, essa experiência pode ser interessante de explorar. Isso pode ser especialmente útil se houver um alimento específico pelo qual você anseia em determinadas circunstâncias. Por exemplo, talvez você ache difícil resistir aos doces no caixa do supermercado ou recorra ao sorvete quando está entediado.

Outras Compulsões

Muitos de nós temos o que chamo de "mini-compulsões" — coisas que sentimos *compelidos* a fazer, como maratonar séries de TV, jogar videogames, fazer compras (online ou não), jogar, entre outras. Talvez sintamos que somos "atraídos" para fazer isso, quase como se não tivéssemos escolha. Se há algo que você sente necessidade de fazer, pode explorar isso com este formato.

Para este exercício, trabalhe apenas com compulsões menores. Ao lidar com compulsões ou vícios mais graves, recomendo começar com a Core Transformation[2] (CT). Depois de usar o CT, considere explorar esse mesmo território com o Método Wholeness.

o formato "o que está faltando" em ação
demonstração

Vislumbre: Os Resultados para Nina

"Eu simplesmente consigo sentir. Essa alegria intensa…

É como se eu amasse tudo….

Acho que não existem outras palavras além de 'obrigada'."

Encontrando uma Experiência para Explorar

EU: Certo. Então, Nina, você já tem algo em mente que gostaria de explorar?

NINA: Sim, tenho.

---

[2] *Core Transformation* é um método que acompanha o Método Wholeness. Ele atua em um nível profundamente semelhante, e pesquisas mostram que é eficaz para lidar com uma ampla variedade de questões. Para saber mais, consulte o livro *Core Transformation: Reaching the Wellspring Within* de C. Andreas e T. Andreas.

EU: Ok, ótimo. E você se sente confortável em me dizer que tipo de experiência está escolhendo — se é uma perda, um relacionamento ou outra coisa?

NINA: Sim, há uma espécie de sensação de luto em mim que parece estar faltando alguma coisa. [Seu rosto perde a expressão, e sua mão direita faz círculos próximos ao peito.]

EU: Certo, uma sensação de luto... "Sente como *se faltasse alguma coisa*." [Repito as palavras de Nina para reconhecer sua experiência.] E você realmente não sabe a que isso pode estar relacionado, é isso?

NINA: Acho que provavelmente vem de muito cedo. Acho que sempre tive isso. [Os olhos de Nina se abrem brevemente, mas ela parece estar focada em sua experiência interior.]

O Ponto de Partida: Entrando na Experiência

EU: Certo, isso parece perfeito para este processo. Então, Nina, você pode apenas tirar um momento, com os olhos abertos ou fechados, como for mais confortável. [Começo a falar mais devagar e suavemente.]... E apenas permita-se notar essa experiência sobre a qual me contou... essa sensação de luto, de que algo está faltando... Onde está localizada?

NINA: [Fechando os olhos.]... Vai do topo do meu peito até a base da área do peito. [Ela gesticula com a mão esquerda para mostrar o local.]

EU: Certo... Do topo até a base do peito.

NINA: Sim. E se estende até a largura dos meus ombros — como um oval. [As mãos de Nina tocam os ombros e, em seguida, sua mão direita traça um formato oval ao redor do peito.]

EU: Ok. "Até a largura dos meus ombros — como um oval." Certo. E você tem uma noção de quão profundo é? A outra dimensão?

NINA: Está cerca de cinco centímetros para dentro do meu corpo e dois centímetros para fora, na frente.

EU: Certo, então está parcialmente dentro e parcialmente fora. Cinco centímetros para dentro e dois para fora. Ótimo... Agora, Nina, sentindo dentro e através desse espaço... Qual é a qualidade sensorial aqui? [Falo mais devagar, com ênfase gentil, convidando Nina a notar a qualidade sensorial.]

[Para Nina e o grupo:] Esse é realmente um momento especial quando fazemos o Método Wholeness. Sempre é um momento especial quando fazemos essa transição para encontrar algo diretamente. Estamos começando a incluí-lo de uma forma diferente. E isso, por si só, é um tipo de intimidade que é muito, muito especial. E é a gentileza, de alguma forma, que apenas nos permite notar e sentir algo diretamente...

[Para Nina:] E qual é a qualidade sensorial aqui?

NINA: Bem, parece macio... meio pastoso e quente. E fica cada vez mais úmido em direção ao centro. [Seus olhos permanecem fechados. Nina move suavemente a mão para fora e depois de volta ao peito algumas vezes enquanto sente a experiência.]

EU: Ok, macio, mole, quente... e mais úmido em direção ao centro.

NINA: Sim. [Ela mantém os olhos fechados e acena quase imperceptivelmente.]

Notas da Sessão: O Experiência Inicial, "Luto"	
Localização	*Do topo do peito até a parte inferior do peito, estendendo-se até os ombros*
Tamanho e Forma	*Oval (5cm para dentro e 2cm para fora do corpo)*
Qualidade Sensorial	*Macio, mole, quente; mais úmido em direção ao centro*

Encontrando "O Que Está Faltando" (F1)

Eu: Ok, excelente. Agora podemos levar isso para o próximo nível.

Então, sentindo dentro e através daqui, sentindo dentro e através disso, que é quente, que é mole, que é macio e mais úmido em direção ao centro... A partir daqui... A partir *daqui*, [repito para dar ênfase.]... *onde está a localização de onde isso está buscando algo?* [Faço essa pergunta com uma leve ênfase.]

Nina: Então, é uma área grande atrás de mim. E começa meio que na diagonal, assim. [Ela levanta o braço direito para cima e para fora e depois o esquerdo, estendendo ambos e sorrindo timidamente.] Sim, e então vai ao meu redor nessa altura. É quase como uma forma de arco.

Eu: Então, está atrás e ao redor... Então, é uma área bastante grande, não é?

Nina: Sim, é.

Eu: Ok.

Para Você/Leitor: Nina está me mostrando com seus gestos que está muito consciente da localização e extensão. Como ela já está percebendo isso, não preciso pedir mais detalhes. E tenho informações suficientes sobre a localização para poder direcionar novamente a atenção da Nina para esse local quando necessário. Sei que está atrás dela, ao redor dela, e é bastante grande.

Eu: [Para Nina:] Então, voltando agora para isso, que está atrás e ao redor. Isso. Agora, sentindo dentro e através desse espaço, dessa área, qual é a qualidade sensorial, dentro e através?...

Nina: [Ela faz uma pausa, olhos fechados]... Então, a borda distante é arejada. E conforme se aproxima de mim, fica mais densa, meio que densa e difusa ou fofinha, conforme chega perto da minha pele.

Eu: Então, é mais arejado ao redor da borda. E conforme se aproxima de você, fica mais denso e difuso, ou fofinho.

Nina: Isso mesmo. Sim.

EU: Ok.

NINA: E é quente de novo.

EU: E também é quente. Ótimo.

Notas da Sessão: O 1º "O Que Está Faltando" (F$_1$)	
Localização:	*Atrás e em arco ao redor do corpo*
Tamanho e Forma:	*Bastante grande*
Qualidade Sensorial:	*Arejado (borda distante); denso, difuso, fofinho, quente (mais próximo dela)*

Verificando se (F1) Está Completo ou se Falta Algo

EU: Agora vamos fazer algo semelhante ao Processo de Autoridade, mas diferente porque estamos lidando com um tipo diferente de estrutura.

    Então, sentindo dentro e através *disso aqui* [localização do M1]... que é meio difuso, fofinho, quente... Vamos apenas verificar... Há uma sensação de que isso está completo em si mesmo? Ou, quando você verifica aqui, há uma sensação de que a energia disso *também* está faltando algo, ansiando por algo ou buscando algo?

NINA: [Seus olhos estão fechados.]... Sim, está faltando algo.

Encontrando o Segundo "O Que Está Faltando" (F2)

EU: Certo, ótimo. Então, sentindo isso, [na localização de M1]... isso que está buscando algo... de onde é a *localização* disso que está buscando algo? [Estou novamente falando devagar, em um ritmo que convida a se voltar para dentro e perceber.]

NINA: É outra área bastante grande, que está na altura dos meus quadris. Mas se estende para fora, dos dois lados do meu corpo, cerca de 60 centímetros de cada lado. [Ela fala suavemente, seu corpo permanece imóvel.]

EU: Ótimo. Certo. Então, reserve um tempinho para realmente registrar toda essa área, até onde vai em cada direção... [Nina se concentra internamente.] Isso, isso... E então deixe que haja um sentir dentro e através desse espaço... E qual é a qualidade sensorial?

NINA: Então, é em formato de olho. [Nina traça o formato de um olho na frente dela.] E a qualidade sensorial é cinza... e lanosa, como uma ovelha.

EU: Cinza e lanosa. Certo, ótimo. Lindo. [Eu sorrio.]

Notas da Sessão: O 2º "O Que Está Faltando" (F$_2$)	
Localização:	*Área grande na altura dos quadris*
Tamanho e Forma:	*Formato de olho, estendendo-se para fora de cada lado do corpo (~60 cm)*
Qualidade Sensorial:	*Cinza, lanosa*

Verificando se F2 Está Completo ou Faltando Algo

EU: Então, podemos pausar por um momento... E apenas sentindo dentro e através disso, a sensação disso... que é cinza, que é lanosa... apenas sentindo isso, realmente permitindo que haja uma intimidade com isso... E então podemos verificar: há uma sensação de que isso é completo em si mesmo? [Estou falando devagar.]... Ou isso também está buscando algo ou ansiando por algo?

NINA: É completo em si mesmo. Sim. [Ela diz suavemente, com clareza.]

EU: Então, isso está completo. Ótimo. Certo, agora temos toda a Cadeia do Que Está Faltando. Chegamos a algo que é completo em si mesmo.

Encontrando o 'Eu'

EU: E Nina, você pode estar ciente de tudo isso ao mesmo tempo, certo? [Nina fecha os olhos e volta-se para dentro.]... Isso... pode haver uma percepção de tudo isso ao mesmo tempo. Então, essa experiência no peito... do topo do peito até a base, que é macia, quente, úmida... depois essa coisa maior que está atrás e ao redor, é arejada, densa, felpuda, fofinha, quente... e também essa área grande que está mais embaixo, que é cinza, lanosa, em formato de olho. É possível estar ciente de tudo isso ao mesmo tempo, certo? Você poderia dizer: *"Eu estou consciente disso."* Então, onde está o 'Eu' que percebe tudo isso? De onde vem essa percepção de tudo isso?

NINA: Bem entre meu osso da bochecha direita e a orelha. [A mão direita de Nina se aproxima da orelha, com os dedos em concha sobre o osso da bochecha.]

EU: Certo, osso da bochecha direita, orelha... E qual é o tamanho e a forma?

NINA: ... Então, é aproximadamente em formato de bola, mais ou menos uma esfera. E tem cerca de 5 centímetros de diâmetro. [Ela traça um círculo em volta do osso da bochecha com o dedo indicador direito.] Parte vai para dentro da orelha, parte para dentro da bochecha.

EU: Certo, lindo. E agora, suavemente sentindo dentro e através do espaço disso... Qual é a qualidade sensorial aqui?

NINA: É bastante duro. E tem uma parte bem pequenininha no centro que é oca, ou vazia.

EU: Certo... é principalmente duro ou meio denso. [Nina está assentindo.] E no centro é oco.

Notas da Sessão: O 'Eu'	
Localização:	*Entre o osso da bochecha direita e a orelha*
Tamanho e Forma:	*Aproximadamente uma esfera, 5cm de diâmetro*
Qualidade Sensorial:	*Bastante duro (denso), com uma pequena área oca no centro*

Verificando se o 'Eu' Aceita se Integrar

Eu: Então agora... você também pode estar ciente, neste momento, do campo completo da Consciência, certo?... que está em toda parte pelo corpo e ao redor.

Então vamos verificar com a sensação do 'Eu', que é meio dura... Há essa dureza aqui, e ainda assim a dureza sempre tem suas próprias moléculas de dureza... então pode haver um sentir dentro e através de tudo isso.... E o que queremos fazer é verificar:... A sensação deste 'Eu', aceita ser convidada a abrir, relaxar, derreter no campo completo da Consciência que está ao redor e por toda parte? Não precisa ser assim, mas, se for, você pode me avisar... Isso... [Minha voz está lenta e suave enquanto observo Nina.]

Nina: ... Sim.

Eu: Certo... E pode haver apenas um relaxar no acontecer disso. [Estou falando suavemente e com gentileza.]

Nina: [Longa pausa enquanto Nina processa. Ela parece cada vez mais relaxada e sua respiração suavemente desacelera.]... Sim.

Eu: Isso... permitindo que aconteça do jeito que acontecer e levando todo o tempo que precisar, você pode simplesmente me avisar quando as coisas se assentarem... Isso...

Nina: [O rosto de Nina está quase brilhando.]

Eu: **Para o Grupo:** E eu não sei vocês... Eu estou seguindo junto com a Nina. Ela está permitindo que esse lindo dissolver e derreter aconteça. Então eu só me deixo seguir junto. [Para Nina:] Isso. Certo. Ótimo.

Integrando o Segundo "O Que Está Faltando" (F₂)

EU: Então agora, voltamos para aquela área que era grande, nos quadris, com formato meio que de um olho... E isso continua igual agora ou está um pouco diferente?

NINA: Um pouco menor.

EU: Certo, um pouco menor. Ótimo. Então, sentindo dentro e através da área... podemos verificar *com* o que a energia disso quer se integrar. Pode ser que queira se integrar com o anterior [F₁, que estava arqueado ao redor do corpo]. Pode ser que queira se integrar com o campo completo da Consciência. E, se for assim, pode querer se permitir dissolver e derreter no campo inteiro. Ou pode querer que a Consciência venha até ela, fluindo para dentro e como... se abrindo, relaxando como a energia aqui.

NINA: [Ela responde prontamente, sem pausa.] Quer se fundir comigo. Quer se fundir com o meu corpo. [Seus olhos estão fechados, cabeça ligeiramente inclinada para baixo.]

EU: Certo, adorável... E isso é meio como permitir que isso se funda com o *"Eu como Consciência"*... permitindo que isso se dissolva e derreta dentro e como *"Eu como Consciência"*.

Para Você/Leitor: Quando digo *"Eu como Consciência"* quero dizer que Nina pode estar experimentando *"ela mesma"* como Consciência e permitindo que "ela mesma como Consciência" se funda com a sensação na área dos quadris.

EU: [Para Nina:]... Isso. Centrado no corpo físico inteiro. Isso, apenas permitindo que isso aconteça, do jeito que acontecer. Ótimo. E permitindo que isso se deleite no processo... do jeito que acontecer.... Você pode apenas me avisar quando as coisas se assentarem.

[Agora estou apenas presente em silêncio, dando bastante tempo para Nina.]

Adorável. Isso. E é bom como, apenas nos deixando respirar através do processo, isso meio que permite ao sistema realmente deixar isso acontecer à sua própria maneira, não é? Isso. Certo. E qual é a experiência disso? Se houver algo que você gostaria de compartilhar, pode compartilhar, e, se não, seguimos em frente.

NINA: Sim. Parecia que estava se dissolvendo no meu corpo como *"Eu como Consciência."* [Suas mãos se levantam e se movem suavemente para mostrar a dissolução.] Houve uma sensação de lágrimas e riso ao mesmo tempo. [Ela fala suavemente e parece emocionada, como se algo significativo estivesse acontecendo.]

EU: Adorável. Lindo.

Integrando o Primeiro "O Que Está Faltando" (F₁)

EU: Então, agora verificamos com o anterior, que estava atrás e ao redor. E como está isso agora? Está igual? Ou está um pouco diferente?

NINA: Sim, a parte na borda sumiu. Só ficou um pouco... a meia camada no meu corpo ainda está lá.

EU: Certo, ótimo. Então, sentindo dentro e através de como está agora e o que quer que permaneça... Isso, permitindo esse sentir gentil e cuidadoso dentro e através da energia disso que ainda resta. Isso mesmo. Podemos convidar isso também para se integrar da forma que for natural... E isso pode ser também se fundindo com você como Consciência. Deixando você como Consciência cair nisso, meio que se abrindo e relaxando dentro de você como Consciência ou outra coisa... O que quer que pareça natural.

NINA: [Há uma longa pausa enquanto o processamento acontece.]... Sim. [Nina sorri e dá uma risadinha.]

EU: Isso. Adorável. E, se quiser compartilhar a experiência disso, pode compartilhar.

NINA: Sim, então, foi muito diferente e não definiu uma direção. Parecia que tudo o que você ofereceu — tudo estava acontecendo, em todas as direções ao mesmo tempo. E eu realmente não conseguia distinguir isso. [Seus olhos estão fechados e as mãos se movem para frente e para trás.] E então houve uma sensação tipo, "Ah! Isso estava faltando e agora voltou,"... e aí, sim, vontade de rir de novo. [Ela ri.]

EU: Sim, lindo. Isso, seu sorriso diz ainda mais.

NINA: [Ela cai na risada.]

Convidando a Sensação Original para se Integrar

EU: Certo, então agora vamos para aquele lugar no peito... Sim... e descobrimos o que está lá agora. Está igual ou está um pouco diferente ou muito diferente? Como está agora?

NINA: Sim, é como se o mesmo formato ainda estivesse lá, mas ele se moveu completamente. Moveu-se de estar plano ali e agora está meio que enrolado de lado.

EU: Então, agora está meio enrolado... Certo... E sentindo dentro e através do espaço disso, perceba a qualidade sensorial da energia aqui agora. E pode ser a mesma, pode ser diferente, mas seja como for agora.

Sim... queremos convidar isso para se integrar da maneira que parecer natural. E pode ser que isso queira se dissolver e derreter na Consciência. Pode ser que a Consciência queira fluir dentro e como a sensação aqui... Pode ser que isso queira que você como Consciência relaxe dentro e como a sensação aqui, e/ou que essa sensação aqui se abra e relaxe dentro de você como Consciência... ou algo diferente.

NINA: [Mais risos com lágrimas surgem.] Sim, simplesmente quer tudo.

[Ela ri e enxuga algumas lágrimas. Sua expressão parece de alívio — um se deixar levar. É uma experiência corporal completa com uma qualidade de doçura.]

EU: *"Simplesmente quer tudo."* Sim. Polegares para cima aí. Por que não ter tudo e em toda parte? Sim, lindo. E pode haver apenas um se deixar levar nesse acontecimento. E quando há esse *se deixar levar nesse acontecimento,* é como a sensação encontrando a Consciência e a Consciência encontrando a sensação... O que quer que queira acontecer, acontece à sua própria maneira. E não precisamos rastrear isso, nem precisamos sequer entender ou saber o que é.

Às vezes, para mim, é quase como se houvesse uma sensação de *'mim',* como geralmente penso de mim mesma, simplesmente como que desaparecendo e se soltando dentro disso que está ocorrendo. E o que quer que esteja acontecendo, está acontecendo e eu não faço ideia do que seja, mas algo sabe e está apenas permitindo que isso se desdobre à sua própria maneira... Sim, lindo…

… Sim, levando todo o tempo que for necessário... desfrutando do processo e me avisando quando as coisas tiverem se assentado.

NINA: [Há uma longa pausa.] ... Sim. [Nina começa a rir e levanta as duas mãos aos olhos, enxugando-os rapidamente.] Legal, eu consigo simplesmente sentir isso, essa alegria intensa.

EU: Sim...

Verificando Como Está Agora

EU: E agora, apenas sentindo isso... *Sendo desse jeito*, com toda essa integração... Como é agora, sendo assim... movendo-se pela vida?

NINA   É como se eu simplesmente amasse tudo... Sim. [Ela parece em paz e viva.]

EU: Certo. Lindo. E há algo mais que você gostaria de compartilhar sobre a experiência disso? E não precisa haver nada, você pode apenas ficar com isso, se quiser.

NINA: ... Sim, acho que não há mais palavras... além de "obrigada." [Ela limpa suavemente ambos os lados dos olhos com os dedos. Nina parece radiante e iluminada, visivelmente experimentando "ser a própria Consciência."]

EU: Isso é totalmente bom. Totalmente bom.

Para o Grupo: Vocês sabem, o campo da Consciência não é falante. [Eu dou uma risadinha.] Ele realmente não precisa de muitas palavras. Mas nós entendemos, quando estamos na presença uns dos outros assim, e compartilhamos a experiência. Sabem, eu acompanho a jornada com Nina e também sinto isso.

Muito obrigado, Nina.

Notas Finais da Sessão: Integrando o Que Está Faltando	
Experiência Inicial: Sentimento de "Luto"	
Localização	*Do topo ao fundo do peito, estendendo-se até os ombros*
Tamanho e Forma	*Oval (5cm dentro e 2cm fora do corpo)*
Qualidade Sensorial	*Macio, esponjoso, quente; mais úmido em direção ao centro*

F_1	
Localização	*Atrás e arqueando ao redor do corpo*
Tamanho e Forma	*Relativamente grande*
Qualidade Sensorial	*Arejado (na borda distante); denso, difuso, fofo, quente (mais próximo a ela)*

F_2	
Localização	*Grande área ao nível dos quadris*
Tamanho e Forma	*Estendendo-se para fora em ambos os lados do corpo (~60cm), em forma de olho*
Qualidade Sensorial	*Cinza, lanoso*

O 'Eu'	
Localização	*Entre o osso da bochecha direita e a orelha*
Tamanho e Forma	*Aproximadamente uma esfera, 5cm de diâmetro*
Qualidade Sensorial	*Bastante rígido (denso), com uma pequena área oca no centro*

Observações e Pontos sobre a Demonstração

Quantas camadas de "O Que Está Faltando" são típicas?

Para Nina, a segunda camada de "O Que Está Faltando" já era "completa em si mesma." No entanto, a maioria das pessoas encontra três a cinco camadas. Portanto, não se surpreenda se você descobrir outra camada ou duas durante o processo.

E sobre o 'Eu' ser denso?

O 'Eu' que Nina encontrou era bastante rígido (denso), mas tinha um espaço vazio no centro. Devido à densidade ao redor da borda, eu não sabia se o 'Eu' de Nina aceitaria se integrar. Entretanto ele aceitou e as integrações foram muito poderosas e completas. Se o 'Eu' de Nina não tivesse aceitado se integrar, eu teria escolhido procurar a Estrutura de Autoridade relacionada. Como discutido no capítulo anterior, quando encontramos algo denso por dentro, pode ser útil recorrer ao Processo de Autoridade.

fluxograma

o formato "o que está faltando"

No fluxograma a seguir, você pode ver as principais etapas do Formato "O Que Está Faltando" em uma única imagem.

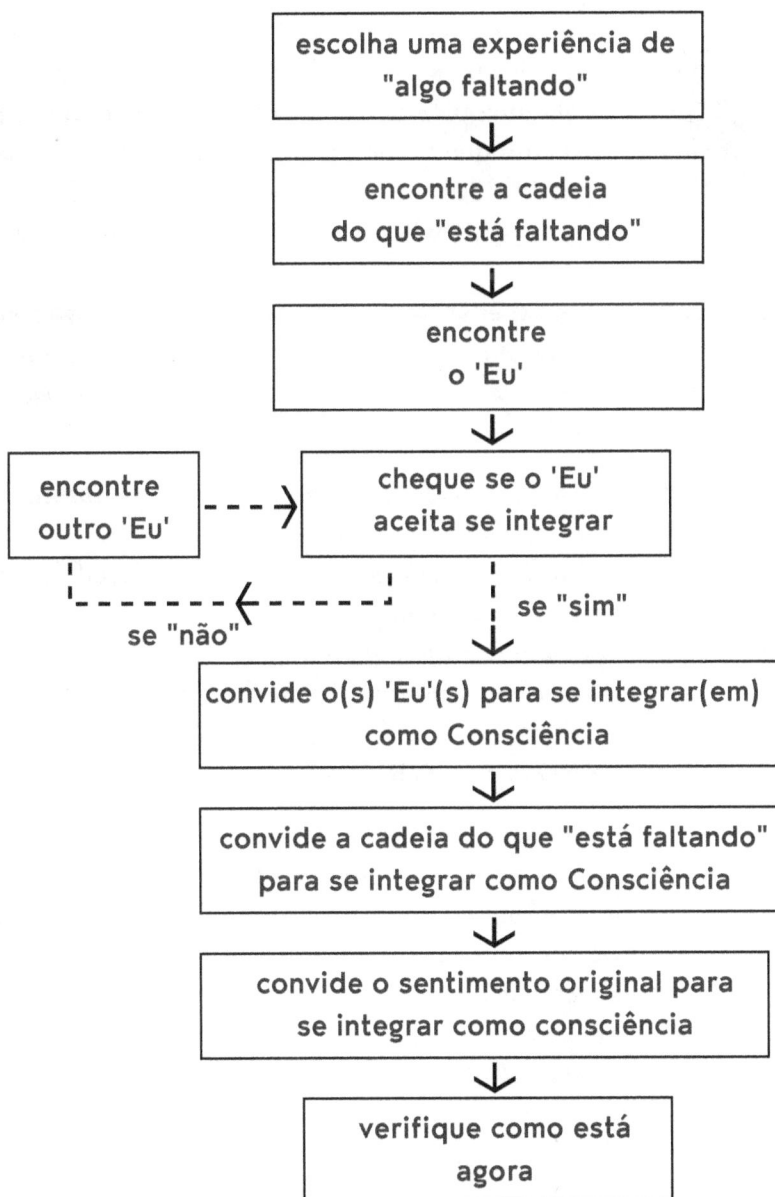

```
┌─────────────────────────────┐
│   escolha uma experiência de │
│       "algo faltando"        │
└─────────────────────────────┘
               ↓
┌─────────────────────────────┐
│      encontre a cadeia       │
│    do que "está faltando"    │
└─────────────────────────────┘
               ↓
┌─────────────────────────────┐
│          encontre           │
│           o 'Eu'            │
└─────────────────────────────┘
               ↓
┌──────────────┐   ┌─────────────────────────────┐
│  encontre    │ - - → │    cheque se o 'Eu'        │
│  outro 'Eu'  │       │    aceita se integrar      │
└──────────────┘       └─────────────────────────────┘
```

encontre outro 'Eu' - - → cheque se o 'Eu' aceita se integrar

se "não"   ←- - - -   se "sim"

convide o(s) 'Eu'(s) para se integrar(em) como Consciência

convide a cadeia do que "está faltando" para se integrar como Consciência

convide o sentimento original para se integrar como consciência

verifique como está agora

Guia Passo a Passo
integrando "o que está faltando"

Agora experimente você mesmo. Você pode usar os passos a seguir para se guiar através do processo.

Se quiser, pode usar a Planilha "O Que Está Faltando" para anotar observações. Você só precisa de algumas palavras ou uma frase para lembrar cada elemento que encontrar internamente. Para acessar a planilha deste processo, use este código QR ou vá para www.thewholenesswork.org/BookResources/.

Passo 1: Escolha uma experiência para trabalhar — então entre nela.
Escolha uma situação em que você sinta que está faltando algo ou queira algo. Por exemplo: uma sensação de vazio ou perda, de desejar algo, ou de buscar aprovação, aceitação ou amor.

- *Entre na situação, de modo que, agora você esteja experimentando a sensação de falta ou desejo de algo.*
- *Observe a localização da experiência de falta.* [Geralmente é uma sensação no corpo ou perto do corpo.]
- *E qual é o tamanho e a forma gerais?*
- *Sentindo dentro e através, qual é a qualidade sensorial?*

Passo 2: Encontre o Que Está Faltando.

- *Sentindo a sensação aqui* [na localização do "falta algo" que você encontrou no Passo 1], *qual é a **localização** de onde isso está buscando algo? Outra maneira de descobrir isso é perguntar: "Para qual direção isso está se orientando?"*
- *[Chamaremos a resposta de 'F$_1$'.]*
- *E observe o tamanho e a forma.*
- *E observe a qualidade sensorial.*

Passo 3: Verifique se isso está completo ou se também está faltando algo.

Sentindo a sensação aqui [_na localização de 'F$_1$'_]... Isso está completo, satisfeito? Ou também está faltando algo?

Se estiver completo: Vá para o passo 4.

Se estiver faltando algo: Use as perguntas do Passo 2 para descobrir a próxima localização ['F$_2$'], o tamanho e a forma, e a qualidade sensorial.

Continue até chegar a algo que esteja completo em si mesmo.

Passo 4: Encontre o 'Eu'.

- *Pergunte: "De onde está vindo a percepção de tudo isso?"...* Perceba a localização.
- *Observe o tamanho e a forma.*
- *Observe a qualidade sensorial.*

Passo 5: Verifique se o 'Eu' aceita se integrar.

A sensação aqui [na localização do 'Eu'] aceita o convite para dissolver, derreter, dentro e como... a plenitude da Consciência... que está ao redor e por toda parte?

Se "Sim":

Observe o que acontece quando a sensação deste 'Eu' é convidada a se abrir e relaxar como a plenitude da Consciência, que está ao redor e por toda parte.

Se "Não":

Encontre outro 'Eu'. (Se preferir, você também pode verificar se o último Que Está Faltando deseja se integrar.)

Passo 6: Convide a Autoridade Final para se integrar

Verifique com o último Que Está Faltando. A sensação nesta localização aceita se integrar com toda a Consciência?... Ela quer se integrar com o que veio antes dela na cadeia?... Ela quer se integrar com você como

Consciência?... Convide a sensação nesta localização para se integrar da maneira que parecer natural.

Faça isso para cada um dos "F"s da cadeia.

Passo 7: Convide o sentimento original para se integrar

Agora volte a atenção para a localização da experiência com a qual você começou [no Passo 1]. A sensação aqui é a mesma de antes... ou está um pouco diferente? Seja como for agora, observe o que acontece quando a sensação aqui é convidada a se abrir e relaxar... como toda a Consciência.

Passo 8: Verifique como está agora.

Estando assim (com os 'Eus' e o sentimento original integrados com a Consciência), perceba como é agora, ao imaginar-se na situação com a qual você estava trabalhando.

Compartilhando Experiências

Aqui estão algumas experiências compartilhadas por pessoas durante as sessões de treinamento do Método Wholeness ao realizarem este exercício.

Curando-se da morte do irmão

"Este exercício foi extremamente poderoso para mim. Quando eu tinha apenas 18 meses, meu irmão morreu de leucemia. Isso criou um vazio que impactou minha vida de muitas maneiras, mesmo não tendo nenhuma memória 'consciente' dele. Ao longo dos anos, fiz vários processos de PNL relacionados a esse problema, com resultados positivos. Ainda assim, parecia que havia algo mais. A perda do meu irmão surgia ao trabalhar com coisas aparentemente não relacionadas.

Quando fiz o formato Que Está Faltando do Método Wholeness com isso, encontrei um buraco arredondado na região do peito e do plexo celíaco (região superior do abdome). Depois de fazer o processo, senti-me mais completa do que há muito tempo. Foi extremamente poderoso.

Agora, [7 anos depois] posso dizer que ainda me sinto sólida, centrada e completa, mais como eu mesma 'em toda a minha essência'... uma sensação muito satisfatória e confortável."

Relação com a esposa transformada

"Eu me sentia irritado com minha esposa. De alguma forma, o jeito dela no nosso relacionamento me deixava constantemente desapontado.

Depois de ler o capítulo sobre Que Está Faltando, segui as instruções para trabalhar comigo mesmo. Descobri que minha Estrutura do Que Está Faltando me deixava com um resíduo de carência que nem ela nem ninguém poderia preencher. O sentimento parecia bastante antigo, como se estivesse comigo a vida inteira. Depois de trabalhar com o Que Está Faltando, tudo isso relaxou. O vazio em mim foi preenchido e agora posso aproveitar totalmente o quão maravilhosa minha esposa realmente é."

Cura na relação com a mãe

"No treinamento, eu não tinha ideia do que trabalhar. Então me lembrei de uma citação de Bert Hellinger, que disse algo como 'O que está faltando é sempre a mãe que falta.' Então, trabalhei com minha relação com minha mãe.

A integração após fazer o processo trouxe um profundo senso de compaixão pelas fraquezas da minha mãe, perdão profundo e amor. Agora posso olhar fotos da minha mãe sem ter uma reação adversa. Foi uma mudança enorme."

Voltar a andar normalmente...

"Quando eu tinha 7 ou 8 anos, todos os meus colegas de classe tinham uma caneta-tinteiro que era muito na moda e muito cara, mas eu não tinha. Isso foi muito angustiante para mim na época. Então, comecei o processo com a representação de que me faltava isso. Passei pelos passos e fiquei surpreso ao sentir um preenchimento no meu quadril esquerdo, que

estava doendo e rígido há um ano devido à osteoartrite. Mesmo após dois meses de fisioterapia, havia melhorado muito pouco. Eu não conseguia andar em uma velocidade normal, pois tinha que prestar atenção em como colocava o peso no quadril ao andar.

Depois de fazer este exercício, fiquei surpreso ao perceber que podia andar normalmente de novo. Não achei que a melhora duraria, mas isso aconteceu há cerca de quarenta dias e ainda estou andando normalmente, sem nenhuma rigidez.

A experiência foi bastante intensa e profunda para mim."

dicas
o formato o que está faltando

Aqui estão algumas dicas para ajudá-lo a usar o Formato O Que Está Faltando de uma maneira que lhe traga os melhores resultados.

Selecione a formulação ideal para você nos Passos 1 e 2.

Considere buscar, desejar, ansiar por, querer, esperar por... Para a maioria dos formatos do Método Wholeness neste livro, eu o encorajo a seguir os roteiros *exatamente como estão escritos*. Isso ajudará você a obter os melhores resultados. No entanto, com o Formato O Que Está Faltando, começando no Passo 1, há uma palavra que às vezes precisa ser alterada para que as perguntas feitas correspondam à sua experiência.

Quando você descobre o lugar de carência ou vazio interior, pode verificar se ele está "buscando" algo, "precisando" de algo, "ansiando por," "desejando," "querendo" ou "esperando por" algo. Apenas perceba qual palavra melhor descreve a experiência da energia nesse local. Tudo bem alterar essa palavra para corresponder à experiência. Por exemplo, você pode acabar fazendo a pergunta interna: "Onde está a localização de onde isso está *'ansiando por'* algo?" ou "Onde está a localização de onde isso está *'precisando'* de algo?"

Observe como este formato é semelhante e diferente do Formato da Autoridade.

Este processo é estruturalmente bastante semelhante ao Formato da Autoridade, que você acabou de aprender no Capítulo 5. Aqui está o que é diferente:

Para encontrar a Cadeia do Que Está Faltando, usamos uma pergunta diferente. Perguntamos: *"Onde está a localização de onde isso está buscando algo?"*

Também usamos uma pergunta diferente para saber quando chegamos ao final da cadeia. Em vez de perguntar: "Isto é uma Autoridade Final?", no Formato O Que Está Faltando perguntamos: *"Isto já está completo em si mesmo?"*

Uma Representação Visual do Formato O Que Está Faltando

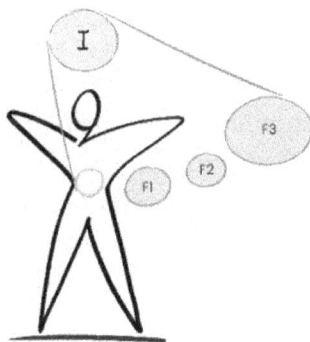

Cada uma dessas estruturas pode estar localizada tanto fora quanto dentro do corpo.

respondendo às suas perguntas

Não consigo encontrar a localização do primeiro "o que está faltando" (F_1).

P Perguntei: "Onde está o que você está buscando?" e não obtive resposta. O que devo fazer agora?

R Aqui estão várias dicas que geralmente ajudam...

Pode ajudar dedicar um tempo para conhecer o espaço "vazio" como sensação antes de fazer qualquer pergunta. Para isso, basta começar novamente. Volte ao lugar "vazio" que está buscando algo e, desta vez, lenta e intimamente *sinta dentro e através* dele para experimentar a qualidade sensorial de algo que está faltando... *Então* — depois de se familiarizar intimamente — pergunte suavemente novamente. Você pode descobrir que agora ficou mais fácil para seu sistema revelar a resposta.

Observe a "direção" da sensação de anseio. Volte sua atenção para o espaço "vazio." Ao sentir dentro e através dessa área, atente para a sensação de desejo ou anseio por algo. Perceba se há uma sensação de direção nesse anseio. Muitas vezes, é como se estivesse se estendendo ou se *inclinando* para uma direção no espaço. Isso pode ser uma pista. Está se inclinando para frente, para trás, para cima ou para outro lugar? A localização de onde está buscando algo estará nessa direção.

Pode ser útil perceber que, para algo estar faltando ou sendo desejado, *precisa haver* um conhecimento do que é ansiado ou sentido como ausente. Caso contrário, não saberia desejar. O que é ansiado pode ser vago, mas precisa haver um senso do que vale a pena desejar. E isso significa que há alguma representação disso. E, se há uma representação, ela precisa estar localizada em algum lugar. Então, onde está localizada?

Às vezes, o que está faltando está perto, outras vezes está um pouco mais longe e, ocasionalmente, está *muito* distante. Algumas pessoas relataram que está "na galáxia vizinha." Portanto, se não aparecer à primeira vista, pode ser útil expandir a distância na qual você está verificando.

Desistiu.

P Perguntei ao lugar vazio dentro: "*Onde está a localização daquilo de onde isso está buscando algo?*" e não obtive resposta. Foi como se esse lugar vazio tivesse desistido. Essa parte se sente sem esperança de que algum dia encontrará o que espera. Ela não acredita que seja possível conseguir o que quer — então não está mais buscando.

R Quando essa é a situação, aqui está como eu poderia falar com esse lugar vazio dentro: "*Eu entendo que você desistiu. Eu entendo que esse lugar dentro não acredita que seja possível conseguir o que quer. Tudo bem... E, no entanto, é claro que a energia aqui sente um senso de vazio ou falta.*

E quando há uma falta, também há algo que é desejado. Então não estamos realmente perguntando se é ou não possível conseguir o que é desejado. Estamos perguntando outra coisa. Essa energia provavelmente desistiu há muito tempo. Então agora estamos perguntando, antes que ela [a parte] desistisse, **'Onde está a localização daquilo de onde ela estava buscando algo?'**"

Outra forma de expressar isso poderia ser: **"Mesmo que você não acredite que seja possível conseguir ou ter isso, onde está a representação disso? Onde, no seu espaço pessoal, está o que você deseja?"**

Essas são apenas algumas opções; existem outras maneiras de descobrir a resposta caso o método que você tentou não se encaixe. E essas são algumas das sutilezas que aprendemos nas sessões de treinamento.

Curando Compulsões Menores

P Você mencionou usar este método com "compulsões menores" como fazer compras, assistir TV ou jogar. Você está dizendo que, se fazemos essas coisas, isso é um problema e devemos mudar?

R Não. Isso realmente depende de você e de como você vivencia cada atividade. Fazer essas coisas pode ser divertido e/ou útil para você. No entanto, se você está fazendo uma atividade mais do que gostaria, ou sente que "tem que" fazê-la, então isso pode ser um exemplo útil para explorar com este método. Quando fazemos algo com base em uma necessidade fundamental ou a partir de um senso de incompletude, este é um ponto em que este método provavelmente será útil. Porque ele nos ajuda a descobrir e vivenciar o que realmente estamos buscando por meio desses comportamentos.

Depois, você pode acabar fazendo mais, menos ou a mesma quantidade do comportamento — mas é mais provável que esteja fazendo isso a partir de um senso de plenitude, equilíbrio e felicidade, em vez de um senso de falta.

pistas
quando usar o formato "o que está faltando"

Supondo que você já tenha praticado os formatos nos capítulos anteriores deste livro, aqui estão os indicadores de conteúdo e de processo que mostram quando é provável que o formato do "O que está faltando" seja útil.

Indicadores de Conteúdo

Esses indicadores incluem as situações listadas no início deste capítulo, como sentimentos de vazio, necessidade, luto, perda, desejos por comida ou comportamentos compulsivos, como maratonar séries, fazer compras ou jogar. (Por favor, comece apenas com compulsões leves. Para comportamentos compulsivos ou viciantes mais significativos, é melhor começar com a *Core Transformation* e depois usar o Método Wholeness.)

Indicadores de Processo

Se você encontrar uma estrutura interna que simplesmente pareça vazia — como um vazio indesejado — este é um bom momento para usar o formato do "O que está faltando". A experiência de vazio quase sempre significa que este formato será benéfico.

Os outros indicadores de processo incluem algo cinza, seco, lágrimas/umidade interna ou localização dentro ou ao redor do coração. Quando você encontra essas experiências internamente, pode verificar se há uma sensação de que algo está faltando. Isso não é uma certeza — então é importante verificar.

Nas sessões de treinamento, aprendemos como verificar de maneira gentil e responder ao que o nosso sistema quer que façamos. Também aprendemos o que precisa acontecer para uma transformação suave e natural.

Uma Estrutura

Quando você começa a aprender este formato, não precisa pensar nos indicadores de processo. Provavelmente será mais fácil apenas usar os "indicadores de conteúdo" que acabei de descrever, para identificar experiências que você gostaria de explorar usando este formato. Eu encorajo você a começar usando as experiências que são óbvias para você e fáceis de encontrar.

Depois de ter praticado por um tempo, pode ser útil voltar à lista de indicadores de conteúdo e de processo abaixo para perceber se isso enriquece sua compreensão e sua habilidade para usar este formato. Compreender esses elementos pode ser útil ao reunir tudo e aprender como fluir em resposta à sua experiência no momento.

Resumo dos Indicadores

Conteúdo	Processo
Tristeza (luto e perda)	Vazio ou sensação de vácuo
Desejo	Localização na área do coração (dor ou outra sensação)

Conteúdo	Processo
Necessidade	Estruturas internas cinzas
Fissura (como fissura por comida)	Secura interna
Comportamentos compulsivos (leves)	Lágrimas (e/ou umidade interna)

Se um indicador estiver presente, basta verificar e notar se há um senso de que algo está faltando. Se houver, o formato do "O que está faltando" provavelmente será útil. Novamente, isso apenas sugere uma probabilidade; não é uma certeza. Os treinamentos ensinam maneiras de se tornar sensível à "sabedoria do sistema."

Um Exemplo: Usando o formato do O que está faltando "no Fluxo"

Aqui está um exemplo de como usei o formato do "O que está faltando" no meio da orientação de alguém em outro formato do Método Wholeness.

Eu estava guiando "Elaina" através do exercício do formato da Autoridade (do Capítulo 5), e as primeiras Autoridades que emergiram eram círculos pretos e densos. Depois disso, a próxima Autoridade era cinza e não muito densa. Quando algo é cinza, isso pode indicar que há algo desejado ou faltando, em vez de outra Autoridade. Então pedi a Elaina que verificasse qual opção se encaixava melhor. "Verificando com a energia aqui, há a sensação de que isso está tentando agradar ou servir à outra autoridade, ou é mais que à energia disso está faltando algo ou desejando algo?" Ela disse: "Assim que você mencionou estar faltando algo, essa parte respondeu imediatamente. Isso faz sentido."

Isso mostra como você pode verificar de forma respeitosa e gentil se o formato do "O que está faltando" se ajusta ao que o seu sistema precisa no momento. Muitas vezes, o cinza indica perda/ausência de algo. No entanto, podem existir outros "tipos" de cinza que indicam outra coisa. Por isso, é importante não presumir, mas perguntar, como fiz com Elaina.

No Método Wholeness, sempre oferecemos possibilidades de maneira gentil e observamos como o seu sistema responde. Nunca é útil impor, pressionar ou forçar algo.

por que a ordem importa
porque integramos a autoridade interior antes de integrar o que está faltando

A ordem em que estou apresentando esses formatos para você não é aleatória. O material deste livro é cuidadosamente sequenciado para guiá-lo em um processo de evolução amável, gentil e eficaz. Aprender o Processo Básico do Método Wholeness *e, em seguida*, o Formato da Autoridade, prepara o caminho (estabelece a base) para que você experimente os benefícios do Formato do "O que está faltando."

Por quê?

A presença de estruturas de regras muitas vezes pode atrapalhar a capacidade de receber plenamente o valor do Formato do "O que está faltando." Por exemplo, eu posso ter um lugar vazio dentro de mim que anseia por uma sensação de amor, plenitude ou completude. Mas também posso ter uma mensagem internalizada de que "eu não mereço isso" ou "eu não sou bom o suficiente." É por isso que aprendemos o Formato da Autoridade primeiro. Uma vez que começamos a transformar nossas Estruturas de Autoridade internas, torna-se mais fácil realmente absorver o cuidado e o amor — ou qualquer "energia" positiva que esses lugares dentro de nós tenham estado desejando.

Você pode perceber que o Formato do "O que está faltando" frequentemente produz uma resolução ainda mais profunda da vergonha e desvalia. A menos valia geralmente acompanha a vergonha, e dentro da desvalia há frequentemente uma sensação de falta de algo. Assim que as Estruturas de Autoridade relacionadas são integradas, torna-se possível — e fácil — transformar isso e se sentir completo.

experimentando a plenitude do nosso ser

compreendendo o formato de "o que está faltando"

A experiência de vazio ou falta é universal para os seres humanos, embora a maioria de nós tente não perceber isso. Não é agradável vivenciar isso — especialmente quando não temos como curar ou transformar essa sensação.

Essas experiências de falta são mencionadas na teoria do apego, na terapia do luto e por aqueles que tentam lidar com vícios e compulsões. Este método do Método Wholeness oferece uma forma de curar e transformar essa experiência fundamental no nível do sistema nervoso. Por que descrevo dessa forma? Se você já tentou o exercício, pode já entender. Para mim — e para milhares de pessoas que realizaram isso em treinamentos e sessões de *coaching* — a experiência de integrar "o que está faltando" é algo profundamente sentido. Vai além do conteúdo — além de mudar nossos pensamentos sobre as coisas. Ao fazer esse processo, as pessoas vivenciam a mudança de forma muito visceral. Algo que era necessário é preenchido... *dentro e através do corpo* — literalmente — às vezes pode até parecer físico.

Finalmente, podemos sentir a plenitude ou o amor que talvez nos tenha faltado na primeira infância. Por fim, conseguimos experimentar o que os terapeutas de apego descrevem como sendo tão importante e fundamental para formar a base de relacionamentos positivos e saudáveis. Podemos sentir o que torna a vida mais alegre de se viver.

Se você ainda não sentiu muito, quero oferecer alguma perspectiva — e encorajamento. Sim, vou falar de mim novamente.

Quando usei o Formato do "O Que Está Faltando" pela primeira vez, achei bem difícil. Tive que recorrer a "apenas adivinhar" ou "fingir" muitas vezes. Obtive alguns resultados com isso, mas foram menores — bastante sutis. Nada tão forte quanto muitos de meus clientes relataram.

Descobri que precisava de mais integração de outras estruturas internas antes de poder absorver totalmente o que estava faltando e queria, de forma visceral. Especialmente, precisei de mais tempo praticando o Processo da Autoridade. Também achei valioso dedicar mais tempo aos processos que você pode aprender nos Níveis II, III e IV do Método Wholeness (se você decidir continuar). Depois disso, voltei aos formatos básicos de wholeness apresentados neste livro e obtive mais resultados. Finalmente consegui absorver o que estava faltando e senti-lo visceralmente. Às vezes, o que me preenche parece como amor e nutrição que são quase físicos. Outras vezes, o que me preenche parece mais energético por natureza — algo que talvez esteja em um nível mais profundo do que o amor físico de uma pessoa por outra. Encorajo você a apenas perceber o que preenche você.

O Formato O Que Está Faltando nos permite descobrir, transformar e curar outra estrutura que existe dentro de cada um de nós — uma estrutura que a maioria de nós nem imagina que está ali. Como discutimos, frequentemente vivemos situações em que tentamos nos completar com algo vindo de fora. Esse formato do Método Wholeness oferece uma maneira de resolver essas questões básicas de "incompletude" ou carência — e encontrar mais plenitude internamente. Ele é particularmente útil para lidar com perdas ou sensações de vazio, além de transformar questões relacionadas a relacionamentos, incluindo sentir-se carente, querer ser aceito ou buscar realização através de um parceiro.

No próximo capítulo, exploraremos como usar o Método Wholeness para dormir melhor e ter um descanso mais restaurador.

CAPÍTULO 7

MELHORANDO O SONO E O DESCANSO

Reabastecendo o Sistema Mente-Corpo[1]

"Insônia foi um problema que me acompanhou por toda a vida, desde a infância. Faz dois anos que aprendi o Método Wholeness com Connirae. Ele funciona como nada mais funcionou — e eu já tentei de tudo! Além disso, o processo pode ser usado para resolver outras questões e curar feridas profundas. Agora, eu adormeço de forma calma e fácil quase todas as noites. Pareço e me sinto mais jovem, estou perdendo os quilos em excesso e experimentando mais congruência no meu dia a dia. Dou 5 estrelas."

~CATE[2]

Você já teve dificuldade para adormecer? Ou noites em que acordou no meio da madrugada e teve dificuldade para voltar a dormir? E quanto a acordar muito cedo — sabendo que ainda não está completamente descansado, mas, mesmo assim, já está desperto? Se sim, saiba que você não está sozinho. Quase todos enfrentam dificuldades para dormir em algum momento da vida, e um número cada vez maior de pessoas relata algum tipo de problema com o sono de forma recorrente.

Um dos benefícios mais comuns que as pessoas relatam ao praticar o Método Wholeness é dormir melhor. Até mesmo quem

---

[1] Esse capítulo foi escrito em 2017 e revisado em 2023.
[2] Cate relatou esses resultados após uma única sessão de *coaching* de 80 minutos do Método Wholeness com Connirae. A maioria das pessoas descobre que são necessárias mais sessões para alcançar esse nível de resultados.

sofre de insônia crônica muitas vezes descobre que o Método Wholeness ajuda quando nada mais funciona. O Método Wholeness foi extremamente útil para mim quando eu enfrentava dificuldades para dormir. Na verdade, meu problema com o sono foi uma das principais motivações para desenvolver esses processos.

Neste capítulo, vamos nos concentrar especificamente em como você pode usar o Método Wholeness para dormir melhor e ter mais energia durante o dia.

Primeiro, gostaria de lhe fazer uma pergunta: ao realizar os exercícios apresentados neste livro até agora, você já sentiu que estava mais relaxado ao final do que no início?

Nos meus treinamentos, geralmente todos respondem "sim" a essa pergunta. Se isso aconteceu com você também, provavelmente já percebeu como o uso do Método Wholeness pode contribuir para melhorar o sono. No entanto, para obter o máximo benefício em relação ao sono e aos problemas relacionados a ele, as dicas deste capítulo provavelmente serão úteis.

Aqui, *não* vou ensinar um novo formato. Mas o conteúdo que você aprenderá é importante. Vou mostrar como usar tudo o que já aprendeu sobre o Método Wholeness até agora para melhorar seu sono e descanso.

sobre sono
seis coisas interessantes

Quando um cliente me procura dizendo: "Meu sono está péssimo. Você pode me ajudar?", eu respondo: "Bem, o Método Wholeness já ajudou MUITAS pessoas a dormir melhor. Então, muito provavelmente, sim." O que digo em seguida pode surpreendê-lo:

"O sono talvez não seja tão essencial quanto você pensa..."
Isso é o que eu digo para as pessoas.

Ok, você pode estar pensando que eu perdi a noção da realidade aqui. Todos sabemos que há *muitas* pesquisas mostrando que ter uma boa noite de sono é *muito* importante. E eu pessoalmente reconheço o valor do sono. Então, por que eu diria aos meus clientes que o sono talvez não seja necessário? Espero que você continue comigo e leia mais para descobrir por que digo isso e como isso é útil para meus clientes.

Depois de usar o Método Wholeness para melhorar o sono – e de experimentar melhorias na qualidade do próprio sono – muitas pessoas me dizem algo como: "Você sabe, uma das coisas mais importantes que me ajudou foi quando você disse que o *sono não é realmente necessário*." Às vezes, acrescentam, "Isso me ajudou a não me sentir tão estressado com algo que eu achava que não podia controlar." Essa mensagem tornou mais fácil para elas realmente *usarem* o Método Wholeness, da maneira que descreverei neste capítulo, para conseguir melhor descanso e sono.

Há uma conexão entre o sono reparador e a saúde.

Antes de contar mais sobre isso, vamos falar sobre os estudos do sono e o que eles realmente mostram. Pesquisas sobre o sono indicam uma *correlação* muito clara entre o sono e muitos resultados desejáveis, como saúde, longevidade e mais. Pessoas que dormem um número razoável de horas tendem a ser mais saudáveis e viver mais do que aquelas que não dormem. Isso parece evidente. Muito evidente. Mas os estudos sobre o sono não mostram, de fato, causalidade.

Quando as pessoas dormem, elas geralmente experimentam um relaxamento profundo e um "reajuste" do sistema nervoso, certo? E se for *isso* do que realmente precisamos, em vez do sono físico propriamente dito?

E se for possível alcançar esse relaxamento profundo e o "reajuste" do sistema nervoso, mesmo estando fisicamente acordados? Se conseguirmos fazer isso, talvez possamos experimentar os benefícios do sono de forma mais confiável. É exatamente isso que a Meditação do Método Wholeness nos ajuda a fazer.

O Problema de Tentar Dormir

Deitar na cama pensando: "*Preciso* dormir porque li essa pesquisa! Tudo será terrível se eu não dormir agora!" é uma ótima maneira de permanecer acordado a noite toda, certo? Esses pensamentos não são exatamente indutores de sono.

Então, *tentar* dormir melhor costuma ser contraproducente. Isso só leva a mais tensão e estresse por não conseguir dormir bem. Tentar dormir melhor está, inevitavelmente, condenado ao fracasso. Não pode funcionar. E o motivo é que o *sono é uma dessas coisas que não conseguimos fazer de forma deliberada. Ele simplesmente acontece.*

Mas a boa notícia é que *podemos* praticar o Método Wholeness de forma deliberada. E o Método Wholeness torna-se uma ponte fácil entre algo que podemos fazer conscientemente e aquela zona sem esforço — a terra do não-esforço. Isso porque o Método Wholeness nos guia suavemente em direção a um estado de abandono do esforço.

Com o Método Wholeness, nossa atenção é engajada de maneira que inclui conscientemente *tudo o que está acontecendo em nossa experiência*. Ele pode incluir até mesmo experiências que pareçam contrárias ao sono. Pode incluir preocupações como: "Não vou conseguir dormir" ou "Vou me sentir estressado amanhã porque não estou dormindo agora". Pode incluir tudo.

Experimentar um relaxamento profundo faz parte de todo o Método Wholeness.

Quando praticamos o Método Wholeness, já começamos a experimentar um relaxamento profundo do sistema nervoso, independentemente de estarmos fisicamente dormindo ou não. Esse relaxamento começa a ocorrer assim que mudamos nossa orientação do conteúdo (ou seja, *aquilo* sobre o qual estamos pensando) para notar: "Onde está o 'Eu'?" ou "Onde está Aquele que está pensando?" e "Qual é a qualidade sensorial ali?"

Então, a cada ciclo do processo do Método Wholeness em que um dos 'Eus' se dissolve, nosso sistema nervoso relaxa ainda mais profundamente. Dessa forma, podemos começar a experimentar os benefícios do sono enquanto ainda estamos tecnicamente acordados.

Podemos modelar conscientemente o que bons dormidores fazem inconscientemente.

Acredito que o Método Wholeness nos oferece uma maneira de fazer conscientemente o que bons dormidores fazem sem perceber. Quando bons dormidores deitam para dormir, suponho que ocorre um abandono automático e espontâneo dos 'Eus'. Isso acontece naturalmente para eles, sem esforço e fora da consciência. Esses dormidores simplesmente se deitam, e os 'Eus' que se formaram durante o dia se dissolvem e derretem espontaneamente.

As crianças pequenas são melhores nisso do que os adultos porque elas não têm tantos pequenos 'Eus' acumulados ainda. Elas têm apenas alguns, e os pequenos 'Eus' das crianças pequenas não são tão fixos. Os 'Eus' delas não estão estabelecidos há tanto tempo. Assim, para a maioria das crianças pequenas, é mais fácil relaxar e adormecer.

E as pesquisas corroboram isso. Em média, crianças pequenas dormem bem. O percentual de distúrbios do sono aumenta com a idade. Essa é uma estatística bastante interessante, porque também é verdade que, à medida que envelhecemos, nossos pequenos 'Eus' permanecem em vigor por mais tempo e se tornam mais fixos e rígidos. Desenvolvemos o hábito de manter esse senso de identidade contraído em um nível inconsciente. Então, quando nos deitamos com a intenção de dormir, quanto mais velhos somos, menos provável é que nossos pequenos 'Eus' se liberem espontânea e naturalmente, de maneira que *possamos* cair no sono.

O Método Wholeness nos guia na experiência do que *deve* acontecer quando o sono ocorre de forma natural e fácil. Normalmente, quando as pessoas praticam o Método Wholeness à noite, na cama, elas *acabam* por adormecer. Mas é importante saber que não é necessário estar *fisicamente* dormindo para alcançar o relaxamento profundo e a restauração que são partes tão importantes do nosso ciclo de 24 horas. Ao praticarmos o Método Wholeness, antes mesmo de o sono acontecer — e independentemente de ele acontecer — já há uma boa dose de relaxamento e de reajuste do sistema nervoso em andamento.

Comecei a compreender isso realmente após praticar o Método Wholeness por um tempo. De certa forma, o método surgiu porque eu estava passando por uma fase desafiadora na minha vida e, entre outras coisas, estava tendo uma dificuldade incrível para dormir. Explorei tudo o que podia imaginar para melhorar meu sono. Quando comecei a usar o Método Wholeness à noite, notei que estava alcançando um relaxamento incomumente profundo, mesmo quando não estava tecnicamente dormindo.

Então, lembrei-me de algo que ouvi sobre o professor espiritual Paramahansa Yogananda, autor de *Autobiografia de um Iogue*. Um dos primeiros gurus da Índia a vir para o Ocidente, ele fundou uma comunidade ashram na Califórnia. Ouvi dizer que ele costumava dizer aos seus discípulos: "Você não precisa dormir; o sono é uma perda de tempo." Ele dizia: "Em vez de dormir, você deve apenas se sentar e meditar por cinco ou seis horas. Depois disso, você estará pronto para continuar." De acordo com os discípulos, era isso que *ele* fazia, e funcionava para ele. Pelo que sei, seus alunos nunca conseguiram fazer o mesmo. Mas *ele* podia[3].

Isso me parece crível porque comecei a experimentar uma mudança nessa direção enquanto praticava o Método Wholeness. Quando eu acordava no meio da noite, fazia o Método Wholeness enquanto estava deitada na cama e começava a sentir o profundo relaxamento que surge da liberação dos 'Eus' e do "descansar como Consciência". E comecei a perceber: "Se eu continuar assim, em algum momento isso provavelmente pode ser tão revigorante quanto o sono propriamente dito — e possivelmente ainda mais."

E se estamos deitados acordados à noite, parece óbvio que é melhor fazer algo relaxante e restaurador do que se preocupar. Ao praticar o Método Wholeness, podemos começar imediatamente a atender algumas das necessidades importantes do corpo-mente por relaxamento profundo e restauração.

Para ser clara, eu gosto de dormir. Não é uma meta pessoal aprender a meditar a noite toda em vez de dormir. Mas fico feliz por ter uma forma de usar o tempo em que estou "acordada" para relaxamento, restauração e minha própria evolução pessoal.

Quando o sono físico não é restaurador

Você já teve a experiência de acordar após uma noite de sono e sentir-se meio tenso — não realmente descansado? Às vezes, as pessoas

---

[3] Pelo menos foi assim que ouvi a história. Eu não estava lá para assistir e ver por mim mesma, mas não tenho motivo para duvidar. Imagino que ele estava falando honestamente com base em sua experiência.

estão "tecnicamente" dormindo, mas seus corpos não relaxam completamente. É como se o corpo mantivesse um certo nível de tensão durante a noite.

Essa é uma experiência interessante, pois nos mostra que apenas dormir fisicamente não garante o relaxamento necessário do corpo e do sistema nervoso. Nessas situações, pode ser que estar acordado e praticar o Método Wholeness seja uma opção melhor. Podemos realmente obter um relaxamento mais profundo e um *reset* dessa forma.

Felizmente, não precisamos decidir qual é melhor — porque podemos fazer ambos.

usando o Método Wholeness para o sono
a versão mais simples

Aqui está como isso pode acontecer se você usar o Método Wholeness... Imagine que você acabou de ir para a cama. Você está deitado, mas ainda não dormiu. Você pode fechar os olhos, começar a relaxar e notar o que percebe. Talvez haja uma sensação no corpo, uma voz interior ou uma imagem. Então, você pode pausar e reconhecer o ponto de vista (ou o 'Eu'), se houver um. E, ao notar a localização, o espaço que ocupa e a qualidade sensorial ali, isso pode ser convidado a se dissolver na Consciência...

Como você já experimentou antes, esses passos simples tendem a nos levar a um estado de relaxamento — às vezes, até mesmo um relaxamento profundo. E nesse tipo de estado, se o corpo está cansado e precisa dormir, ele naturalmente faz isso. Não precisamos *forçá*-lo a dormir.

Então, se você acordar no meio da noite, isso não é um problema porque você pode simplesmente fazer mais Meditação Wholeness.

Se você não consegue dormir, acorda no meio da noite ou acorda mais cedo do que gostaria e não se sente totalmente descansado, agora você tem algo útil para fazer — o Método Wholeness — em vez de escolher entre ficar deitado frustrado ou simplesmente se levantar, mesmo sentindo-se exausto.

Incluindo pensamentos e preocupações

É muito comum que "pensamentos de preocupação" surjam, se estivermos deitados na cama, mas sem dormir. Com o Método Wholeness, isso é totalmente aceitável. Não precisamos fazer com que quaisquer pensamentos ou vozes internas desapareçam. Apenas os incluímos gentilmente, como neste exemplo retirado da minha própria experiência...

Estou deitado acordado e uma voz na minha cabeça diz: "Ah não, estou acordado. Isso é terrível!" ou talvez a voz diga: "Está acontecendo de novo!"

Eu faço uma pausa e apenas pergunto internamente: "Onde está Aquele que está dizendo isso?"[4]

E eu percebo: "Ah, está bem aqui, à direita da minha cabeça."

Então, eu noto o tamanho e a forma: "É meio arredondado, como uma pequena bola."

E quanto à qualidade sensorial?... "Hmm... há uma sensação de movimento. É um pouco escuro, mas, na verdade, não há muito ali. É meio insubstancial agora que percebo isso."

E agora, eu simplesmente noto o que acontece se a sensação disso for convidada a se dissolver e derreter no todo... e/ou se eu, como Consciência, apenas relaxar dentro e como essa sensação[5]... Enquanto faço isso agora, já estou me sentindo mais relaxado e em paz.

É um território completamente diferente.

Eu não preciso lutar comigo mesmo. Não preciso parar de pensar em nada. Se outro pensamento surgir, como "Sim, mas ainda não estou dormindo. Eu realmente não deveria estar dormindo?", posso simplesmente notar...

"Onde está Aquele que está pensando *isso*?"

---

[4] Eu poderia ter perguntado: "Onde está o 'Eu' que está dizendo isso?" É a mesma pergunta. Com reações, frequentemente uso a versão: "Onde está 'Aquele' que está dizendo isso?"

[5] Você pode notar que estou usando uma formulação ligeiramente diferente para convidar à integração aqui. Eu ensino quando, por que e como usar essas variações nos treinamentos dos níveis II–IV do Método Wholeness. Você pode simplesmente manter a formulação usual se isso parecer mais fácil.

"Ah, está aqui. Está metade dentro da cabeça, metade fora, e é um pouco aberto e arejado. Não consigo realmente colocar isso em palavras."

Então, agora: "O que acontece quando a sensação disso é convidada a se dissolver, derreter em tudo... ou se eu, como Consciência, simplesmente relaxar *nessa* sensação?"

... E agora estou me sentindo incrivelmente em paz.

Muito rapidamente, em questão de segundos, as coisas mudaram. A mudança realmente começa a acontecer assim que eu saio do conteúdo ou dessa história. Se eu estou em um modo de reação às minhas circunstâncias — "Ah não, não consigo dormir!" ou "Vou estar de péssimo humor amanhã" — então estou no conteúdo e não percebo que estou *no* drama. O drama me *possui*. Estou atuando nele. Assim que eu reconheço: "Ah, isso é algo que eu estou *fazendo*," então, posso perguntar: "Certo, *onde* está *Aquele que* está fazendo isso?" "Onde está aquele que está pensando esse pensamento?" Então, estou jogando um jogo diferente e já há o início de um relaxamento.

A luta interna de Ellie com a "confusão mental"

Aqui está outro exemplo de como você pode incluir facilmente quaisquer pensamentos ou "confusão mental" que surgem quando você está tentando dormir.

Ellie pediu ajuda para usar o Método Wholeness com pensamentos que a distraem. Você pode ver como minha resposta é simples...

ELLIE: Quando tento dormir, uma frase fica passando pela minha cabeça. Eu digo a mim mesma: *"É melhor eu dormir."*

EU: Então, você está dizendo a si mesma: "É melhor eu dormir." [Ellie acena com a cabeça. Ela claramente está na experiência neste momento.] Provavelmente todos já tiveram essa experiência. Então, *Onde está Aquele que está dizendo isso?*

Para você/leitor: A pergunta que estou fazendo não é apenas "Onde está acontecendo o falar?" É "Onde está *Aquele* que está dizendo isso?" E geralmente essa pergunta terá uma resposta diferente.[6] Assim que você estiver familiarizado com o Método Wholeness, geralmente é mais eficaz e inclusivo encontrar *Aquele que está falando*.

ELLIE: [Ellie gesticula para uma localização ao redor da cabeça, indicando tamanho e forma.]

EU: Agora perceba a qualidade sensorial dentro e através desse espaço e apenas relaxe dentro e como isso. [Ellie acena enquanto segue meu convite e parece relaxada e em paz.]...

Para o grupo: E geralmente isso em si já se torna algo agradável.

Esse é um jeito muito rápido de incluir nossa experiência em vez de discutir conosco mesmos. Esse "É melhor eu dormir"... isso é um aspecto de nós mesmos que quer que o resto de nós faça algo e está nos dizendo o que fazer. Então, há um pouco de uma discussão interna acontecendo. Assim que registramos a localização, o espaço que ocupa e a qualidade sensorial, já superamos a discussão. Não há mais briga acontecendo. Isso por si só tende a ser um pouco mais pacífico. E, à medida que mudamos para a qualidade sensorial e convidamos à dissolução, então se torna profundamente pacífico.

Problemas de sono — uma abertura para curar e evoluir

Quando as pessoas buscam soluções para dificuldades de sono, elas geralmente pensam em sua dificuldade de sono como um problema a ser resolvido. Isso é totalmente compreensível — porque todos queremos acordar nos sentindo descansados e mentalmente claros para o dia.

---

[6] A localização da própria voz é a primeira experiência que alguém geralmente percebe. "Aquele que está falando" é a estrutura do eu que está gerando essa experiência. É possível usar qualquer um como ponto de partida no Método Wholeness. Quando é fácil para a pessoa encontrar "Aquele que está falando", eu peço isso. No entanto, se isso não for fácil de encontrar, então sigo em frente usando a localização da própria voz.

No entanto, se você usar o Método Wholeness para o sono, estará fazendo mais do que resolvendo um problema de sono. Porque, se você está acordado no meio da noite com pensamentos passando pela sua cabeça, ou o corpo parece um pouco "agitado", adivinhe?

As próprias coisas que estão te mantendo acordado são, na verdade, aspectos do seu ser que estão clamando por reconhecimento e integração.

Então, ao fazer a Meditação Wholeness durante a noite, não se trata apenas de conseguir dormir. Você está fazendo muito mais do que isso. Há utilidade nisso; há valor nisso. Você não será acordado no meio da noite, a menos que, de certo modo, seu sistema precise disso. Seu sistema precisa que você perceba algo. Seu sistema está fazendo o possível para trazer algo à sua atenção para ser processado, curado e integrado. O mesmo vale se você acordar antes de estar totalmente descansado. O que quer que surja no meio da noite e nos mantenha acordados, essas são nossas questões. Essas são as chaves para nossa evolução, para nos tornarmos mais completos e integrados — mais felizes, realizados e seres humanos mais capazes.

Quando saímos do conteúdo e fazemos uma pausa para realmente notar a experiência direta acontecendo no momento, nosso sistema mente-corpo pode começar a voltar a entrar em harmonia novamente, que é o que nosso sistema quer. É o que nosso sistema anseia que aconteça.

E para muitas pessoas, a noite é o momento mais fácil para que esse tipo de processamento, cura e integração aconteçam. Durante a noite, é mais fácil que experiências que geralmente estão fora da nossa consciência comecem a emergir. E com o Método Wholeness podemos encontrá-las gentilmente. Felizmente, nem precisamos entender o conteúdo. Apenas encontramos qualquer experiência que surgir. Se precisarmos saber o conteúdo, ele será revelado para nós. E, caso contrário, muitas vezes é mais simples apenas permitir que o processamento, digestão e integração da experiência aconteçam em um nível mais profundo do que nossa mente consciente pode compreender.

Mudanças Físicas: Aumento na Circulação e no "Fluxo"

Quando esse tipo de liberação começa a acontecer, não se trata apenas de estarmos em um estado emocional melhor. A maioria das pessoas também descreve mudanças físicas: sentir-se mais relaxado e talvez até uma sensação de relaxamento profundo no centro do nosso ser.

Muitas pessoas descrevem uma sensação de maior *fluxo* pelo corpo após fazer o Método Wholeness e eu também sinto isso. Não sei exatamente o que está acontecendo no nível físico, mas frequentemente tenho uma forte experiência subjetiva de um tipo de fluxo que parece bastante físico. Faz sentido que, à medida que os músculos relaxam, o sangue possa fluir mais livremente pelo corpo e, muito provavelmente, nossos outros sistemas de circulação também possam funcionar melhor.

O corpo tem muitos sistemas de circulação: a circulação do sangue pelas artérias, veias e capilares, que leva oxigênio e nutrientes para as células do corpo; a circulação do fluido linfático, que está envolvido na remoção de resíduos; a circulação do líquido cefalorraquidiano ao redor do cérebro e da medula espinhal; e o fluxo de fluidos dentro de cada célula.

Ao fazer o Método Wholeness e os 'Eus' se dissolverem, consigo sentir tensões musculares sutis relaxarem por camadas cada vez mais profundas do meu corpo físico, e faz sentido que, quando isso acontece, todos esses sistemas de circulação possam funcionar melhor. Isso pode ser uma parte importante da restauração que deveria acontecer à noite no nosso ciclo diário de 24 horas. É até possível que isso aconteça de forma mais completa quando os 'Eus' se dissolvem por meio do Método Wholeness do que se apenas dormíssemos fisicamente, mas nossos 'Eus' não se abrissem e relaxassem.

Os possíveis efeitos físicos do Método Wholeness ainda não foram examinados por pesquisas, e espero que isso comece a acontecer em breve. Eu antecipo que isso confirmará o que a maioria das pessoas que fazem o Método Wholeness já têm experimentado: que, quando esse relaxamento profundo e fluxo acontecem, os diversos sistemas de circulação funcionam melhor e o corpo pode se reparar e se restaurar mais facilmente no nível físico e celular.

Como mencionei no início deste capítulo, recebo regularmente relatos de participantes de workshops e clientes que me agradecem por transmitir a mensagem: *"Não é o sono físico de que você precisa, é o relaxamento profundo do sistema nervoso. Então, se você fizer o Método Wholeness, ficará bem, quer durma ou não."* Eles me dizem que essa mensagem os ajudou a abandonar o "esforço" de tentar dormir, o que os mantinha acordados.

Há muito espaço para pesquisas consideráveis testarem as hipóteses sobre sono e descanso descritas neste capítulo. Minhas experiências — tanto pessoais quanto com clientes — me levam a acreditar que testar sistematicamente essas hipóteses poderia levar a avanços significativos em nossa compreensão sobre o sono e seu propósito.

dicas
para o sono e descanso

Ao se preparar para dormir, comece usando o Formato de Meditação do Método Wholeness, no Capítulo 4. Aqui estão algumas orientações para facilitar:

1. Pratique desde o primeiro dia.
Assim, você estará familiarizado com os passos.

2. Você não precisa usar o roteiro.
Ler um roteiro o manteria em um modo de consciência mais "acordado".

Depois de praticar o método algumas vezes durante o dia, o processo parecerá familiar e você poderá realizá-lo sem precisar ler o roteiro. Simplesmente deite-se, feche os olhos e "sinta seu caminho" de um passo ao próximo.

3. Não há necessidade de fazer anotações.

Fazer anotações também o manteria em um modo mais "acordado", então isso não é necessário.

4. Não há necessidade de acompanhar ou lembrar coisas.

À noite, você pode fluir pelos passos da maneira mais simples e relaxante possível. Se encontrar uma série de 'Eus', basta convidar o último a se integrar. Não importa se você se lembra do restante; seu sistema acompanhará por você. Se algo permanecer que precise ser notado, isso ainda estará lá. Então, você pode simplesmente verificar se algo ainda está presente.

Se você não notar nada, está tudo bem. Conforme a integração se estabelece, apenas continue descansando como Consciência. E, se surgir uma nova sensação, imagem ou voz, isso pode convidá-lo a uma nova rodada de processamento e relaxamento cada vez mais profundo.

5. Não há necessidade de terminar ou completar nada.

Em qualquer ponto do processo, você pode estar se sentindo tão relaxado que adormece. Isso é ótimo. Nada precisa ser terminado. Por exemplo, você pode encontrar uma Cadeia de três 'Eus', convidar o terceiro a se integrar e logo em seguida o que sabe é que está acordando. Isso pode ser bastante agradável e realmente não importa se você termina oficialmente com os outros 'Eus' ou mesmo se se lembra deles.

6. Continue a prática tanto durante o dia quanto à noite.

Muitas pessoas acham útil alternar entre usar o Método Wholeness durante o dia *com* anotações e, à noite, apenas deixá-lo acontecer *sem* anotações. Você gradualmente pegará o jeito.

Uma Dica Prática

Quando está prestes a adormecer, você já foi mantido acordado pensando em algo de que precisa fazer no dia seguinte? "Ah, acabei de lembrar de que preciso ligar para fulano amanhã!" Se isso acontecer, pode ser útil manter um bloco de notas ao lado da cama para escrever quaisquer "afazeres". Uma vez escrito, se ainda assim encontrar o pensamento voltando à sua mente, você pode fazer o Método Wholeness com "Aquele que está pensando o pensamento", sabendo que realmente não precisa manter o pensamento em sua mente. Sua anotação estará lá pela manhã para lembrá-lo.

Método Wholeness para sono e descanso restaurador
uma experiência guiada

Há muitas maneiras de usar o Método Wholeness para dormir. Aqui está um breve roteiro que o guia de forma simples para começar. É uma versão simplificada do Formato de Meditação. Use-o apenas após praticar os formatos nos Capítulos 3 e 4.

Passo 1: Feche os olhos e relaxe. Deixe ir tudo o que se solta com facilidade... e perceba o que permanece.
Se nada emergir na Consciência, apenas relaxe na experiência da própria Consciência... o campo completo da Consciência que está ao redor e por toda parte... Você pode continuar fazendo isso enquanto acontecer de forma natural.

Passo 2: Se uma sensação corporal, uma constrição ou uma imagem, pensamento ou voz interior surgirem na Consciência, então perceba....

Onde está localizada?
Quanto espaço ocupa?
Sentindo dentro e através, qual é a qualidade sensorial?

Passo 3: Encontre o 'Eu'.
Perceba de onde está acontecendo a percepção [do que você notou no Passo 1]. Perceba a localização, quanto espaço ocupa [o tamanho e a forma] e, sentindo dentro e através, note a qualidade sensorial.

Passo 4: Verifique se o 'Eu' aceita se integrar.

Agora, sentindo suavemente a qualidade sensorial do 'Eu'... essa sensação aqui aceita ser convidada a se abrir e relaxar, dentro e como a plenitude da Consciência, que está ao redor e por toda parte...

Se "Sim": *Isso pode ser permitido acontecer agora.*

Se "Não": Então encontre outro 'Eu' até chegar a um 'Eu' que aceite relaxar como Consciência. (Veja os Capítulos 3 e 4 sobre como fazer isso, ou seja, como encontrar a Cadeia de 'Eus'.)

Depois que o 'Eu' se integrar, vá direto para o Passo 6 e Descanse como Consciência. Ou faça o Passo 5 primeiro. Faça o que parecer mais fácil, gentil e natural neste momento.

Passo 5: Verifique com a experiência inicial.

Perceba o que está presente agora. Qualquer sensação restante também pode ser convidada a se dissolver na Consciência, e/ou você, como Consciência, pode relaxar nessa sensação.

Passo 6. Agora apenas descanse como Consciência.

Essa fase pode ser profundamente restauradora, então não há necessidade de pressa. Apenas aproveite isso. Se — e sempre que — outra sensação, imagem, voz interior ou som surgirem, você pode passar por essas etapas novamente.

Pontos para se Ter em Mente

Você pode se descobrir relaxando no sono antes de terminar todos os passos. Isso está perfeito.

Pode descobrir que a noite é um momento especialmente bom para usar o Método Wholeness, para processar quaisquer pensamentos, sentimentos, etc., que surgirem. A noite é quando os 'Eus' tendem a se dissolver por conta própria, então o Método Wholeness segue essa inclinação natural.

Quando fazemos a Meditação Wholeness à noite — seja ao adormecer ou no meio da noite — qualquer coisa inacabada do dia tende a se revelar espontaneamente. Por exemplo, podemos ver a imagem do rosto de alguém com quem tivemos uma conversa difícil que ficou sem resolução. Quaisquer pensamentos ou sentimentos estressantes restantes tendem a surgir naturalmente, e o Método Wholeness nos oferece uma maneira gentil e amável de processá-los.

Incluir gentilmente reações — quaisquer pensamentos, sentimentos, etc., que surjam em sua experiência ao se voltar para descansar ou dormir — é importante. Há vários exemplos de como fazer isso anteriormente neste capítulo. Você pode encontrar mais informações sobre como perceber e incluir reações no Capítulo 20 do meu livro anterior sobre esse assunto, *Coming to Wholeness: How to Awaken and Live with Ease.*

Ao usar o Método Wholeness para dormir, comece usando o Formato Simplificado de Meditação Wholeness que descrevi para você na experiência guiada. Então, se parecer fácil e natural, é possível que se encontre agregando os Formatos de Autoridade ou O Que Está Faltando quando sua experiência interna precisar deles.

No início, provavelmente os formatos que você aprende neste livro de Nível I do Método Wholeness serão mais do que suficientes para encontrar e processar sua experiência. Se você continuar usando o Método Wholeness como uma prática noturna nutritiva e restauradora, eventualmente poderá descobrir que alguns dos formatos nos treinamentos posteriores de Wholeness serão úteis. Se/quando você aprender os formatos nos Níveis II – IV do Método Wholeness, também poderá usá-los para lidar com o que surgir em sua experiência noturna.

Se você gostaria de me ouvir guiando você em uma versão curta dessa meditação, projetada para reduzir o estresse e incentivar o relaxamento, use este código QR ou vá para www.andreasnlp.com/nlp-support-resources/meditation/.

Compartilhando Experiências

Aqui estão alguns exemplos do que as pessoas compartilharam quando usaram o Método Wholeness para dormir melhor à noite. Esses comentários são de pessoas que participaram de treinamentos comigo ou com outros treinadores do Método Wholeness.

"Eu costumava dormir muito mal. Precisava seguir uma rotina extremamente rígida para tentar conseguir pelo menos um pouco de sono. Mas, depois de fazer os exercícios do Método Wholeness e dissolver apenas alguns 'Eus', consegui parar com os remédios para dormir, os chás para o sono e todas as rotinas rígidas, simplesmente indo direto dormir. Isso aconteceu rapidamente — e foi após anos e anos de luta contra o sono."

"Experimentei isso ontem à noite e dormi imediatamente. Quando acordei, estava com muita energia, mais do que o normal. Acho que tive um descanso melhor do que de costume. Então, 'obrigado'."

"Quando meu marido viaja, normalmente fico muito assustada dormindo sozinha. Levanto para checar barulhos e não consigo ter um sono tranquilo. Mas agora [usando o Método Wholeness], dormi como um bebê. Não senti medo."

"Eu tive problemas com o sono por muito tempo e costumava ter câimbras nos músculos das panturrilhas. Eu dormia, mas acordava no meio da noite, às 3h da manhã, e depois era muito difícil me concentrar em qualquer coisa. Eu conhecia meditação, mas não funcionava. Levava meia hora, uma hora, até duas horas para voltar a dormir. Mas agora, desde que comecei o Método Wholeness, esse problema não aparece mais. Estou dormindo tranquilamente, e [o problema das câimbras] está muito diferente. Está bem mais leve. O desconforto não está mais lá. E, no geral, o sono melhorou muito."

"Depois da sessão de ontem, fiquei muito mais relaxado, dormi bem, descansei mais e acordei com muito mais energia. Estou surpreso e grato. Espero que todos possam experimentar isso."

"D" estava tendo dificuldade para dormir após o divórcio. Ele disse: "Quero dizer que consegui dormir como um anjo novamente. Sinto meus músculos relaxados. Uau. Obrigado por essa experiência incrível."

Perguntas & Respostas
Respondendo
às suas perguntas
usando o Método Wholeness para melhorar o sono

Isso ajuda com cansaço diurno?

P A Meditação Wholeness ajuda se eu estiver cansado durante o dia?

R Definitivamente me ajuda quando estou cansada durante o dia. Se você estiver cansado, pode ser bom fazer uma pequena pausa e experimentar o Processo de Meditação Wholeness. Experimente e veja o que acontece.

Você também pode prestar atenção ao seu corpo e perceber do que ele precisa. Se o seu corpo está cansado, ele precisa desse relaxamento e de um *"reset"* no sistema nervoso? Ou talvez de um momento para processar algo estressante? O Método Wholeness pode ajudar com ambas essas necessidades. É provável que você se sinta profundamente revigorado após 10 ou 20 minutos de Meditação Wholeness.

Outras vezes, o corpo pode precisar de movimento e exercício. E, em algumas ocasiões, de uma boa alimentação para manter a energia. O Método Wholeness nos ajuda a ficar mais sintonizados com as necessidades reais do nosso corpo.

E isso ajuda no meio da noite?

P E se eu ficar acordado por muito tempo no meio da noite, sem conseguir voltar a dormir, mesmo depois de fazer o Método Wholeness?

R Geralmente, o Método Wholeness resulta em um relaxamento profundo que, na maioria das vezes, leva ao sono. Porém, às vezes, uma pessoa pode ficar acordada por mais tempo, mesmo enquanto pratica o Método Wholeness. Se isso acontecer com você, considere que isso pode, na verdade, ser algo positivo.

Pessoalmente, acho o meio da noite o momento mais fácil para praticar o Método Wholeness. É como se, no meio da noite, os 'Eus' estivessem mais dispostos a relaxar e se dissolverem no Todo — e outras estruturas também. Por isso, o meio da noite pode ser um momento excelente para fazer esse tipo de meditação. Lembre-se: a Meditação Wholeness faz mais do que ajudar a relaxar profundamente e resetar o sistema nervoso. Também estamos processando, curando e integrando nosso Ser. Estamos evoluindo.

Então, eu apenas confio no processo. Se eu acordar no meio da noite, eu mudo para a Meditação Wholeness. Posso continuar processando por uma hora ou duas horas e, então, geralmente volto a dormir. (Conforme você faz isso ao longo do tempo, a maneira como você usa o Método Wholeness mudará; as etapas pelas quais você passa serão diferentes. Eu abordo isso em mais detalhes nos treinamentos.)

Eu ouvi de mais de um professor espiritual que o meio da noite é o melhor momento para meditar. Esses professores apontam horários ligeiramente diferentes como o "ideal"— alguns dizem que 2h30 é o melhor horário, outros 3h, outros ainda 4h e assim por diante. Alguns professores até instruem seus alunos a colocarem um despertador e se levantarem em um horário específico para meditar. E eles têm explicações, baseadas em seus sistemas espirituais, para justificar por que essa meditação no meio da noite é importante.

Deixando de lado qualquer sistema de crenças, acho que podemos encontrar uma explicação simples para isso. Talvez a noite seja um bom momento para meditar porque é quando os pequenos 'Eus' tendem a relaxar e se dissolver naturalmente. Funcionamos em um ciclo de 24 horas para muitas coisas. Durante o dia, comemos, fazemos exercícios, trabalhamos, nos divertimos. A noite *não é* o momento usual ou "natural" para nenhuma dessas coisas. À noite, nossos órgãos fazem ajustes — por exemplo, os rins automaticamente diminuem o ritmo de processamento, de modo que é menos provável precisarmos ir ao banheiro. Muitas coisas *não* acontecem à noite. Mas a noite é o momento natural para os pequenos 'Eus' relaxarem. Assim, o Método Wholeness segue o que o sistema já está naturalmente querendo fazer *naquele momento*.

Eu aconselho as pessoas a não colocarem um despertador para isso. Você pode confiar na sabedoria do seu sistema mente-corpo. Se você dormir a noite toda, provavelmente não precisa fazer esse trabalho durante a noite. No entanto, se você acordar e fizer o Método Wholeness, permanecendo acordado por um tempo, isso pode ser exatamente o que precisa acontecer. Isso pode ser, na verdade, a sabedoria do sistema mente-corpo. Talvez o seu sistema esteja tentando processar algo que não pode ser processado enquanto você está dormindo. Talvez o seu sistema esteja tentando lidar com os pequenos 'Eus' que se formaram como parte natural de crescer como um ser humano neste planeta. Precisamos estar acordados/presentes para que essas contrações da consciência sejam reconhecidas, incluídas e integradas. E, ainda assim, a noite é o momento em que nosso sistema está em um modo que permite que esse processo de dissolução aconteça mais facilmente.

Às vezes, a dificuldade para dormir se torna tão intensa que não temos escolha a não ser dedicar atenção real a isso. E, então, o Método Wholeness oferece uma maneira de dar essa atenção de forma construtiva. Obtemos tanto a dissolução dos 'Eus' que o sistema deseja, quanto o profundo relaxamento do sistema mente-corpo de que também precisamos.

Vou precisar de menos sono?

P   Se eu fizer o Método Wholeness, precisarei de menos sono?

R   Às vezes, as pessoas relatam que o sono se tornou mais reparador, de modo que precisam de menos dele. Então, é possível que isso aconteça com você. Mas depende das necessidades do *seu* sistema mente-corpo. O que podemos ter certeza é que o Método Wholeness ajudará você a obter o sono de que realmente precisa e a acordar se sentindo mais descansado. Para algumas pessoas, isso pode significar menos tempo dormindo, mas para outras, pode significar mais sono — pelo menos no início.

A cultura de hoje colocou um valor em dormir menos e ter mais horas para fazer coisas. Há pessoas que estiveram privadas de sono por anos, até décadas, sem saber disso. Essas pessoas podem descobrir que estão dormindo mais após fazerem o Método Wholeness. À medida que os 'Eus' se dissolvem, mais crenças e suposições se dissolvem. E as maneiras como tentamos impor nossas ideias à realidade, a nós mesmos e ao mundo, *é isso* que está se dissolvendo. Fazer o Método Wholeness permite que a forma como as coisas *realmente são* seja conhecida e experimentada mais profundamente.

Se a realidade é que o seu sistema está privado de sono, então, à medida que os 'Eus' relaxarem, pode haver uma fase em que você realmente durma mais. Por outro lado, se você já está descansando adequadamente, então, à medida que os 'Eus' se dissolvem, há a possibilidade de que você durma menos ou experimente mais energia durante o dia. Você provavelmente experimentará um desses efeitos.

O que podemos confiar é que, à medida que os 'Eus' se dissolvem e nos tornamos mais integrados, nosso sistema mente-corpo entrará em equilíbrio e naturalmente faremos o que for melhor para nós.

Uma coisa a verificar é se você tem uma crença de que é *melhor* precisar de menos sono. Se sim, isso é algo que você pode considerar explorar com o Método Wholeness. É uma ideia bastante comum na cultura moderna: "Ah, seria realmente incrível precisar de apenas quatro horas de sono ou nenhum sono mesmo." As pessoas tentam reduzir o sono ao menor tempo possível, com a ideia de que de alguma forma vão aproveitar mais a vida assim. Se pudermos encontrar "Aquele que acredita nisso," será extremamente útil convidar esse 'Eu' para se integrar.

Dormir menos não é necessariamente um objetivo útil. Supõe-se que precisamos encaixar mais na vida de alguma forma. Que seríamos mais felizes, realizados ou pessoas melhores se pudéssemos espremer mais de cada dia. Com o Método Wholeness, essas crenças e apegos começam a se dissolver. (No treinamento de Nível II, aprendemos um formato específico para encontrar e dissolver apegos.)

Sono vs. Meditação

P   É melhor meditar à noite do que dormir?

R   Pessoalmente, eu gosto de dormir. E acho que é melhor não "tentar" fazer nada. Se você estiver acordado à noite, então faça a Meditação Wholeness. Seu sistema está despertando você, então você pode fluir com isso dessa forma. Se você dormir facilmente e não acordar, ótimo. Aproveite. Não recomendo tentar forçar-se a fazer algo diferente do que seu sistema mente-corpo está fazendo por conta própria.

Quanto mais faço o Método Wholeness, mais tenho vislumbres de uma sensação como "Ah! Acho que estou começando a experimentar o que Yogananda estava falando." Tenho a sensação de que isso é tão profundamente reparador quanto o sono, e talvez mais. E se isso durasse a noite inteira, talvez eu tivesse a experiência que Yogananda teve. Não sei.

Até agora, esse nível de relaxamento não durou a noite inteira para mim — e não é um objetivo meu. Não me importo realmente. As coisas acontecerão como têm que acontecer, mas é interessante apenas notar essas coisas. Eu gosto de dormir, então estarei contente se esse for meu destino: dormir à noite. Está tudo bem! Fico feliz com isso.

Isso me ajudará além de dormir melhor?

P Usar a Meditação Wholeness para dormir terá resultados além de melhorar o sono?

R Sim, terá. Tendemos a começar a ter um sono mais profundo. E, sim, o sono começa a se tornar mais revigorante, mas isso não é tudo. O próprio trabalho que gera esses resultados não pode fazê-lo sem também influenciar sua vida. Isso também vai melhorar sua vida.

Isso me lembra uma história que compartilhei com você na Introdução, e ela é uma boa resposta para esta pergunta. Uma vez, eu estava trabalhando com uma mulher que havia sido encaminhada a mim por um colega. Ele disse a ela: "Você realmente deveria trabalhar com Connirae. Ela tem um novo método de meditação e acho que seria bom para você."

Então comecei a ensinar essa mulher a fazer o Método Wholeness. Nós nos encontramos uma vez por semana e, entre os encontros, ela praticava a Meditação Wholeness todos os dias. Após três ou quatro encontros, perguntei a ela: "Como está indo?" E ela disse: "Bem, está indo bem, mas sabe, a coisa mais estranha está acontecendo."

"O que é?" perguntei.

"Bem, minha vida está diferente também." E eu estava pensando: "Uau, me pergunto o que ela *achava* que aconteceria?" Eu não fazia ideia de que ela não estava ciente de que isso fazia parte da intenção. Mas ela deve ter pensado que era só para relaxar — era "apenas uma meditação." Então eu perguntei: "Como sua vida está diferente?"

Ela disse: "Tem menos drama. Bem, na verdade, há a mesma quantidade de drama, mas eu não me envolvo mais nele. Ainda há drama no trabalho. As pessoas fazem suas coisas, mas eu apenas sei que está tudo bem. Agora, não é grande coisa, e eu apenas faço meu trabalho, e é mais fácil para mim."

Essa mulher era mãe solteira com dois filhos, e ela acrescentou: "Meus filhos também podem entrar em seus dramas e eu apenas sinto que está bem. Sei que vai ficar tudo bem. Antes, eu teria me envolvido no drama e teria sido estressante para mim."

Então esse é um exemplo de como nossa vida começa a entrar em equilíbrio junto com o sono. Você não precisa que toda a sua vida esteja em equilíbrio antes que o sono fique em equilíbrio, mas às vezes isso acontece junto, e às vezes pode começar pelo sono.

Se precisássemos que a vida estivesse em completo equilíbrio antes de conseguirmos dormir bem, muito poucas pessoas dormiriam bem. Assim, em certa medida, o "equilíbrio da vida" e o sono são independentes. Mas caso o sono não se ajuste imediatamente, saiba que você também está trabalhando nesses outros níveis. Você também está trabalhando nas coisas que permitirão que sua *vida* funcione melhor. Assim, você pode experimentar uma melhora no sono primeiro, ou pode experimentar "menos drama" em sua vida primeiro; as mudanças podem vir de qualquer direção.

Questões Complexas de Sono — Incluindo Medicamentos

P Meu problema de sono parece complicado. A meditação do Método Wholeness funcionará para mim?

R Se você praticar o Método Wholeness regularmente, provavelmente perceberá que as coisas começam a se organizar ao longo do tempo. Algumas coisas se organizam muito rapidamente, outras de forma mais gradual.

A experiência do sono é um reflexo da soma de todos os tipos de outras coisas que acontecem no sistema mente-corpo — um composto das necessidades, motivações, intenções e interesses que fazem parte de estarmos vivos no planeta como seres humanos. Assim, pensar que uma única coisa resolverá tudo instantanea e completamente pode ser um pouco irrealista. Mas a questão é que, com o Método Wholeness, estamos fazendo muito mais do que apenas medicar o sistema.

Às vezes, as pessoas recorrem a pílulas para dormir para lidar com problemas de sono, e para algumas pessoas, em certas situações, medicamentos podem ser uma opção útil — especialmente se usados temporariamente. No entanto, pílulas para dormir lidam apenas com o sintoma, sem resolver a estrutura do que pode estar acontecendo. Alguns métodos psicológicos essencialmente funcionam como pílulas para dormir. Eles não têm a capacidade de realmente curar e resolver; na prática, apenas "medicam".

O Método Wholeness é um método que começa a trazer o sistema em si de volta à harmonia, equilíbrio e completude. Quando isso acontece, outras coisas — juntamente com o sono — podem começar a se ajustar por conta própria.

Perguntando: "Onde está Aquele que está falando?"

P Você disse que, se estivermos meditando e uma voz interior surgir, devemos perguntar "Onde está *Aquele que* está falando?" Por que não perguntar apenas "Onde está a voz?" ou "De onde vem essa fala?" Há alguma diferença?

R Sim, há uma diferença. Se perguntarmos: "De onde vem essa fala?", estamos localizando a *experiência*. Vamos encontrar a localização dessa fala interior. Se perguntarmos: "Onde está *Aquele que* está falando?", estamos buscando a localização do "eu" que gera a experiência. Às vezes, "Aquele que" está falando está localizado em um lugar completamente diferente da própria voz e outras vezes a localização é a mesma ou quase a mesma. Se "Aquele que" está falando estiver na mesma área que a voz, é provável que seja um pouco menor ou maior. Notar a diferença de tamanho pode ajudar a reconhecer a estrutura diferente.

Quando encontramos *"Aquele que* está falando", então temos a estrutura interior que gera a experiência. Assim, a integração será mais completa do que se incluirmos apenas a experiência de falar. É por isso que sugiro perguntar sobre isso.

No entanto, outro dia eu estava trabalhando com uma cliente que ficou confusa quando perguntei: "Onde está Aquele que está falando?". Mas foi fácil para ela notar: "De onde vem essa fala?". Então seguimos com a pergunta que era fácil para ela notar na experiência. É importante permitir que esse trabalho flua de forma baseada na experiência, em vez de apenas conceitual — então seguimos por esse caminho.

sono e
estados de consciência

Dormir e a Consciência "Desperta"

Gostaria de compartilhar uma ideia que talvez você ache interessante. Não é essencial entendê-la ou concordar com ela para se beneficiar do Método Wholeness, então, se isso não fizer sentido para você, tudo bem. Simplesmente ignore. Aqui está a ideia...

Durante o dia, quando estamos vivendo nossas vidas, chamamos isso de estar "despertos". No entanto, a maioria de nós vive a vida presa a padrões de reação; estamos vivendo e agindo a partir deles. Embora chamemos isso de estar "despertos", há um sentido em que estamos "adormecidos". Estamos "adormecidos" para a reatividade que está acontecendo — os padrões automáticos de reação instintiva a partir dos quais estamos agindo. Nossa Consciência não está presente dentro e como nossas respostas de uma forma "desperta".

Portanto, estamos despertos em um sentido (nossos corpos não estão adormecidos), mas os pequenos 'Eus' estão ativados e não estão "despertos" para si mesmos. Poderíamos talvez descrever isso como a Consciência tendo adormecido. A Consciência está lá, mas não estamos conscientes dela ou vivendo a partir dela na maior parte do tempo. Quando fazemos o Método Wholeness, estamos aprendendo a nos mantermos despertos *"como* Presença" ou *"como* Consciência plena".

Em um sentido, isso é o mesmo que a "consciência de bebê"; em outro, é bastante diferente, porque agora temos toda a sabedoria que vem do somatório de nossa experiência de vida. O conhecimento direto que vem de nossa experiência permanece quando os pequenos 'Eus' se dissolvem. O que se dissolve são os significados fixos ou rígidos que criamos a partir dessa experiência direta. As crenças, os "deveriam" e os "têm que" já não estão mais lá. Isso nos coloca na posição de acessar sabedoria máxima, pois percepções e ideias criativas podem se formar de maneira nova em cada momento, em total resposta à nossa situação de vida.

Quando eu estava tendo muita dificuldade para dormir — e quero dizer MUITA dificuldade — lembro-me de dizer a pessoas próximas: *"Sinto como se estivesse sendo obrigada a aprender a fazer conscientemente o que antes acontecia inconscientemente."* Não faço ideia de como tive essa impressão. Isso foi antes de eu começar a explorar abordagens de meditação de maneira séria, então, tanto quanto sei, ainda não tinha lido nada sobre o assunto. Mas tive a impressão de que estava sendo chamada a fazer algo *conscientemente*, como se não fosse suficiente apenas "ir dormir" ou "pegar no sono", como sempre fiz até então.

Olhando para trás, penso que o Método Wholeness é esse "próximo passo" que eu estava sendo chamada a dar. Bebês começam em um estado de consciência não dividida. Então, à medida que crescemos, formamos pequenos 'Eus'. Em nossa vida desperta, vivemos a partir desses pequenos 'Eus'. E esses pequenos 'Eus', ao menos alguns deles, relaxam quando adormecemos. Então, somos chamados a dar o próximo passo, onde nos tornamos "despertos como consciência", enquanto nos movemos durante o dia. Nosso corpo está desperto, e também nossa consciência está "desperta", com os 'Eus' relaxados na

Presença, enquanto nos movemos pelo mundo com todos os aprendizados que vêm de nossa experiência.

Mas aprender a viver "como consciência desperta" não acontece automaticamente enquanto vivemos nossas vidas. Também não pode acontecer enquanto estamos fisicamente dormindo. No entanto, isso *pode* acontecer ao fazer sistematicamente o Método Wholeness. Notamos nossas estruturas rígidas e as convidamos a se dissolver. E é possível que essa transição aconteça mais facilmente no meio da noite.

— Duas Lembretes-Chave para Usar o Método Wholeness para o Sono —

Lembre-se de que não importa se você está dormindo ou acordado — o que importa é que você use o tempo para o profundo relaxamento e o *reset* do sistema nervoso que acontecem naturalmente ao fazer o Método Wholeness.

Se você acordar durante a noite, pode haver um propósito útil para isso. É possível que seu sistema esteja chamando sua atenção para algo que precisa ser processado internamente. E a noite pode ser o momento mais fácil para nosso sistema nos apresentar o que precisamos notar. Felizmente, podemos gentilmente incluir e integrar o que quer que surja, usando o Método Wholeness, para alcançar a completude e o bem-estar.

obtendo os benefícios

Com base na minha experiência, quase todos podem obter benefícios significativos do Método Wholeness para o sono. Se você enfrenta desafios relacionados ao sono — ou está apenas curioso sobre como o Método Wholeness pode ser útil para você nesse aspecto — encorajo você a experimentá-lo. Fiz o meu melhor para incluir neste capítulo tudo de que você precisa para utilizar com sucesso o Método Wholeness para o sono[7].

Algumas pessoas percebem os resultados imediatamente ao ler o livro. Outras acham muito mais fácil assimilar essa prática por meio de *coaching* individual ou treinamentos. Faça o que funcionar melhor para você. Apenas saiba que, se encontrar dúvidas ou obstáculos para alcançar os resultados mencionados neste capítulo, ajuda está disponível.

Ao usar o Método Wholeness para o sono, você está realmente aproveitando *tudo* o que já sabe sobre o Método Wholeness. Assim, depois de usar o método por um tempo, pode ser útil reler este capítulo ou outras seções deste livro. Talvez você descubra uma nova seção que chame sua atenção, com uma instrução ou dica que você agora esteja pronto para absorver.

Ter um sono restaurador e descanso oferece ao sistema mente-corpo a oportunidade de "reiniciar" e se revitalizar — o que é essencial para o bem-estar físico e emocional. Usar os princípios e métodos do Método Wholeness permitirá que você pare de *tentar* dormir — e, em vez disso, relaxe mais profundamente ao incluir toda a sua experiência presente de forma direta, profunda e gentil.

No próximo capítulo, você aprenderá como o Método Wholeness é realmente um sistema *completo* de transformação que pode ajudá-lo a continuar criando mudanças duradouras e significativas.

---

[7] Para algumas pessoas, dificuldades de sono podem indicar um problema médico, então considere procurar atenção médica, se necessário.

CAPÍTULO 8

PERGUNTAS & RESPOSTAS

Entendendo Mais sobre
o Método Wholeness

Como você sabe, a maioria dos capítulos deste livro inclui uma seção de Perguntas e Respostas específicas para o conteúdo daquele capítulo. Aqui, quero abordar questões sobre o Método Wholeness que são mais gerais.

Mudando o roteiro — os pronomes

P Algumas palavras do roteiro me parecem estranhas. Posso mudá-las quando estiver guiando outra pessoa?

R Recomendo usar o roteiro como está — especialmente nos trechos em que ele pode parecer estranho. Esses trechos frequentemente têm a redação escolhida por um motivo específico. Por exemplo: quando as pessoas mudam o roteiro, um dos primeiros lugares onde fazem isso é adicionando pronomes extras. Em vez de dizer *"sentindo dentro e através..."*, elas podem dizer *"Você pode sentir dentro e através..."* ou até *"Eu quero que você sinta dentro e através."*

Nos roteiros, uso o mínimo possível de pronomes, enquanto ainda mantenho as orientações compreensíveis. Isso porque, se dissermos *"Você pode sentir dentro e através..."*, isso cria um eu separado que vai fazer o sentir. E não queremos isso.

Se simplesmente dizermos "...e sentindo dentro e através...", facilitamos para a pessoa que estamos guiando simplesmente permitir que o sentir aconteça a partir da Consciência em si. Não é necessário criar uma estrutura separada para realizar esse sentir.

Isso não significa que precisamos evitar completamente o uso de pronomes. Às vezes, incluí pronomes no roteiro — em trechos em que eles são necessários para que a outra pessoa entenda a instrução. Mas, se houver uma maneira de oferecer a instrução sem adicionar o pronome, geralmente faço dessa forma.

Também há outras formas pelas quais as pessoas mudam as palavras e enfraquecem o processo, e é por isso que recomendamos seguir o texto como está.

Quando emoções emergem durante o processo

P Quando um 'Eu' se integra, às vezes uma emoção ou memória surge. O que isso significa? Preciso fazer algo a respeito?

R A emergência de emoções é uma parte natural do processo. Eis como penso sobre isso: frequentemente, um 'Eu' (ou outra estrutura interna) foi formado como uma tentativa de lidar com uma resposta emocional que não era aceitável expressar no momento. Podemos ter tido um sentimento intenso, mas não nos sentimos bem em simplesmente expressá-lo na ocasião por algum motivo. Em vez disso, nós nos dissociamos um pouco e formamos um 'Eu' interno, e a emoção pode ter ficado presa dentro de nós.

Quando o 'Eu' é convidado a se integrar, isso naturalmente libera qualquer resposta emocional que possa estar relacionada. Uma emoção relacionada geralmente é liberada de forma natural ao mesmo tempo. Portanto, isso é algo positivo.

Tudo o que você precisa fazer é simplesmente permitir que essa emoção seja experimentada "como Consciência" também. O 'Eu' já está relaxando de volta na Consciência, então há uma tendência natural de qualquer sentimento relacionado também ser experimentado como Consciência e relaxar de volta no fluxo das coisas.

E há algo muito especial em permitir que isso aconteça dessa forma.

Emoções estão destinadas a serem experiências temporárias. Sentimos algo em uma situação particular e a emoção é uma coisa temporária, que flui através de nosso sistema corpo-mente. Somente se a emoção for bloqueada de alguma forma ela poderá ficar, por assim dizer, presa em nosso sistema corpo-mente.

Liberar os 'Eus' é o que torna possível acessar facilmente esses sentimentos "presos" e liberá-los. Depois que o 'Eu' for liberado, torna-se possível experimentar plenamente a sensação como Consciência. E quando a Consciência experimenta a energia que forma essa emoção, COMO SENSAÇÃO, ela a libera de volta ao todo.

É positivo permitir que qualquer sentimento que surja flua através do corpo físico completo. Normalmente, ele esteve preso em um local pequeno. Quando se permite que flua por todo o corpo físico — ou por tanto dele quanto naturalmente acontecer — como Consciência, tende a se dissolver de forma natural.

E a Consciência que somos pode reconhecer a emoção de uma forma mais profunda e completa do que qualquer pessoa poderia fazer — porque a Consciência é completamente livre de julgamento. Ela naturalmente "ama" qualquer coisa que surja dentro dela. E isso permite a dissolução natural de volta ao Todo.

Note que isso é completamente diferente de apenas reviver o sentimento *sem* experimentá-lo como Consciência... Fazer dessa forma tende a reforçar a resposta emocional antiga, enquanto experimentar uma emoção como Consciência a libera.

Integrar — seu significado no Método Wholeness

P Muitos métodos terapêuticos usam a palavra "integração." Você também usa essa palavra no Método Wholeness. É a mesma coisa?

R No Método Wholeness, "integração" tem um significado único. É muito útil compreender essa diferença. No Método Wholeness, "integrar" significa que algo que esteve separado do campo completo de nossa consciência torna-se um com o Todo. Por exemplo, as estruturas de 'Eu' são uma constrição de nossa consciência que criam tensão e estresse internos. Integrar significa que a energia que formou esse 'Eu' relaxa e volta a ser uma com o Todo. Passamos pelo mesmo processo com outras estruturas internas.

Na maioria dos outros tipos de *coaching* ou terapia, essa "integração" não é explicitamente convidada — então é mais um evento aleatório. Nesses outros tipos de terapia, "integrar" pode significar a fusão de uma parte com outra, por exemplo. Isso resulta em uma parte maior, mas ainda não é a mesma coisa que essas partes se fundindo com o Todo.

Outras vezes, "integrar" é usado para falar sobre formas de aplicar um aprendizado na vida cotidiana. No Método Wholeness, não enfatizamos isso, porque quando os 'Eus' e outras estruturas internas se fundem com o Todo do nosso ser, há uma expressão natural de nosso novo modo de ser. Não precisamos fazer nada extra para alcançar esse resultado.

Como a Integração Pode Ser Sentida Visceralmente

P Ao convidar algo para se integrar, às vezes a experiência pode nos surpreender. Ela pode ser diferente de tudo que já senti antes e me pergunto se está bem.

R As experiências que temos quando essas contrações de consciência se dissolvem no Todo podem variar bastante — de pessoa para pessoa e de momento para momento. A sensação mais comum é simplesmente um relaxamento sutil.

Pessoas que têm muitos "Eus'" localizados fora do corpo tendem a sentir menos respostas viscerais quando esses "Eus'" se dissolvem e se integram. Já para quem tem os "Eus'" localizados dentro do corpo, a pessoa tende a experimentar a integração de uma forma mais visceral. Não é uma questão de melhor ou pior — apenas diferente. E sua experiência pode não seguir exatamente o que está descrito aqui.

Conforme mais "Eus'" localizados fora do corpo se integram, a experiência tende a se tornar mais visceral. Isso pode ser percebido como...

um relaxamento profundo (às vezes sutil, às vezes mais intenso);

vibração;

fluxo de vitalidade/energia (podendo seguir diferentes padrões de fluxo/circulação). Um padrão de fluxo ou circulação pode ou não encaixar com as teorias conhecidas sobre como se crê que flui o chi ou energia. Confie que, ao liberar 'Eus', autoridades e outras estruturas, o fluxo que surgir será exatamente o que o seu corpo/mente precisa naquele momento;

sensação de eletricidade;

borbulhamento ou percolação (como se minúsculas partículas de energia estivessem em movimento).

Quando a mudança é sutil, geralmente é fácil assimilá-la. Mas, se a experiência for mais intensa, pode haver uma reação, como surpresa ou até um leve medo. Nesse caso, é útil incluir gentilmente o "Eu que está reagindo" usando o Método Wholeness. Isso facilita o relaxamento e o aproveitamento da mudança que está ocorrendo.

Se sentir mudanças intensas e tiver alguma preocupação, é recomendável agendar uma sessão com um *coach* treinado em Wholeness Work para receber orientação e suporte durante o processo.

Sentindo Resistência para Praticar o Método Wholeness

P O que significa se sinto certa resistência em realizar a prática?

R Sentir resistência à prática quase sempre significa que há algo querendo ser percebido e que você ainda não notou. Estamos presos ao conteúdo, sem perceber. Por exemplo, se eu acordo no meio da noite e me sinto como que *"Ah, eu não quero praticar!"*, o que está pedindo para ser percebido é 'Aquele que' diz: "Ah, eu não quero praticar!". Se eu sair do conteúdo e entrar no processo, notando o que está realmente acontecendo, então posso perceber a localização e qualidade sensorial, convidá-lo a se integrar, e as coisas voltam a ser fáceis.

Quando conseguimos sair do conteúdo — percebendo o que está realmente acontecendo e processando isso — não existe tal coisa como resistência. Portanto, experimentar "resistência" pode ser algo positivo. Isso apenas significa que é hora de pausar e perguntar: "OK, o que está realmente acontecendo neste momento?" Assim que reconhecemos o programa que está operando em segundo plano, perguntamos: "Onde está Aquele que está executando este programa? Onde está Aquele que está fazendo isso?". E, então, voltamos a processar o que está acontecendo, em vez de reagir ao conteúdo do que está acontecendo. Muitas vezes há uma mudança imediata para uma sensação de maior paz no momento em que passamos a notar o "Aquele que" em vez de ficarmos presos na reatividade.

E se a prática deixar de funcionar para mim?

P E se a prática deixar de funcionar para mim?

R Se a prática parecer não estar mais funcionando, geralmente isso significa uma de duas coisas…

Você precisa perceber o que quer que esteja no caminho. Muitas vezes, algo está surgindo de dentro do seu sistema e precisa ser notado e acolhido. Isso pode significar uma reação ou uma meta-resposta que você ainda não incluiu utilizando o Método Wholeness. (Por "meta-respostas", refiro-me a reações como "tentar entender isso", "tentar fazer isso corretamente" ou "tentar fazer a mudança acontecer.")

Seu sistema está pronto para e precisa de algumas das práticas mais avançadas. Você pode acessá-las no Nível II do Método Wholeness e além.

diferenças em relação a outras abordagens

Os participantes às vezes perguntam como o Método Wholeness se relaciona com outros métodos de mudança. Sinta-se à vontade para pular qualquer uma das próximas perguntas se elas não forem de interesse para você. Se estiver pronto para se aprofundar mais e praticar por conta própria, recomendo que siga em frente! A auto-prática produz uma compreensão mais significativa do que qualquer explicação que eu possa oferecer.

Diferenças em relação ao "trabalho com partes"

P   O Método Wholeness é um "trabalho com partes"?

R   A resposta curta é "não". Eu descrevo essas estruturas que encontramos dentro de nós como "constrições da consciência", em vez de "partes". Essa descrição se ajusta melhor ao que estamos fazendo. Notamos a qualidade sensorial e convidamos a constrição a relaxar. Também podemos chamar uma constrição específica de 'Eu' ou de uma Autoridade, etc., quando isso faz sentido.

O trabalho com partes envolve pressupostos diferentes. Na maioria das formas de trabalho com partes, somos incentivados a personificar um aspecto da nossa experiência e ter conversas com essa "parte". Não precisamos fazer isso no Método Wholeness — em vez disso, vamos diretamente para a qualidade sensorial da experiência. Conversas não são necessárias porque estamos trabalhando em um nível mais profundo de mudança. Quando convidamos a Consciência a encontrar a sensação do 'Eu', por exemplo, isso convida a um reconhecimento em um nível mais profundo do que uma conversa poderia produzir. Quando convidamos a sensação do 'Eu' a se integrar, novamente isso gera uma mudança em um nível mais profundo do que poderia ocorrer através de uma conversa.

Seria possível chamar um 'Eu' de parte. Poderíamos até chamar as outras estruturas que encontramos dentro de nós de "parte". É apenas um nome. No entanto, há tantas diferenças entre o Método Wholeness e o que é conhecido como "trabalho com partes" que encorajo você a abandonar essa maneira de nomear as coisas ao praticar o Método Wholeness.

Se você usar a terminologia dos sistemas de trabalho com partes, isso tende a trazer, inconscientemente, os pressupostos e suposições dessas outras formas de trabalho. Isso reduz o impacto do Método Wholeness porque este trabalha em um nível mais profundo de mudança do que a maioria das formas de trabalho com partes pode alcançar.

A *Core Transformation* (CT) é um método único de trabalho com partes porque trabalha em um nível profundo como o Método Wholeness faz. O CT começa comunicando-se com as partes e, em seguida, utiliza o conteúdo, a conversa, para descobrir um *Core State* (Estado Núcleo) de ser. Esse *Core State* é semelhante à Consciência e é o que torna possível integrar toda parte ao Todo, de maneira semelhante ao Método Wholeness. Recomendamos usar a linguagem de partes ao fazer o *Core Transformation* e mudar para a linguagem do Método Wholeness ao praticar o Método Wholeness.

O trabalho com "Partes Parentais" é o mesmo que o Método da Autoridade?

P Algumas formas de trabalho com partes incluem encontrar "partes parentais" ou "partes que julgam" dentro de nós. Isso não é a mesma coisa que você faz no Método Wholeness?

R Ótima pergunta! É, na verdade, bem diferente. No trabalho com partes, quando encontramos uma parte parental dentro de nós, ela tende a ser personificada. É como se estivéssemos imaginando aquela pessoa agora falando conosco.

As estruturas que acessamos através do Método Wholeness são geralmente bem diferentes. É importante usar as perguntas únicas que descrevi neste livro. E, se você fizer isso, ao encontrar uma Autoridade dentro de si, provavelmente será diferente do que aconteceria em um trabalho com partes. É provável que ela esteja localizada em outro lugar e tenha propriedades diferentes. Muitas vezes, as Autoridades não se parecem com uma pessoa — é mais como uma constrição literal da consciência que encontramos dentro de nós.

Igualmente importante, no Método Wholeness descobrimos as Correntes de Autoridade. É isso que torna possível uma transformação fácil e *completa*.

Diferenças em relação ao "Trabalho com Submodalidades"

P O Método Wholeness é "trabalho com submodalidades"?

R Pessoas com formação em Programação Neurolinguística (PNL) às vezes pensam que o Método Wholeness é um tipo de trabalho com submodalidades. Não é. Embora eu considere o trabalho com submodalidades (SM) bastante útil, o Método Wholeness não é um tipo de trabalho com submodalidades, e o que encontramos com a qualidade sensorial não é o mesmo que submodalidades. Aqui estão as principais diferenças:

As SMs são *codificações da experiência* que podemos utilizar para promover mudanças. (Por exemplo, podemos tornar uma imagem mais brilhante ou mais próxima se quisermos ter uma resposta emocional mais forte; podemos mudar sua localização para categorizar inconscientemente a experiência de maneira diferente, etc.) As Qualidades Sensoriais (QSs) são experiências *diretas*. Elas não são codificações adicionadas a uma experiência para categorizá-la ou alterar nossa resposta emocional. O Método Wholeness envolve trabalhar em um nível mais profundo.

As SMs são geralmente qualidades de superfície. Estamos notando o que pode ser percebido a partir do exterior de algo. Com as QSs estamos sentindo dentro e através. Apenas notar qualidades de superfície não é suficiente para fazer o Método Wholeness.

Quando notamos SMs, estamos observando de fora. No Método Wholeness, ao notar QSs, estamos convidando nossa experiência a se tornar cada vez mais associada. Quanto mais praticamos o Método Wholeness, mais começamos a experimentá-lo como se fosse "de dentro".

As SMs são tratadas como uma lista de atributos discretos — brilho, cor, opacidade, etc. Com as QSs, a intenção é percebê-las como uma só coisa, mesmo que usemos várias palavras para descrevê-las.

Foco dos olhos: quando nos perguntam sobre SMs, nosso foco visual se torna mais aguçado, pois percebemos algo em mais detalhes. Quando notamos QSs, tendemos a desfocar. A experiência é suficientemente diferente para que nossa fisiologia também seja diferente.

Palavras utilizadas: as palavras para descrever submodalidades têm alguma sobreposição com as palavras de Qualidade Sensorial, então é fácil pensar que são a mesma coisa. Mas a sobreposição não é completa. Em submodalidades, uma experiência pode ser 2D ou 3D. Nas QSs não existe nada como 2D.

No Método Wholeness, ao descobrir as QSs, geralmente começamos oferecendo exemplos do que poderia ser considerado uma experiência mais tátil, i.e. "pode ser densa, leve, suave, áspera, vibrante, etc." No entanto, eu não pergunto sobre cor. Às vezes, a cor emerge espontaneamente, mas frequentemente não há qualquer sensação de cor que seja relevante. O trabalho com submodalidades é diferente, i.e. normalmente se pergunta sobre cor e se espera um aspecto visual na experiência.

Se chamarmos o que fazemos no Método Wholeness de "submodalidades," isso o colocaria em uma categoria e traria outros pressupostos relacionados ao trabalho com submodalidades que não são necessariamente verdadeiros para o Método Wholeness.

Em geral, o Método Wholeness opera em um nível mais profundo de experiência do que o trabalho com submodalidades e torna possível um nível mais profundo de mudança. O trabalho com submodalidades tem seu valor próprio — há momentos em que o utilizo e o considero o mais adequado às necessidades do cliente — ou às minhas próprias.

Dissociação

P O Método Wholeness ensina as pessoas a se dissociarem mais?

R Na verdade, é exatamente o oposto. O Método Wholeness resulta em as pessoas se tornarem *mais* plenamente associadas do que jamais foram. Eu comecei como uma pessoa bastante dissociada e tenho desfrutado de me tornar cada vez mais associada.

O Método Wholeness fornece uma maneira de descobrir a dissociação que já existe no sistema corpo/mente. Os 'Eus' são exemplos de dissociações que existem atualmente dentro de nós, em nível inconsciente. Com o Método Wholeness encontramos essas dissociações existentes e as convidamos a se integrarem. Isso nos leva a nos tornarmos gradualmente mais associados.

Quando alguém passa pelo sistema completo do Método Wholeness — Níveis I–IV — é quase inevitável que descrevam habitar plenamente o próprio corpo. Muitas vezes além do que conseguem se lembrar de já ter experimentado antes.

Diferenças em relação à Hipnose

P   A hipnose é a mesma coisa que o Método Wholeness?

R   As pessoas realmente entram em um estado profundo, com a atenção voltada para dentro, quando praticam a Meditação do Método Wholeness. Portanto, isso tem algumas semelhanças com o que chamamos de "estado de transe" ou "hipnose".

No entanto, há diferenças importantes. Na hipnose, busca-se contornar a mente consciente para acessar o estado interior profundo. No Método Wholeness, não precisamos fazer isso. Podemos usar qualquer experiência que esteja acontecendo como uma porta de entrada para o estado profundo de Consciência.

Existem diferentes tipos de hipnose. "Hipnose" é apenas um nome e, claro, o significado depende do que se entende por hipnose.

Linguagem Hipnótica no Método Wholeness

P   Estamos usando padrões de linguagem hipnótica (ou Padrões de Linguagem Ericksoniana) quando aplicamos o Método Wholeness?

R   Sim e não. Não funciona simplesmente importar padrões de linguagem hipnótica — mesmo os Padrões de Linguagem Ericksoniana — para o Método Wholeness. Recomendo que você permaneça fiel ao roteiro como está escrito. Acrescentar outros padrões de linguagem hipnótica provavelmente diluirá um pouco o processo e reduzirá sua eficácia potencial.

O motivo é que a maioria dos padrões de linguagem hipnótica opera em um nível diferente de mudança.

Os Padrões de Linguagem Ericksoniana, e a maior parte dos padrões hipnóticos, foram desenvolvidos com base na ideia de que, para haver mudança, é necessário contornar a mente consciente. Com o Método Wholeness, não contornamos a mente consciente.

Em vez disso, a integramos. Todas as nossas reações mentais conscientes — pensamentos e meta-respostas — podem ser facilmente incluídas e dissolvidas por meio do Método Wholeness. O resultado é que, gradualmente, há menos separação entre a mente consciente e o processamento inconsciente. Elas se tornam uma só coisa — uma consciência una e indivisa. É isso que torna o trabalho, em última instância, mais completo, mais fácil e mais estável.

Os padrões de linguagem hipnótica normalmente são desenvolvidos partindo da suposição de que o Guia precisa influenciar o processo. É função do Guia (ou do Hipnotizador) conduzir, em algum nível, o cliente a se sentir melhor ou mais confiante. Há tempo e espaço para esse tipo de trabalho. Mas com o Método Wholeness é diferente.

No Método Wholeness, não utilizamos padrões de linguagem com a intenção de fazer o cliente fazer algo. Em vez disso, usamos a linguagem para ajudar a revelar o que o próprio sistema da pessoa quer fazer. O papel do guia, portanto, é bastante diferente.

Combinando Hipnose com o Método Wholeness

P Sou hipnotista e frequentemente coloco as pessoas em transe antes de fazer trabalho de mudança. Isso ajuda se eu colocar alguém em transe antes de usar o Método Wholeness?

R A hipnose pode ser excelente para muitas coisas, mas não ajuda colocar alguém em transe para fazer o Método Wholeness.

Os formatos do Método Wholeness foram projetados para oferecer o caminho mais simples, fácil e direto para se abrir à nossa "verdadeira natureza." O processo nos guia à nossa experiência interna em um nível profundo, que já deseja a totalidade indivisa. Então, simplesmente convidamos o sistema a fazer o que ele quer fazer. Se adicionarmos instruções de transe, isso pode ser enganoso. (Dá a impressão de que é necessário exercer uma influência ou força sutil para "fazer" o nosso sistema realizar essas mudanças profundas.)

O Método Wholeness é projetado para convidar as pessoas a uma maior confiança na sabedoria que elas encontram facilmente dentro de si. Ele nos oferece uma maneira de encontrar e confiar na orientação que vem de nós mesmos. Se houver uma indução hipnótica antes, isso pode levar as pessoas a confiarem no hipnotista, em vez de confiarem na própria sabedoria interior.

Com o Método Wholeness estamos sistematicamente dissolvendo divisões internas, incluindo a divisão entre a experiência consciente e inconsciente. À medida que derretemos as barreiras entre as duas, experimentamos cada vez mais ser uma presença indivisa que inclui mais. Isso é, em parte, o que gera o aumento na criatividade e na facilidade em resolver problemas que as pessoas relatam ao praticar o Método Wholeness.

Terapia Somática e o Método Wholeness

P   Na terapia somática o cliente também percebe as sensações do corpo. Isso é a mesma coisa que o Método Wholeness?

R   Algumas formas de trabalho corporal ou terapia somática estão muito alinhadas com o Método Wholeness, por exemplo, ao prestar atenção às sensações do corpo. Porém, existem duas maneiras pelas quais o Método Wholeness é diferente da maioria desses métodos — e faz uma contribuição única.

Uma delas é que, no Método Wholeness, começamos com aquilo que for mais fácil para o cliente (ou para você) perceber. Se você está consciente de uma sensação no corpo (ou seja, uma experiência somática), começamos por aí. Mas se o que você percebe é uma imagem interna persistente, podemos começar por aí. E se você está consciente de uma voz interna, começamos por aí. É mais fácil para você se o método de mudança puder envolver aquilo que você naturalmente experimenta. E você pode obter a mesma transformação profunda a partir de qualquer ponto de partida.

A segunda diferença é que, em vez de focar na experiência somática, encontramos os 'Eus' que têm sustentado essas experiências somáticas em seu lugar. Uma vez que os 'Eus' tenham sido liberados (e, às vezes também as Estruturas de Autoridade relacionadas), as experiências somáticas tendem a se liberar sozinhas. Assim, o Método Wholeness é uma forma muito direta de liberar as experiências emocionalmente carregadas que nosso corpo tem mantido. Estamos indo mais fundo do que o conteúdo e até mais fundo do que as experiências corporais sentidas, para notar e incluir as estruturas inconscientes que têm sustentado essas experiências somáticas em seu lugar.

CAPÍTULO 9

MÉTODO WHOLENESS: UM SISTEMA ABRANGENTE

Um caminho de Cura e Transformação Radical

Parabéns! Se você chegou até aqui, já aprendeu e experimentou o escopo do material incluído no Nível I do Método Wholeness. Se você experimentou esses processos, já pode saber que eles podem ser formas poderosas de transformar sua vida. Ao usar esses métodos continuamente, você inevitavelmente fará progresso — um progresso significativo — em sua transformação e crescimento pessoal.

O Método Wholeness é um sistema abrangente para o crescimento espiritual e a cura emocional. Ele nos guia por um processo de descoberta e transformação interior que nos permite ir além de resolver problemas, evoluindo como seres humanos.

Com esses processos, o Método Wholeness gentilmente nos guia pelo inconsciente, iluminando áreas que, de outra forma, poderiam permanecer ocultas. E tudo acontece de maneira que a transformação pareça gentil e orgânica.

Às vezes (e para algumas pessoas), essas mudanças podem ser dramáticas e profundas no momento em que ocorrem. No entanto, para muitos de nós, elas podem se manifestar como um desdobramento muito gradual. Foi assim para mim. Ainda assim, as mudanças são reais e duradouras. Cada fragmento de "separação" que você encontra dentro de si e convida para a totalidade significa uma mudança no nível do ser.

uma sequência orgânica de transformação

A sequência na qual compartilhei esses métodos do Método Wholeness com você não é aleatória. Ela foi cuidadosamente projetada para corresponder à forma como nossa psique está organizada — de modo que a transformação possa ser gentil, suave e fácil. Ao explorar dentro de mim mesma e ensinando a muitas outras pessoas, emergiu uma sequência natural de como podemos convidar uma transformação profunda — e até radical — de forma gentil e cuidadosa.

No nível físico, há uma sequência natural para um bebê crescer e se desenvolver até se tornar um adulto completo. O bebê passa por engatinhar, depois caminhar, e então correr, pular e mais. Não funciona tentar correr antes de aprender a andar. Da mesma forma, há uma sequência natural para o nosso crescimento e desenvolvimento interior. Se seguimos essa sequência, tudo tende a fluir com facilidade.

Os livros e treinamentos do Método Wholeness seguem essa sequência natural. Este livro fornece uma sequência confiável que já funcionou bem para muitas pessoas e muito provavelmente funcionará para você.

Quero enfatizar que essa sequência não surgiu de uma análise mental ou de algo que minha mente tenha elaborado. Ela emergiu da minha experiência. Eu senti um desejo profundo de transformação em mim mesma. Então, comecei a fazer o trabalho interior e, à medida que avançava, percebia do que meu sistema ainda precisava. Notei o que surgia em seguida e ansiava por inclusão. E isso deu origem a outro formato do Método Wholeness. Minha experiência com milhares de clientes e participantes de workshops confirmou que a sequência que emergiu organicamente era a melhor para a maioria das pessoas.

No entanto, refletindo sobre isso posteriormente, a "lógica" inerente da sequência ficou clara para mim. E vou explicá-la aqui para você.

1: Dissolvendo os Eus' — Dissolvendo Distorções, Crenças e Filtros na Realidade

Começamos dissolvendo os 'Eus'. Os 'Eus' são muitas estruturas individuais, como você experimentou nesses exercícios. Ainda assim, podemos chamar todos os 'Eus' juntos de o "Eu que percebe." Também podemos chamá-lo de a experiência do "eu limitado" ou "pequeno eu" que está presente em todos os momentos. Dissolver isso pode ser algo bastante profundo — e até levar a experiências que professores espirituais poderiam chamar de Despertar — no entanto, para a maioria das pessoas, é simples, fácil e gentil de fazer.

Quando fazemos isso, a experiência da Consciência muda de algo que eu *percebo* para algo que eu *sou*. Eu SOU a experiência da Consciência. Começamos a nos experimentar COMO Consciência.

Inicialmente, essa mudança (de perceber a Consciência para SER a Consciência) costuma ser mais forte quando estamos no meio de integrar um 'Eu' ou outra estrutura interna. À medida que continuamos a prática e mais 'Eus' são integrados, torna-se mais fácil relaxar nessa experiência de SER Consciência e, gradualmente, nós simplesmente SOMOS Consciência.

O Efeito: Experimentou a "Realidade como ela é" e Descobrindo nossa Verdadeira Natureza

Assim que começamos a dissolver os 'Eus', isso dissolve filtros que colocamos inconscientemente sobre a realidade e que não sabíamos que estava ali. No entanto, esses filtros distorcem a realidade. Assim, quando dissolvemos os 'Eus', nos tornamos mais capazes de experimentar a realidade como ela é. Isso aumenta nossa inteligência emocional e nossa capacidade de resolver problemas e sermos criativos de uma forma que se ajusta às circunstâncias do mundo externo. Também aumenta a "plenitude" de como somos capazes de experimentar a Consciência. Com cada 'Eu' que se dissolve na Consciência, nossa experiência da Consciência se torna um pouco mais rica e plena.

2: Integrando a Autoridade — Recuperando nossa Força Natural e Encontrando nosso "Eixo Interno"

Dissolver os 'Eus' enriquece nossa experiência da Consciência e isso nos prepara para o próximo passo: encontrar e integrar as Estruturas de Autoridade.

As Estruturas de Autoridade dentro de nós criam emoções desagradáveis (constrangimento, vergonha, culpa, etc.). Ter Estruturas de Autoridade não integradas dentro de nós também nos separa de parte da "energia" e vitalidade que na verdade nos pertencem.

As Estruturas de Autoridade internas são a maneira como mantemos registro de todos os "deveria ser" e "tenho que" que guiam nossas ações inconscientemente, bem como vemos os outros. Você já se pegou julgando outras pessoas ou a si mesmo quase reflexivamente? A maioria de nós já. E fazer isso cria rigidez e tensão interna. Isso literalmente resulta em tensão corporal e estresse, o que não é bom para nossa saúde e prejudica nosso bem-estar emocional.

Depois de integrar pelo menos alguns dos 'Eus' que existem dentro de você, você estará em uma boa posição para encontrar e integrar as Estruturas de Autoridade de uma forma gentil e cuidadosa. Você pode recuperar força, dissolver rigidez e se tornar ainda mais capaz de experimentar a "realidade como ela é", sem os filtros de suposições e pré-julgamentos.

O Efeito: Mais Enraizamento e Energia

Quando você convida a(s) Estrutura(s) de Autoridade para se integrar(em), é provável que sinta uma mudança visceral em seu corpo. Talvez você sinta mais enraizamento, mais solidez e, com certeza, um alívio da rigidez e da tensão. Isso confirma que algo útil aconteceu, independentemente de você reconhecer quais regras foram dissolvidas. Lembre-se de que essas Estruturas de Autoridade foram formadas quando éramos muito jovens. E, como seres jovens, provavelmente não tínhamos uma compreensão clara do que estávamos internalizando. Às vezes, é apenas uma sensação de que devemos nos esforçar muito para cumprir certas regras ou padrões.

3: Curando o Vazio — Restaurando o Amor e o Cuidado Naturais

Integrar Estruturas de Autoridade nos prepara para incluir e integrar estruturas relacionadas ao vazio: lugares dentro de nós que sentem uma sensação de falta e que (em linguagem comum) anseiam por nutrição, carinho, até mesmo amor. A experiência dessas estruturas varia de pessoa para pessoa e de estrutura para estrutura. No entanto, a maioria de nós precisa dissolver pelo menos algumas Estruturas de Autoridade antes de sermos capazes de absorver plenamente o amor, a nutrição e a plenitude que desejamos. Isso ocorre porque a maioria de nós internalizou julgamentos sobre si mesmo, que são alguma variação de "não sou bom o suficiente" ou "não mereço isso". Ou podemos ter internalizado regras sobre como devemos nos qualificar *antes* de termos permissão para experimentar esses sentimentos naturais e positivos. É por isso que é importante trabalhar a dissolução da Autoridade interna antes de tentarmos preencher o vazio interno.

Se você estiver fazendo o Formato do Que Está Faltando e encontrar uma dificuldade, pode verificar se há uma Autoridade relacionada que ainda não foi integrada e incluí-la primeiro.

O Efeito: Uma Mudança Significativa em Nosso Ser

O Formato da Autoridade nos desloca da moralidade baseada em regras para um relacionamento baseado na totalidade. O Formato do Que Está Faltando nos dá uma mudança igualmente significativa em nossa consciência. Em vez de buscar completude no exterior, temos uma consciência da plenitude que já está presente dentro de nós. Isso é uma experiência de uma essência viva que *somos* nós, que já é completa e não precisa de nada.

Isso nos leva a um relacionamento completamente diferente com os outros e com o mundo. Quando experimentamos que já somos completos e não "precisamos" de algo para nos sentirmos realizados nesse nível básico, nos sentimos muito melhor e temos mais capacidade de contribuir para nossos relacionamentos, nossa comunidade e nosso mundo.

Nossas ações passam a ser uma expressão dessa bela Totalidade que somos e podemos contribuir com base no que realmente adiciona algo, em vez de nos basearmos nas nossas experiências internas de necessidade.

uma nova teoria de personalidade

Implícita nessa sequência está uma nova compreensão da estrutura da personalidade. Porque o que estamos sistematicamente descobrindo são as estruturas universais do inconsciente que sustentam nossas limitações. O Método Wholeness mapeia essas estruturas universais de maneira clara e precisa, pela primeira vez.

Através do Método Wholeness, podemos entender a estrutura da personalidade em um nível mais profundo e de forma mais precisa. Vemos que cada um de nós tem dentro de si múltiplas experiências de "eu limitado". Essas experiências são, literalmente, estruturas que podemos encontrar dentro de nós. E essas estruturas geralmente estão organizadas em camadas ou cadeias.

A seguir, podemos notar que cada um de nós tem Estruturas de Autoridade internas. Novamente, essas são estruturas que podemos localizar dentro de nós e que também estão organizadas em camadas ou Cadeias de Autoridade.

Depois, podemos notar as Estruturas de Vazio dentro de nós — estruturas relacionadas ao cuidado e à nutrição que podemos ter perdido na infância e que podem se abrir para uma experiência de nossa plenitude natural. Novamente, essas são estruturas que podemos encontrar dentro de nós, organizadas em camadas ou cadeias.

Ser capaz de encontrar essas estruturas torna a teoria da personalidade do Método Wholeness única. Não se trata apenas de ter um conceito mental sobre o que está dentro de nós. Temos um conjunto cuidadosamente elaborado de perguntas para realmente encontrar essas estruturas. E então temos um procedimento para cura e transformação — para uma integração profunda.

Depois de desenvolver e praticar o Método Wholeness por algum tempo, percebi que as estruturas que eu encontrava dentro de mim são as mesmas estruturas de personalidade que foram descritas ou pelo menos sugeridas pelos "grandes" da psicologia, além dos "grandes" das tradições espirituais. Por exemplo, as Estruturas de Autoridade correspondem ao que Freud descreveu como "superego" e ao que a Análise Transacional chama de "pai".

Além disso, essa nova teoria da personalidade inclui estruturas adicionais que não estão incluídas neste livro, mas que você poderá conhecer e compreender em livros futuros. Ou você pode aprendê-las agora nos treinamentos.[1]

Com o Método Wholeness, o que antes era apenas insinuado agora é mapeado explicitamente.

A contribuição do Método Wholeness é que...

Temos uma maneira de realmente encontrar essas estruturas dentro de nós. Para poder mudar algo, o primeiro passo é, obviamente, encontrá-lo.

Uma vez que sabemos como localizar essas estruturas, é mais fácil descobrir mais sobre elas. Podemos reconhecer que elas estão organizadas em cadeias ou hierarquias. Esse reconhecimento é essencial para uma cura e integração suave, fácil, gentil e *completa*.

Esta é a primeira vez que todas essas estruturas foram mapeadas de forma clara como um sistema, incluindo onde estão localizadas, sua relação entre si e um método simples para transformá-las — ou reintegrá-las.

Você pode se perguntar o que acontece com a estrutura da nossa personalidade quando os Eus', as Autoridades e o O Que Falta se tornam integrados. O que resta quando fazemos o Método Wholeness e essas estruturas universais do inconsciente se integram? Tornamo-nos, cada vez mais, um Todo indiviso. O processo é semelhante ao que acontece quando comemos e digerimos alimentos. Antes de serem processados pela digestão, os alimentos estão separados de nós. Uma vez digeridos, o que antes era identificável como "alimento"

---

[1] Você também pode aprender sobre essas estruturas adicionais nos Treinamentos Wholeness, Níveis II e além.

agora está distribuído por todo o nosso corpo, nutrindo-nos por completo. Da mesma forma, quando nossas contrações internas de consciência são processadas, digeridas e integradas, isso nutre nosso sistema e nos tornamos um Todo indiviso.

No Método Wholeness – Nível II, falaremos mais sobre isso e sobre como o Todo é ao mesmo tempo o mesmo e diferente do Todo que experimentamos como consciência de bebê.

O Método Wholeness é um sistema abrangente, não apenas um único método. No momento (2024), o material do Método Wholeness está organizado em treinamentos dos Níveis I a IV, que ensinam mais de 20 métodos. Depois disso, um grupo contínuo de consultoria do Método Wholeness oferece suporte para a autoaprendizagem e para o acompanhamento de outras pessoas.

Embora já exista um sistema abrangente com muitos recursos disponíveis para apoiar sua jornada, o Método Wholeness *continua a evoluir*. Meu diário pessoal já inclui material adicional — mais formatos e compreensões — que serão incorporados aos futuros níveis de treinamento do Método Wholeness.

Convido você a participar da maneira que for melhor para você. No próximo e último capítulo, descreverei as mudanças que ocorrem *ao longo do tempo* ao utilizar o Método Wholeness e as formas como você pode escolher continuar *suas* explorações e transformações.

CAPÍTULO 10

A JORNADA CONSCIENTE PARA A PLENITUDE

Tornando-se Presente como Consciência em Todo o Corpo e Espaço ao Redor

Quando as pessoas usam o Método Wholeness como uma prática diária, elas começam a experimentar mudanças positivas em muitas, muitas áreas da vida. Ele realmente resolve problemas. Você talvez já tenha experimentado algumas mudanças positivas em seus relacionamentos, no sono, etc. É fácil falar sobre problemas específicos que são resolvidos. O que é mais interessante, mas mais difícil de descrever, são as mudanças no nosso Ser. Podemos experimentar isso como uma transformação em um nível energético.

Essa é a mudança mais importante que ocorre por meio do Método Wholeness. Tornamo-nos, cada vez mais presentes como *Consciência* através do corpo e por todo espaço *ao nosso redor*.

O que quero dizer com isso? Bem, no início, a maioria de nós experimenta a Consciência através do corpo e ao redor. Mas é como se houvesse um 'Eu' que percebe esse espaço. À medida que dissolvemos mais e mais 'Eus', começamos a SER o espaço que está através do corpo e ao redor. Não há um 'Eu' separado que o observa.

Estou mencionando isso para que você possa reconhecer quando sua experiência começar a mudar nessa direção. No entanto, é importante não apressar esse processo. Não há nada a ganhar ao nos forçarmos, tentando *ser* o espaço através do corpo e ao redor. Isso só exige mais esforço. Se percebermos que estamos nos esforçando, podemos obter um valor real ao encontrar "Aquele que" está tentando ser o espaço ao redor e convidá-lo a se integrar.

Percebi isso acontecendo gradualmente comigo. Quando comecei esse trabalho, eu estava bastante dissociada. Eu não estava realmente "no meu corpo". Se você tem experiência com PNL, saberá do que estou falando. Isso significa apenas que eu frequentemente vivenciava as coisas como se fosse uma observadora da minha própria vida. Muitas pessoas experimentam a vida dessa maneira, quer percebam ou não.

Além disso, quando comecei a relaxar na experiência da Consciência que estava presente através do meu corpo e ao redor, no início, a Consciência não parecia "penetrar" todo o meu corpo físico. Minha experiência da minha coluna central era escura e eu não conseguia experimentá-la como Consciência. E minha cabeça literalmente parecia separada do meu corpo.

Quanto mais eu praticava, mais profundamente dentro e através do espaço do meu corpo físico, eu, como Consciência, conseguia penetrar. A experiência da minha coluna central se tornou mais rica e plena, uma coisa unificada.

Isso é, na verdade, a grande manchete sobre o Método Wholeness. Muitas vezes, as pessoas chegam ao Método Wholeness porque estão buscando uma forma de resolver seus problemas pessoais — questões emocionais e de relacionamento, comportamentos, etc. E isso é ótimo. Isso é usar a vida como nossa professora. Quando usamos o Método Wholeness, obtemos mais da resolução do problema do que poderíamos imaginar. Isso acontece porque, por meio do Método Wholeness, o problema se torna um caminho "para os braços do amado" (para usar as palavras de Rumi). Estamos resolvendo problemas ao mudar quem somos no nível do ser. O fato de que muitos problemas são resolvidos é apenas um efeito colateral.

o impacto da
prática ao longo do tempo

Se você fizer esse trabalho diariamente, ou com alguma regularidade, sua prática inevitavelmente mudará. Isso ocorre porque *você* estará mudando. Embora cada um de nós seja único, aqui estão algumas das formas como esse trabalho frequentemente evolui à medida que usamos o processo ao longo do tempo.

Fase Inicial	Fase Intermediária	Fase Avançada
Palavras	Sem palavras	*Este espaço está intencionalmente em branco porque sua prática continuará mudando; e eu acho que funciona melhor se as pessoas não tiverem expectativas específicas sobre como as coisas vão mudar.*
'Eus'	Reações, papéis, identidades, personas, autoridade, etc.	
Seguir um processo/formato	Seguir nossa experiência	
Fazemos o processo	O processo nos faz	
Começamos dissolvendo algo	Passamos mais tempo apenas descansando como Consciência	
Estamos consertando algo.	Tudo está bem como está. Todas as reações e sentimentos já estão OK.	
Fazemos em um momento separado	Fazemos enquanto vivemos a vida	
Muitas camadas de 'Eu'	Integração direta do que quer que surja (perspectiva, "Aquele que reage", etc.)	
Integração no campo da Consciência (fora do corpo)	A integração é sentida através do corpo	

Aqui está uma explicação mais detalhada do que quero dizer com cada categoria...

Palavras → Sem palavras

Certifique-se de usar os roteiros no início. Você pode confiar nos roteiros para ajudá-lo a obter os melhores resultados. Depois de fazer isso muitas vezes, a experiência do Método Wholeness pode começar a parecer familiar. É quase como se seu sistema antecipasse a próxima pergunta e começasse a responder antes de ser feita. Quando isso acontecer, você pode simplesmente seguir com isso e deixar o processo se desenrolar sem palavras.

Mais uma vez, POR FAVOR, use os roteiros no início. Eles orientam você de uma maneira específica e se você abandonar as palavras cedo demais, pode, sem perceber, passar a fazer algo que não é o Método Wholeness e que não proporcionará os mesmos benefícios profundos e confiáveis.

Se você mudar para uma prática sem palavras, sugiro que ocasionalmente volte aos roteiros e perceba se isso acrescenta algo à sua experiência.

"Eus'" → Reações, autoridades, etc.

É útil começar encontrando os 'Eus' e as Cadeias de 'Eus'. Podemos fazer isso por bastante tempo e obter muitos benefícios. Depois, é provável que comecemos a notar e processar mais das outras contrações que encontramos dentro de nós. Você vai perceber reações, Estruturas de Autoridade, etc. (Para algumas pessoas, as reações começam a surgir desde o início e, nesse caso, é claro que é por aí que você começará seu trabalho.)

Seguir o Processo/Formato → Seguir sua Experiência

Os formatos deste livro foram feitos para fornecer uma maneira fácil de começar a processar, integrar, curar e evoluir. Eu ainda volto a eles com frequência. Ainda recorro a eles com frequência. Você pode achar útil passar sistematicamente por cada um dos formatos, na ordem. Talvez queira dedicar uma semana ao Processo Básico no Capítulo 3. Depois, uma semana ao Formato de Meditação no

Capítulo 4 e fazer o mesmo com os Formatos de Autoridade e do Que Está Faltando. Após isso, pode descobrir que fica mais fácil simplesmente notar o que seu sistema quer fazer e seguir esse fluxo.

Fazemos o processo → O processo nos faz
Ao aprender o Método Wholeness, a maioria das pessoas sente que "estou fazendo este processo". Com o tempo, à medida que os formatos se tornam mais familiares e naturais, pode começar a parecer que o processo acontece sem esforço. Ninguém está fazendo nada — é mais como se o processo estivesse "fazendo você".

Começar com algo para dissolver → Descansar como Consciência
No início, a maioria das pessoas está consciente de vários sentimentos, reações e experiências específicas que eles querem transformar e curar. Isso é positivo. Com o tempo, à medida que muitos 'Eus', Autoridades etc. são integrados, você pode perceber que, ao relaxar e voltar-se para dentro, nada surge imediatamente para ser trabalhado. Simplesmente descansar como Consciência torna-se natural e sem esforço. É útil reconhecer que a própria Consciência está aberta a qualquer experiência que possa surgir dentro dela. A Consciência em si não tem preferência entre simplesmente descansar ou processar algo.

Corrigir algo → Tudo está bem como está
Quando emoções difíceis surgem, a maioria das pessoas automaticamente pensa: "Isso é algo que preciso corrigir." À medida que realizamos esse trabalho interno, nossa experiência se transforma, então começamos a acolher qualquer emoção que surja, em vez de julgá-la. Passamos a sentir que "tudo está bem como está", mesmo antes de termos processado as emoções que aparecem.

Fazer em um Momento Separado → Fazer Enquanto Vivemos a Vida
É útil escolher um momento específico para sua prática do Método Wholeness. Com o tempo, você pode se pegar praticando enquanto vive sua vida. Às vezes, quando saio para caminhar, percebo uma

sensação ou uma resposta ao estresse, e é fácil fazer um processo simples do Método Wholeness ali mesmo, enquanto caminho. Quando estou limpando, lavando a louça, etc., se me dou conta de algo, posso me ver processando isso espontaneamente.

Muitas camadas de 'Eu' ➔ Integração direta do que surge
Com a prática ao longo do tempo, você pode perceber que há cada vez menos camadas de 'Eu' dentro de si. Isso acontece porque muitos 'Eus' já foram integrados.

Integração no Campo da Consciência ➔ Integração através do Corpo
Se a maioria dos seus 'Eus' estiver localizada fora do corpo, quando o 'Eu' se dissolve na Consciência, você pode não sentir a mudança com tanta intensidade — porque mais da transformação está acontecendo fora do seu corpo físico. Se os 'Eus' estiverem dentro do seu corpo físico, você provavelmente experimentará a integração de forma mais tangível através do corpo. De qualquer forma, a integração está fazendo uma mudança equivalente no seu sistema mente-corpo. É apenas uma questão de quão intensamente você sente isso.

À medida que mais 'Eus' são integrados, você pode perceber que começa a experimentar a integração de forma mais intensa em todo o corpo.

Os Resultados
Ao praticar o Método Wholeness ao longo do tempo, os resultados que mais importam são aqueles em que...

- ❀ Tornamo-nos cada vez mais associados COMO *Consciência*.
- ❀ Estamos mais em contato com a realidade como ela é. Estamos mais conectados a como as coisas são, em vez de como acreditamos que deveriam ser, gostaríamos que fossem ou tememos que possam ser.
- ❀ Os "deveria", "devo" e "tenho que" desaparecem.
- ❀ As crenças negativas e as crenças em geral desaparecem.

🪷 Estamos mais presentes na vida como ela é, de maneira mais fluida. Muitos aspectos da nossa vida melhoram espontaneamente.

🪷 O drama desaparece.

🪷 Temos um acesso mais fácil e maior a soluções criativas.

Mais Sobre as Mudanças para Mim

No início deste livro, descrevi a crise de vida que me levou a descobrir o Método Wholeness — incluindo os sintomas físicos debilitantes que eu vinha enfrentando. Ao longo do livro, compartilhei exemplos de como utilizei o Método Wholeness e de como ele me ajudou. Agora, gostaria de fechar o ciclo e contar um pouco mais sobre a parte física...

Para mim, encontrar o Método Wholeness foi uma dádiva. Ele me ajudou de tantas formas. Mas não quero passar a impressão de que usá-lo fez com que tudo se tornasse "perfeito."

O que é mais verdadeiro é que não estou mais buscando a "perfeição". Sinto mais contentamento com a vida como ela é... mais disposição para aceitar com amor seja lá como as coisas se desdobrem. Acho que essa é uma parte importante do aprendizado, da sabedoria, à qual temos acesso crescente por meio do Método Wholeness. Percebemos que não se trata de ter uma vida perfeita. Trata-se de reconhecer que nenhuma circunstância externa pode prejudicar o "eu" essencial que está dentro. Isso é algo que começamos a saber visceralmente, do âmago dos nossos ossos para fora.

E percebo que não tenho mais medo de morrer. Há uma história sobre o líder espiritual e guru americano Ram Dass que ressoa em mim. Ram Dass descreve uma conversa com um professor espiritual chamado Emanuel, por meio de um canal. Ram Dass perguntou: "O que devo dizer às pessoas sobre a morte?" Emanuel respondeu: "Diga a elas que é absolutamente seguro!" "É como tirar um sapato apertado."[1] [2]

É a mesma mensagem transmitida por muitos mestres espirituais vivos e que passei a experimentar subjetivamente como verdadeira.

[1] A história aparece aqui: www.youtube.com/watch?v=dhRZKmPCO6U
[2] Um vídeo de Ram Dass falando sobre isso: www.youtube.com/watch?v=OArVDb1B9fE

Simplificando — existe uma essência do nosso ser que é eterna. E essa essência não pode ser prejudicada por circunstâncias.

Já contei sobre muitos dos benefícios que experimentei em termos de cura psicológica e emocional. Mais leveza nos meus relacionamentos, etc. Esses benefícios continuam a se acumular. No nível físico, também experimentei benefícios (como mencionei na Introdução). Ainda tenho alguns sintomas incomuns. E não faço ideia se são puramente energéticos ou se são mais físicos. Isso importa menos para mim, porque já não temo a morte como antes. (Não me surpreenderia se, ao fazer essa transição, surgisse uma camada adicional de medo, mas também não temo isso. Tenho a sensação de me inclinar para encontrá-lo, se e quando vier, pois é algo que também pode ser amado.)

Para continuar com os benefícios físicos, já compartilhei como ganhei resistência significativa depois de usar o Processo de Autoridade. Muito depois, caí — quebrando vários pequenos ossos do pé — e o Método Wholeness me ajudou a processar a dor e chegar a um estado de conforto. Usei a Meditação Wholeness ao fazer procedimentos dentários importantes e isso tornou a experiência muito mais fácil.

Isso também me ajudou com outros ganhos físicos enquanto me recuperava da experiência desafiadora que me levou ao Método Wholeness. Isso inclui o fato de que agora consigo tolerar muito melhor o ruído e a estimulação tanto visual quanto auditiva. Ainda gosto de ambientes calmos e tranquilos, mas estou mais confortável com estímulos sensoriais. No meu pior momento, eu não conseguia entrar em lojas sem sentir que a enxurrada de estímulos sensoriais estivesse me agredindo. Agora faço isso com facilidade e posso desfrutar do mesmo ambiente que antes era intolerável. Antes, eu não conseguia estar no mesmo cômodo se houvesse uma TV ligada ou até mesmo se houvesse música tocando. Era demais. Agora gosto de música novamente e também posso apreciar assistir TV ou filmes. Antes, minha digestão era extremamente sensível: eu precisava evitar muitos alimentos e alternar cuidadosamente os que conseguia tolerar ou sentiria dor. Agora me alimento de forma saudável, mas *posso* comer quase tudo e raramente preciso alternar os alimentos. Tantas coisas melhoraram. Para mim, está claro que o Método Wholeness foi uma grande parte dessa melhora. Consigo passar imediatamente de um estado de superestimulação para uma sensação de profunda paz e relaxamento quando me abro para processar tudo o que está surgindo dentro de mim — including minhas reações e medos.

Cada vez mais, passei a confiar na forma como a vida se desenrola para mim. Ter essa maneira de acolher gentilmente tudo o que surge na minha experiência me permite vivenciar o que quer que aconteça — tanto dentro do meu corpo físico quanto no mundo exterior — a partir de um lugar de presença. Poderíamos chamar isso de amor.

Considero-me uma pessoa "em processo". Sei que não sou um ser totalmente desperto. Seja lá o que isso signifique, sei que não sou isso. Minha contribuição é menos sobre estar plenamente desperta e mais sobre oferecer mapas precisos que todos nós podemos usar para despertar de maneira confiável. Todos podemos nos tornar mais *disso*, se escolhermos.

Fico me perguntando o que acontecerá com você — se você escolher isso.

Então, o que vem a seguir?

Talvez você esteja se perguntando qual é a melhor maneira de continuar sua exploração do Método Wholeness. Bem, isso depende de você... e de como *você* gosta de aprender. Imagino que, depois de ler este livro, uma ou mais das possibilidades abaixo possam fazer sentido para você:

1. Você tem uma questão desafiadora em sua vida que gostaria de transformar.
2. Você quer praticar diariamente os métodos do Método Wholeness apresentados neste livro e experimentar benefícios adicionais.
3. Você está pronto para aprender *mais* práticas do Método Wholeness — o próximo nível do Método Wholeness.
4. Talvez você queira se tornar um *Coach* do Método Wholeness.

Gostaria de abordar essas possibilidades uma a uma.

292 *Método Wholeness Guia Essencial*

situação 1:
você busca transformar um problema desafiador de vida

Muitas pessoas vêm até mim dizendo: "Tenho esse grande problema na minha vida e nada mais funcionou com ele. O Método Wholeness pode me ajudar?"

E a resposta é: "Provavelmente sim." Mas não é o "sim" que elas imaginam. Porque, muitas vezes, elas esperam uma única sessão transformadora — como se fosse a bala de prata.

E, na maioria das vezes, o Método Wholeness não funciona dessa maneira.

Ok, *às vezes*, as pessoas fazem uma única sessão do Método Wholeness, e já na primeira vez que aplicam o Processo Básico ao seu problema — mesmo aquele grande problema — ele simplesmente se dissolve. E isso parece um milagre. E *é* um milagre.

Más notícias/Boas notícias: O Mito da Sessão Transformadora
No entanto, com mais frequência quando se trata dos "maiores problemas da vida", esses problemas acabam se tornando essencialmente um *professor da vida* para nós. Eles *exigem* que passemos por todo o processo de transformação de quem somos no nível do "Ser", um nível mais profundo. Esses problemas "professores da vida" geralmente não se resolvem em uma única sessão "revolucionária".

É importante lembrar que, com o Método Wholeness, estamos trabalhando em um nível mais profundo. Muitas vezes, quando as pessoas têm sessões transformadoras (usando outros métodos), a mudança acontece por meio de uma certa dose de coerção. *E, sempre que uma mudança acontece através da coerção — mesmo que seja uma coerção sutil — essa mudança tende a se desfazer em algum momento.* É provável que haja uma recaída no futuro e a questão precisará de atenção novamente. Isso é algo realmente importante de se saber... e que a maioria das pessoas *não* sabe. Porque essa verdade sobre a mudança se aplica a muitas situações — da criação dos filhos à política — compreender isso é fundamental, pois qualquer coisa que seja alcançada pela força não está realmente resolvida por completo.

Simplificando, em algum momento, tudo isso vai se desfazer. E o mesmo acontece com uma sessão "revolucionária", se ela envolver qualquer tipo de força sutil vinda do método que o *coach* ou terapeuta estiverem usando. Porque, se a mudança for feita à força, *algo permanecerá separado — não totalmente integrado — dentro da pessoa.*

Com o Método Wholeness, não há como fazer as coisas pela força, simplesmente não funciona assim; tudo acontece completamente sem esforço algum — nem mesmo aquela forma sutil de forço que poderíamos chamar de "esforço". É por isso que este é um jeito totalmente diferente de trabalhar do que o que usualmente acontece.

E é por isso que as más notícias são, na verdade, boas notícias.

Quando as pessoas ouvem pela primeira vez: "Ah, então eu não posso ter uma única sessão e mudar tudo magicamente?", elas acham que isso é uma má notícia. Mas também é uma boa notícia, porque você ganha *mais* do que apenas resolver um único problema. Embora obter alívio para um problema seja maravilhoso, o Método Wholeness nos conduz por uma série de perguntas *e* transformações que nos mudam no nível do *ser*. Ele muda nossa consciência e a forma como existimos no mundo.

E o resultado disso é que muitos problemas, grandes e pequenos, começam a se dissolver. Mas você não pode prever a ordem em que isso acontecerá. E raramente o maior problema da sua vida será um dos primeiros a desaparecer. Mas a boa notícia é que tantas outras mudanças positivas começam a acontecer na sua vida.

Por exemplo, já mencionei como, depois de praticar o Método Wholeness ao longo do tempo, eu deixei de me sentir presa às reações das outras pessoas, de me preocupar com o que poderiam pensar de mim ou de tentar ser a pessoa que eu achava que os outros queriam que eu fosse. Passei a conseguir estar muito mais presente para quem as outras pessoas realmente são e para quaisquer reações emocionais que possam ter, sem levar isso para o lado pessoal.

Eu poderia continuar falando indefinidamente sobre as mudanças que experimentei com o Método Wholeness. Mas, dito isso, descobri que o nosso "maior professor da vida" tende a permanecer presente em nossa vida, pelo menos por um tempo. De certa forma, isso acontece porque ele não é apenas uma coisa. Não é realmente um

294 Método Wholeness Guia Essencial

único problema — ele envolve várias camadas, múltiplos aspectos. E, quando os abordamos um de cada vez, de maneira gentil, para transformá-los, as coisas começam a se tornar mais positivas para nós. Mas o nosso maior problema pode continuar existindo — pelo menos em parte. E, de certo modo, isso é uma boa notícia, porque nos mantém no caminho, nos impulsiona. Dá-nos um foco para continuar expandindo nossa consciência — para continuarmos evoluindo como seres humanos.

Sei que isso pode ser difícil de assimilar profundamente, no nível mais visceral, e entendo a reação de: "Sim, eu entendo, tudo isso parece ótimo. Mas ainda estou muito frustrado porque o meu grande problema não desapareceu em uma única sessão." E é aqui que pode ser realmente útil buscar um *coach* individual ou participar de um treinamento, para se envolver com uma comunidade de pessoas que praticam o Método Wholeness. Com esses "grandes problemas da vida", pode ser muito útil ter colegas de prática e/ou um *coach* que ofereça apoio e sustente um espaço para você. Assim, você não precisa se forçar a se manter otimista — você pode estar exatamente onde está, e alguém pode ajudar a sustentar esse espaço para você e a ajudá-lo a avançar. Dessa forma, você pode continuar usando seu problema como uma ferramenta para evoluir como ser humano.

Quando começar pela Core Transformation

O Método Wholeness pode ajudar você e outras pessoas com muitos desafios — e, ainda assim, há momentos em que acho melhor *começar* com um método complementar chamado *Core Transformation* (CT). A *Core Transformation* está alinhado com o Método Wholeness; ele nos ajuda a mudar em um nível igualmente profundo, mas a abordagem é completamente diferente. Algumas pessoas e alguns problemas são mais bem atendidos começando pelo *Core Transformation*.

Indicações de que pode ser melhor começar com a Core Transformation (CT):

- A pessoa tem uma forte resposta traumática. (Veja a seção a seguir.)

- Se você tem dificuldade em mudar de significado e interpretações para qualidade sensorial, pode achar a CT mais fácil e natural.
- Se você teve dificuldade em se conectar com o Método Wholeness, muitas vezes é bom mudar para a CT e começar por aí. A CT utiliza significado e interpretação para chegar a um *Core State* (Estado Nuclear), que é semelhante ao campo da Consciência.

Como a CT ensina que sempre há um propósito positivo, vivenciar isso de maneira visceral (por meio da CT) pode tornar mais fácil para você se sentir mais confortável e confiar nos processos do Método Wholeness. Depois de trabalhar com a CT, você sabe que cada aspecto que encontramos dentro de nós tem um propósito benéfico e que não precisamos nos livrar de nada.

Transformando traumas

Se você está trabalhando na cura de um trauma, recomendo encontrar um *coach* experiente e capacitado para guiá-lo nesse processo.

O Método Wholeness é muito útil para a cura completa de traumas, mas geralmente não é o melhor ponto de partida. Aqui está a sequência que recomendo para uma cura gentil e completa.

Se a pessoa está lidando com um trauma intenso e apenas começando seu processo de cura, a *Core Transformation* oferece uma maneira segura, gentil e cuidadosa de processar e curar a forte resposta emocional. Existem outros métodos que também são eficazes para processar a resposta ao trauma. Normalmente, utilizo a *Core Transformation* porque ela atua em um nível profundo e proporciona uma cura mais completa do que apenas modificar a resposta ao trauma. Você também pode começar com um método como o protocolo RMT[3] ou Método de Integração de Movimentos Oculares e, depois, mudar para a *Core Transformation*.

Por "forte resposta traumática", quero dizer o seguinte: se você é facilmente desencadeado a ponto de se sentir inundado por uma

---

[3] Gray, R., & Bourke, F. (2022). O protocolo de reconsolidação de memórias traumáticas (RMT) para TEPT: Um tratamento que funciona. www.doi.org/10.36315/2022inpact068 *Psychological Applications and Trends 2022.*

resposta emocional intensa e tem dificuldade em "voltar" a um estado emocional neutro, isso indica uma forte resposta traumática. Esse é um sinal de que é melhor começar com a *Core Transformation*.

Depois de usar a *Core Transformation* para transformar a forte resposta ao trauma e outras emoções intensas, o Método Wholeness pode ser um próximo passo benéfico. Inevitavelmente, ele aprofunda a cura, ajudando a tratar aspectos da experiência que a pessoa poderia nem sequer ter estado consciente.

Muitas pessoas que já consideravam seu trauma "curado" relatam que, ao processar a mesma experiência usando o Método Wholeness, obtiveram benefícios significativamente maiores. Aqui está um exemplo recente de uma participante de um workshop:

> *"Ontem trabalhei minha experiência de aborto espontâneo (um incidente que aconteceu há 15 anos). Já havia trabalhado isso antes com várias técnicas de PNL e o Método Wholeness limpou tudo o que ainda restava na minha consciência, exatamente como você disse. Senti que foi curado em um nível mais profundo com uma sensação final de fechamento e satisfação."*

situação 2:
você quer integrar o Método Wholeness no dia a dia

Como discutimos, obter os benefícios do Método Wholeness depende de realmente *utilizar* os métodos. Aqui estão práticas comprovadas que podem facilitar isso.

Dica #1: Desenvolva uma prática diária.
Você obterá o maior benefício se utilizar esses processos como uma prática *diária*.

Se quiser descobrir quais benefícios este trabalho pode trazer para você, pode se perguntar: em que momento do dia um pouco de Método Wholeness pareceria um bem-vindo nutriente ou um cuidado consigo mesmo? Você pode escolher um horário em que já goste de relaxar. Seu tempo habitual de relaxamento pode se tornar ainda mais agradável e produtivo ao adicionar a prática do Método Wholeness. Pode ser apenas 5 ou 10 minutos, ou talvez meia hora, ou até mais. O que quer que seja confortável para você.

Algumas pessoas gostam de praticar o Método Wholeness ao acordar de manhã — antes de sair da cama. Muitas pessoas o praticam ao dormir à noite. Novamente, faça o que for adequado para você. Não há problema se perder um dia ou até muitos dias. Você pode simplesmente recomeçar sempre que se lembrar.

Então experimente. Aproveite a demonstração gratuita online[4] e veja se consegue praticar confortavelmente por conta própria apenas com o livro e as demonstrações.

Incentivo você a experimentar os exercícios deste livro *seguindo a sequência em que foram apresentados*. Talvez se lembre de que estruturei a sequência do Método Wholeness de forma orgânica — com base no que eu precisava seguir, e então testei com o que meus clientes precisavam seguir. Porém, ao refletir sobre isso, percebi que havia uma lógica na sequência. Há razões para que fazer as coisas nessa ordem funcione melhor para a maioria das pessoas. Portanto, mesmo que você tenha uma questão que indique o Processo do Que Está Faltando, não deve começar por *esse* formato.

E, como recomendei anteriormente, por favor, use os roteiros exatamente como estão escritos, pois fazer ajustes na linguagem pode impactar sua capacidade de obter o máximo do processo.

Dica #2: Mantenha um diário de desenvolvimento.

Isso é opcional, é claro. Se você gosta de escrever em diário, pode achar útil manter breves anotações sobre o que trabalhou, o que descobriu e questões futuras que gostaria de explorar. Esse registro conciso de sua jornada de transformação permite que veja a amplitude do que já fez. Você pode descobrir que perceber suas mudanças (grandes e pequenas) inspira você a *continuar* sua prática diária.

---

[4] Você encontrará uma experiência guiada em grupo, além de uma breve demonstração em nosso treinamento gratuito em vídeo de 70 minutos sobre o Método Wholeness. Acesse www.AndreasNLP.com, clique na aba "Resources" e selecione "Wholeness Work Video Training".

Dica #3: Trabalhe com um parceiro de prática comprometido.

Pode ser mais fácil criar novos hábitos saudáveis ao se associar a alguém que compartilhe o interesse pelo autodesenvolvimento. Encontre um parceiro que tenha lido (ou esteja disposto a ler) este livro ou que tenha participado de um treinamento de Nível I do Método Wholeness.

Esclareça suas expectativas de trabalharem juntos discutindo o que cada um gostaria de obter desse tempo compartilhado e o tipo de apoio que gostariam de receber.

Estabeleçam um plano de quando e como se conectar para discutir o que fizeram, os resultados e quaisquer obstáculos que possam ter encontrado em suas explorações.

Por favor, note que este livro tem o propósito de oferecer a VOCÊ um guia preciso e sistemático para autoexploração. Este livro NÃO fornece a você ou ao seu parceiro o treinamento necessário para *guiar* outras pessoas de maneira competente.

Dica #4: Participe de um treinamento ou obtenha o apoio de um Coach de Método Wholeness.

Se às vezes você achar desafiador praticar sozinho essas técnicas transformadoras, não precisa se desanimar. A maioria das pessoas considera MUITO mais fácil vivenciar esses métodos em um treinamento ou ao ser guiado por um *coach* com treinamento aprofundado no Método Wholeness. Sinais comuns de que você pode precisar de mais suporte incluem:

- Quando você se senta para praticar, sente tédio ou se distrai;
- Você fica travado — encontra obstáculos e não sabe como lidar com eles;
- Apesar das melhores intenções, acaba não realizando a prática diária.

Definitivamente, há momentos em que esses exercícios ou a sequência precisam ser ajustados para se adequarem à pessoa. Muitas vezes, tudo o que é necessário é uma adaptação simples. Por exemplo, o guia pode ajudá-lo a perceber e incluir uma reação. Ou talvez haja uma Autoridade que precisa ser incluída antes que qualquer outra coisa realmente aconteça.

O Método Wholeness trata justamente de se adaptar a cada pessoa — a *você* — no momento presente. Quanto mais você aprender sobre ele, mais fácil isso se tornará.

situação 3:
você deseja aprender mais

Neste livro, você já tem todos os formatos poderosos do Nível I para transformar sua vida. Apenas aprender e usar esses processos pode trazer progresso — até mesmo um progresso surpreendente — na sua transformação e crescimento pessoal.

No entanto, há *mais*. Neste momento (início de 2024), o sistema *completo* inclui treinamentos oferecidos até o Nível IV. Cada nível inclui etapas adicionais que podem apoiar seu crescimento. Assim como os Formatos da Autoridade e do O Que Está Faltando adicionam algo benéfico além do Processo Básico do Método Wholeness, os Níveis II a IV do Método Wholeness levarão você além do que aprendeu neste livro sobre o Nível I. Você descobrirá como identificar e transformar estruturas universais completamente diferentes e igualmente importantes da psique.

Para explorar suas opções de aprendizado sobre o Método Wholeness, visite estes sites para descobrir oportunidades de treinamento ao vivo, online ou presenciais:

AndreasNLP.com (para treinamentos de Connirae), clique em "Trainings" > "Wholeness Work".

TheWholenessWork.org (para treinamentos internacionais).

situação 4:
você quer se tornar um *coach* qualificado

Se este trabalho inspira você e deseja aprender a guiar outras pessoas, por favor acesse nossos sites para ver a sequência de treinamentos recomendada para se tornar um guia qualificado. Treinamento adicional específico é essencial para ser um *coach* eficaz. Nas sessões de treinamento, você terá a oportunidade de:

Observar a mim e/ou outros treinadores trabalhando com diferentes pessoas.

Trabalhar em dupla com diversos participantes e aprender com suas experiências.

Receber suporte da equipe de treinamento e dos *coaches* caso você e/ou seu parceiro encontrem desafios ao realizar os diferentes Formatos do Método Wholeness.

Receber feedback sobre suas habilidades de *coaching*.

Para explorar suas opções, visite:

AndreasNLP.com
TheWholenessWork.org
WholenessWork.eu

Então é isso — exceto pelos Recursos na próxima seção, que talvez você ache úteis. Obrigado por me acompanhar nesta jornada pelo sistema abrangente do Método Wholeness. Essa abordagem gentil e cuidadosa nos oferece:

uma visão mais clara do que está "dentro da caixa preta" de nossos pensamentos, sentimentos, etc.

uma forma de encontrar e transformar nossas experiências no nível do ser

portas diretas para o Despertar

A Jornada Consciente Para A Plenitude   301

Ao refletir sobre as mudanças maravilhosas que o Método Wholeness me ajudou a realizar, fico imaginando quais transformações você experimentará. Desejo-lhe leveza e paz em sua jornada.

RECURSOS

Esta seção inclui recursos adicionais caso você queira compreender melhor os seguintes aspectos do Método Wholeness:

Método Wholeness & Método Oneness Pressupostos
Qualidade Sensorial vs. Significado & Interpretação
Usando o Método Wholeness com a Dor
Materiais de apoio

Se quiser baixar e imprimir os recursos apresentados nesta seção, use este código QR ou acesse www.thewholenesswork.org/BookResources.

PRESSUPOSTOS DO MÉTODO WHOLENESS/ONENESS WORK

Cada método terapêutico ou de crescimento pessoal tem pressuposições subjacentes — coisas assumidas como verdadeiras. O método é uma expressão dessas suposições. No Método Wholeness, estamos trabalhando *em* e *com* um nível diferente de experiência, e nossos métodos refletem um conjunto distinto de pressuposições em relação à maioria das abordagens tradicionais de mudança. Conhecer essas pressuposições pode nos ajudar a compreender melhor o que estamos fazendo. Também nos permite entender seu valor — por que esse método pode criar benefícios tanto comuns quanto extraordinários. Além disso, explica por que combinar o Método Wholeness com outros tipos de trabalho de mudança pode diluir seus resultados.

A seguir, está uma lista das 15 principais pressuposições incorporadas no Método Wholeness[5]. Você notará que muitas dessas pressuposições são semelhantes às ensinadas em tradições espirituais. Elas se alinham com os ensinamentos esotéricos das principais religiões e com ensinamentos não dualistas (como o Advaita Vedanta).

A diferença do Método Wholeness está no fato de termos uma prática específica e precisa. Essa prática transforma os ensinamentos em uma espécie de "ciência" exata de como chegar lá. Assim, o Método Wholeness combina a precisão da PNL clássica com a filosofia dos ensinamentos espirituais.

---

[5] Do Wholeness Work II manual v 11.6 © Connirae Andreas

Essas pressuposições orientam COMO realizamos o trabalho:

1. **Incluímos tudo.** Tudo tem valor e enriquece a sabedoria do todo. Não devemos descartar nada, seja consciente ou inconscientemente. Mesmo aquilo de que não gostamos tem valor, e é através da inclusão de tudo que a plenitude e o bem-estar total se tornam possíveis.

2. **Não usamos força.** Em vez disso, convidamos e permitimos. Nunca é útil *fazer* algo a acontecer. No Método Wholeness, convidamos e permitimos que as mudanças ocorram naturalmente. Mudanças úteis acontecem espontaneamente quando estamos em contato com nossa natureza interior completa. Uma solução imposta nunca pode ser uma solução duradoura ou completa.

3. **Buscamos o caminho fácil.** Se algo não é fácil (por exemplo, um 'Eu' ou outra estrutura não quer se integrar), significa que precisamos direcionar nossa atenção para a parte do sistema que está pronta para dar o próximo passo (ser reconhecida, integrada etc.).

4. **Não manipulamos mudanças.** Não precisamos ocultar nossa intenção ou enganar nenhuma parte da pessoa para provocar mudança. Nosso objetivo é trazer mais consciência e incluir tudo o que a pessoa percebe, e mais. (Pode haver um ajuste sutil no foco da atenção, mas sem excluir nada.)

Em contraste: Algumas formas de hipnose ensinam a ignorar a mente consciente para acessar e mudar padrões inconscientes. No Método Wholeness, incluímos também os padrões conscientes que poderiam interferir no acesso ao inconsciente. O resultado é uma maior integração entre mente consciente e inconsciente. Experimentamos uma consciência indivisa.

Essas pressuposições refletem a filosofia — como PENSAMOS sobre o que estamos fazendo:

1. **A sabedoria vem da totalidade.** Soluções que surgem do todo são mais sábias e "ecológicas" do que aquelas geradas apenas pela mente consciente ou por qualquer "parte" isolada do sistema. Ao incluir tudo — especialmente ao integrar tudo no nível do ser — acessamos a sabedoria.

   Quando estabelecemos metas para nós mesmos, elas geralmente são formadas a partir de 'Eus' separados. O Método Wholeness nos ajuda a encontrar e dissolver esses 'Eus', para que possamos descobrir a sabedoria mais profunda.

2. **O bem-estar é inato.** Todos possuem isso. Estados profundos e poderosos de essência, presença, etc., existem dentro da psique de todos, e é apenas uma questão de acessá-los. Cada um de nós tem uma essência interna (Consciência, Estados Núcleo) que não pode ser destruída ou danificada.

3. **A solução é mais fácil do que o problema.** Problemas exigem esforço. O estresse exige esforço. Manter a experiência do problema exige esforço. Descobrir e liberar esse esforço leva à solução — isto é, à transformação. A solução é mais fácil do que o problema.

4. **É possível viver a vida como o Todo da Consciência, em vez de como um «eu pequeno/separado».** A Consciência já está presente. Não é necessário perceber ou agir a partir de um 'Eu' pequeno e separado. Podemos estar presentes como Consciência e perceber ou agir como Consciência (o Todo do nosso ser).

5. **Tudo já é "perfeito".** No nível mais profundo, tudo (tanto dentro de nós quanto fora) já está bem, antes de fazermos qualquer coisa para mudar/transformar.

   Esse "campo de Consciência" que somos já é "perfeito". Essa é a nossa natureza básica, e ela é inerentemente perfeita.

Essa "perfeição" não se trata de julgamento. Ela está além do julgamento. E não precisamos mudar nada para sermos "mais perfeitos". A Consciência que *somos* já vivencia as coisas como plenamente bem. Todo o processo de descobrir limitações e convidá-las a se dissolver faz parte desse "processo perfeito" de desdobramento do qual estamos participando.

6. **O campo de Consciência dentro de cada um de nós *já* é o Todo,** e as constrições que descobrimos (os 'Eus' pequenos, etc.) são criadas a partir do Todo do nosso ser.

7. **As constrições que descobrimos *querem* retornar para casa, para o Todo**, e, por isso, estão facilmente dispostas a fazê-lo.

8. **Podemos experimentar o Agora Eterno.** Quanto mais nós nos experimentamos como um Todo indivisível, mais o Tempo também é experimentado como um todo indivisível. Subjetivamente, começamos a experimentar o que poderíamos chamar de "Agora Eterno". Conscientemente, estamos presentes no momento atual e a experiência é de acesso simultâneo ao passado e ao futuro. Nada está separado. É a experiência subjetiva de o tempo linear não existir realmente ou de todos os momentos no tempo existirem simultaneamente. Assim, mudar um momento também muda todos os momentos.

9. **Transformar/evoluir é um processo.** Não há um ponto final. Continuamos a evoluir e crescer. Nas fases iniciais do crescimento pessoal, focamos em resultados ou objetivos específicos e em como alcançá-los. Quanto mais avançamos, mais reconhecemos que é um desdobramento contínuo. "Já chegamos" e "nunca chegaremos" são ambas verdades.

Essas pressuposições dizem respeito ao nosso PAPEL na condução do processo de mudança.
Elas são especialmente relevantes para *Coaches* e Terapeutas, mas também para como guiamos a nós mesmos.

1. **Nosso papel é ajudar a descobrir o que o sistema deseja.**
   Ao nos auto-guiamos, nossa função não é nos forçar a mudar.
   É perceber e facilitar o que deseja acontecer, no sistema como
   um todo. (E se somos *coaches* ou terapeutas, nosso papel não
   é fazer outra pessoa mudar; é ajudar o "sistema" da outra
   pessoa a descobrir o que deseja acontecer e facilitar isso.)
2. **Estamos aqui como iguais.** Isso é diferente de uma relação
   hierárquica de cima para baixo. E indo além da igualdade,
   podemos nos experimentar como parte do mesmo todo maior.

— Um Conceito Fundamental —

Já mencionei que o Método Wholeness é uma expressão
das pressuposições listadas. Há algo mais que é importante
perceber: *o Método Wholeness também nos ensina essas
pressuposições.* Conforme praticamos o Método Wholeness,
começamos a experimentar a verdade de cada uma dessas
suposições. Passamos a *conhecer* cada verdade por nós
mesmos. Desenvolvemos confiança na sabedoria do sistema
— na totalidade que somos.

Quando experimentamos diretamente como cada uma
das contrações da consciência anseia por retornar à *totalidade*
da consciência, descobrimos que podemos confiar na
sabedoria do nosso sistema; podemos confiar na própria vida.
E quando isso acontece, ocorre uma mudança profunda em
nossa experiência de vida.

Para baixar e imprimir uma cópia dessas
pressuposições, use este QR code ou acesse
www.thewholenesswork.org/BookResources.

QUALIDADE SENSORIAL VS. SIGNIFICADO E INTERPRETAÇÃO

No Método Wholeness, somos guiados a mudar nossa experiência do conteúdo para o que chamamos de qualidade sensorial. O conteúdo inclui os significados que atribuímos às experiências. Inclui emoções, interpretações e até metáforas. A qualidade sensorial é a experiência direta de algo. Quando encontramos estruturas separadas dentro de nós (como 'Eus', Autoridades, etc.), mudar para a qualidade sensorial torna possível e fácil que essa estrutura separada se integre.

O quadro a seguir mostra a diferença entre qualidade sensorial e interpretação.

Exemplos de Qualidade Sensorial	
quente, frio	macio, duro
claro, escuro	pesado, leve
transparente, opaco	em movimento, imóvel
denso, arejado	vibrante, borbulhante, elétrico
sólido ou enevoado/ nebuloso	liso, áspero

Exemplos de Significado ou Interpretação
Emoções (como se sente): "É triste." "É raivoso."
Intenção (o que está tentando fazer): "Está tentando me proteger."
Função (o que está fazendo): "Está mantendo minha cabeça separada do meu corpo." "Está gerenciando tudo."

Causa: "Esse 'Eu' foi formado porque meus pais me batiam." "Esse 'Eu' foi formado porque eu tinha que ser amável."
Consequência: "Isso é o que me mantém acordado à noite."
Metáfora: "É um guarda-chuva sobre minha cabeça." "É um abacaxi."
Outro: "Isso é um arquétipo."

Você pode encontrar mais discussões sobre por que isso importa no livro *Coming to Wholeness*, Capítulo 11.

Para baixar e imprimir uma cópia dessas pressuposições, use este QR code ou acesse www.thewholenesswork. org/BookResources.

TRABALHANDO COM A DOR[6]

Em meus treinamentos, as pessoas frequentemente querem saber como usar o Método Wholeness com a dor física. Recebi muitos, muitos relatos de pessoas contando como sua dor crônica melhorou significativamente ou desapareceu completamente com o Método Wholeness. Às vezes, isso acontece apenas ao usar o Formato Básico, tendo a experiência da dor como ponto de partida. Algumas pessoas relataram que suas enxaquecas desapareceram, sua neuropatia periférica desapareceu, etc.

No entanto, às vezes a experiência da dor envolve mais do que o Processo Básico ou o formato de Meditação podem resolver completamente. Se você está trabalhando com uma experiência de dor, aqui está a sequência que sugiro, para incluir de forma gentil e sistemática tudo o que precisa ser incluído.

Comece com o Formato de Meditação da seguinte forma:

Perceba as sensações que são desconfortáveis (ou seja, as sensações que você está chamando de "dor"). Encontre a Localização, Forma & Tamanho, Qualidade Sensorial.

Encontre o 'Eu' (Localização, F&T, QS). Ele aceita se dissolver?

Se sim, convide à dissolução e, em seguida, vá para a experiência da sensação como Consciência. (Ou seja, experimente ser a sensação COMO Consciência.)

Se não, verifique se há outro 'Eu'.

---

[6] Quando lidamos com qualquer sintoma físico, incluindo dor, recomendo consultar seu profissional de saúde para avaliar suas necessidades e verificar se ele tem recomendações de tratamento. O Método Wholeness pode ser usado juntamente com qualquer intervenção física que você escolher, para apoiar a cura e recuperação do seu corpo.

De Forma Contínua: Inclua Reações sempre que surgirem.

Frequentemente, temos reações à experiência da dor. Por exemplo, podemos sentir frustração ou irritação por sentir essa dor. Podemos nos sentir sem esperança. Podemos julgar a nós mesmos e nos perguntar o que há de errado conosco, etc. Podemos sentir medo de que isso nunca vá embora. Então, é bom estar atento para perceber e incluir quaisquer reações. Se uma reação estiver fortemente presente antes mesmo de encontrar o primeiro 'Eu', funciona melhor incluí-la imediatamente.

Pergunte: "Está acontecendo alguma reação a essa experiência?"

Se sim, "Onde está 'Aquele que' está reagindo?" (Perceba localização, forma e tamanho, qualidade sensorial e convide isso a se disslover.)

Inclua todas as reações que surgirem.

As *primeiras* camadas de reatividade provavelmente incluirão meta-respostas como frustração ou impaciência por isso estar acontecendo ou desesperança de que isso possa mudar. Depois de permitir que essas reações se integrem, será mais fácil perceber se há emoções ou memórias associadas a essa sensação de dor. Por exemplo, sentimentos remanescentes da infância, como mágoa, raiva, tristeza, etc., podem surgir espontaneamente. Se simplesmente incluirmos cada camada de reatividade que se revelar, o processo funcionará bem.

Use o Formato de Autoridade, se indicado.

Ao seguir os passos descritos para encontrar Cadeias de 'Eu' e incluir reações, se você perceber algo denso, faça o Processo de Reivindicação de Autoridade. Com frequência, na dor crônica, encontramos estruturas densas, indicando que há também uma Cadeia de Autoridade relacionada. Além disso, podemos ter julgamentos sobre como as coisas deveriam ser — isto deveria ou não deveria estar acontecendo, etc.

Sendo a Sensação como Consciência

Depois de incluir: 1) quaisquer 'Eus' ou perspectivas, 2) reações (tanto meta-respostas quanto conexões emocionais), e 3) autoridades relacionadas, você pode simplesmente experimentar SER a sensação (que antes chamava de dor) COMO CONSCIÊNCIA. Agora ela é experimentada apenas como sensação. E você pode respirar profundamente enquanto está *sendo* a sensação como Consciência. Isso muitas vezes se torna agradável por si só e pode facilitar a percepção de qualquer coisa que ainda esteja se mantendo rigidamente.

Aqui está uma maneira simples de experimentar ser a sensação como Consciência.

Depois de integrar outros elementos, como 'Eus', reações e Autoridades, é provável que surja uma experiência agradável de simplesmente estar presente como Consciência. Em seguida, verifique: é fácil para "mim como Consciência" relaxar na sensação que eu costumava chamar de dor?

Ao explorar ser a sensação como Consciência, se você encontrar quaisquer reações ou julgamentos, pode repetir os passos novamente.

Uma Nota Sobre Ajudar Alguém com Dor

Este livro tem o objetivo de oferecer a VOCÊ um guia preciso e sistemático para autoexploração. Embora você provavelmente fique animado para compartilhar sua experiência com o Método Wholeness e ajudar outras pessoas, este livro NÃO oferece o treinamento necessário para guiar outras pessoas de maneira competente e segura.

A maneira mais fácil de compartilhar isso com pessoas queridas é indicá-las a este livro e à introdução gratuita em vídeo sobre o Método Wholeness (usando este QR code ou acessando www.andreasnlp.com/resources/free-wholeness-intro-video/).

Se você deseja guiar outras pessoas, recomendo começar fazendo um treinamento do Método Wholeness. Em um treinamento, você aprenderá esse material com muito mais profundidade. Para treinamentos com Connirae, visite AndreasNLP.com. Para treinamentos internacionais, visite TheWholenessWork.org, e para treinamentos na Europa, acesse WholenessWork.eu.

Para explorar recomendações para se tornar um *Coach* ou Treinador, use um dos QR codes abaixo:

Para oportunidades na Europa, use este QR code ou acesse www.wholenesswork.eu/certification/?lang=en.

Para oportunidades nos Estados Unidos, use este QR code ou acesse www.thewholenesswork.org/professional/trainer-pathway/.

Minha dor desaparecerá se eu usar o Método Wholeness?

Até agora, em minha experiência, cerca de 50% das pessoas que usam o Método Wholeness para lidar com a dor crônica descobrem que sua dor ou diminui significativamente ou pode até mesmo desaparecer completamente. Às vezes, isso acontece nas primeiras explorações; outras vezes, ocorre ao longo do tempo, com o uso contínuo do Método Wholeness.

Não há garantia de que o Método Wholeness resultará na eliminação ou redução da dor. No entanto, dentre todos os métodos de transformação pessoal ou mental que já utilizei, em minha experiência, o Método Wholeness é o mais provável de gerar resultados benéficos com a dor. Se você estiver interessado, recomendo que experimente.

É claro que também é importante consultar seu profissional de saúde para avaliar sua situação específica e verificar quais informações ou soluções ele pode oferecer. Você pode usar o Método Wholeness juntamente *com* quaisquer soluções médicas que escolher, e ele ajudará no processo de cura do seu corpo.

Nos Níveis II – IV do Método Wholeness, você pode aprender formatos adicionais para usar com a dor — e com outros desafios.

Dor Física vs. Trauma

Ao trabalhar com trauma, recomendamos começar com outro método profundo de mudança chamado *Core Transformation*. O *Core Transformation* oferece uma camada extra de segurança no processamento e cura de respostas emocionais intensas ao trauma.

(Consulte o Capítulo 10 deste livro para mais informações sobre esse tópico.)

NOTAS: FORMATO BÁSICO

Sentimento ou Experiência Inicial:	
Localização:	
Tamanho e Forma:	
Qualidade Sensorial:	

1° 'Eu'	
Localização:	
Tamanho e Forma:	
Qualidade Sensorial:	

2° 'Eu'	
Localização:	
Tamanho e Forma:	
Qualidade Sensorial:	

3° 'Eu'	
Localização:	
Tamanho e Forma:	
Qualidade Sensorial:	

4° 'Eu'	
Localização:	
Tamanho e Forma:	
Qualidade Sensorial:	

5° 'Eu'	
Localização:	
Tamanho e Forma:	
Qualidade Sensorial:	

Comentários

Imprimir uma cópia em www.thewholenesswork.org/BookResources

Notas: Formato de Meditação

Sentimento ou Experiência Inicial: _____	
Localização:	
Tamanho e Forma:	
Qualidade Sensorial:	

1º 'Eu'	
Localização:	
Tamanho e Forma:	
Qualidade Sensorial:	

2º 'Eu' (opcional)	
Localização:	
Tamanho e Forma:	
Qualidade Sensorial:	

3º 'Eu' (opcional)	
Localização:	
Tamanho e Forma:	
Qualidade Sensorial:	

4º 'Eu' (opcional)	
Localização:	
Tamanho e Forma:	
Qualidade Sensorial:	

5º 'Eu' (opcional)	
Localização:	
Tamanho e Forma:	
Qualidade Sensorial:	

Comentários

Imprimir uma cópia em www.thewholenesswork.org/BookResources

Notas: Reivindicando Autoridade

Sentimento ou Experiência Inicial:	
Localização:	
Tamanho e Forma:	
Qualidade Sensorial:	

1ª Autoridade (A1)	
Localização:	
Tamanho e Forma:	
Qualidade Sensorial:	

A_2	
Localização:	
Tamanho e Forma:	
Qualidade Sensorial:	

A_3	
Localização:	
Tamanho e Forma:	
Qualidade Sensorial:	

A_4 (opcional)	
Localização:	
Tamanho e Forma:	
Qualidade Sensorial:	

'Eu'	
Localização:	
Tamanho e Forma:	
Qualidade Sensorial:	

Comentários

Imprimir uma cópia em www.thewholenesswork.org/BookResources

Notas: O Que Está faltando

Sentimento ou Experiência Inicial: _____	
Localização:	
Tamanho e Forma:	
Qualidade Sensorial:	

O Que Falta (F1)	
Localização:	
Tamanho e Forma:	
Qualidade Sensorial:	

F2	
Localização:	
Tamanho e Forma:	
Qualidade Sensorial:	

F3	
Localização:	
Tamanho e Forma:	
Qualidade Sensorial:	

F4 (opcional)	
Localização:	
Tamanho e Forma:	
Qualidade Sensorial:	

'Eu"	
Localização:	
Tamanho e Forma:	
Qualidade Sensorial:	

Comentários

Imprimir uma cópia em www.thewholenesswork.org/BookResources

AGRADECIMENTOS

Sou profundamente grata ao Dr. Milton Erickson por despertar algo em mim que me levou a essa busca (como descrevi na Introdução). Também sou grata pelo que aprendi no campo da PNL, que me deu uma base em modelagem e a confiança de que "se uma pessoa pode fazer algo, talvez seja possível encontrar um meio para que todos nós possamos fazê-lo".

Agradeço aos ensinamentos e mestres espirituais que estiveram presentes quando soube que minha jornada interior precisava ir mais fundo. Aprecio especialmente o trabalho de Ramana Maharshi, que serviu de inspiração para o primeiro exercício do Método Wholeness, o de "encontrar o 'Eu'". [Como caminho espiritual para o Despertar, Maharshi aconselhava os alunos a perguntarem continuamente: "Quem sou Eu?" Eu modifiquei essa pergunta para "*Onde* o 'Eu' está *localizado*?", o que acredito tornar mais viável a realização da intenção de Maharshi.]

Todos esses elementos foram importantes para meu desenvolvimento e, juntos, possibilitaram este novo trabalho.

Um grande agradecimento a Deepa Somani, Marcela Devoto, Krisztina Havasi, Ursula Beste e Koos Wolken por se voluntariarem para realizar grande parte do trabalho preparatório deste livro, revisando e corrigindo transcrições de seminários dos quais extraí o material, e a Krisztina por encontrar as demonstrações a serem usadas. O esforço sincero deles fez com que este livro chegasse às suas mãos muito mais rápido do que de outra forma. Obrigada a Marcela por criar os primeiros fluxogramas gerais, a Andrew O'Reilly por adicionar meticulosamente os elementos não verbais às demonstrações e a Monica Valenti pela revisão inicial.

Agradeço também a... Ralph Kobler por fornecer a gravação da demonstração do Processo Básico em um treinamento na Alemanha. Sonja Knecht por ajudar com a transcrição da demonstração na

Alemanha. Gilad Rubin por fazer perguntas desafiadoras que ajudaram a moldar a Introdução do livro. Peter Van Rhoon por guiar o design da capa. Ulrich Buhrle, obrigada por suas ilustrações criativas que adicionam um toque humano e dão vida ao livro. Obrigada a Stephen Josephs por me aconselhar a tornar o livro mais pessoal. Achei que já o tinha feito — mas seu incentivo me levou a compartilhar mais da minha experiência, na esperança de que possa enriquecer a sua. Obrigada a Alice Josephs por suas valiosas recomendações para melhorar o fluxo da Introdução.

Obrigada a Tamara Andreas e Mark Andreas. A experiência deles ao ensinar o Método Wholeness e orientar clientes permitiu que fizessem sugestões perspicazes sobre como introduzir certas seções, quando acrescentar uma orientação útil e onde incluir uma perspectiva diferente que pudesse aprimorar a compreensão do leitor. E um grande agradecimento a Susan Sanders, minha editora, que trabalhou incansavelmente comigo em várias etapas da edição para tornar a mensagem do livro mais acessível para você.

Um agradecimento especial aos participantes dos workshops que participaram das demonstrações que foram incluídas neste livro e deram vida aos processos. Obrigada por serem um modelo para todos nós que o lemos.

E, claro, este livro — e a clareza do método em sua forma atual — não seriam possíveis sem tudo o que aprendi com meus clientes e os participantes de meus treinamentos ao longo dos anos. Vocês me ajudaram a compreender este caminho mais profundamente e a torná-lo acessível a outros. Obrigada.

Obrigada à equipe de leitores iniciais, que ajudaram a detectar erros e falhas restantes.

E obrigada a você, leitor, por se envolver com este trabalho. É através de você que os efeitos podem se espalhar.

Obrigada àquilo que há em todos nós que busca desdobrar-se e já é belamente perfeito.

Com Amor e Consciência,

Connirae Andreas

SOBRE A AUTORA

Connirae Andreas, PhD, tem sido uma líder respeitada internacionalmente no campo do desenvolvimento pessoal por mais de quatro décadas. Ela é mais conhecida por seu trabalho inovador, *Core Transformation*, um método por meio do qual nossas limitações se tornam o portal para uma experiência sentida que muitos descrevem como "amor", "paz", "presença" ou "unidade". Por meio dos passos do processo, essa experiência sentida oferece uma cura profunda, resolvendo muitas emoções e comportamentos limitantes.

O novo Método Wholeness de Connirae começa oferecendo um meio preciso de experimentar a "dissolução do ego", um objetivo espiritual de longa data, de uma forma que alivia o estresse e transforma muitas questões da vida. Esse novo trabalho, então, nos guia na descoberta das estruturas universais do inconsciente que mantêm os problemas no lugar — e oferece processos específicos para transformar cada uma delas.

O trabalho de Andreas é fortemente influenciado por sua experiência pessoal com o falecido Dr. Milton H. Erickson.

Connirae é autora ou coautora de muitos livros e manuais sobre desenvolvimento pessoal e transformação, incluindo *Heart of the Mind* e *Change Your Mind — and Keep the Change* (ambos coescritos com seu marido Steve Andreas), assim como *Core Transformation: Reaching the Wellspring Within* (coautoria com Tamara Andreas) e *Coming to Wholeness: How to Awaken and Live with Ease*. Por seu interesse em tornar esses métodos transformadores acessíveis a mais pessoas, ela desenvolveu materiais de capacitação aprofundados para treinamentos chave, incluindo *Core Transformation* e o Método Wholeness. Sua obra já foi traduzida para mais de 15 idiomas.

Antes de desenvolver *Core Transformation* e o Método Wholeness, Connirae foi uma figura-chave no campo da PNL. Seu trabalho inclui inovações nos padrões de linguagem e mudança conversacional, além de contribuições para métodos de parentalidade positiva, autocura natural e, junto com Steve Andreas, o desenvolvimento de protocolos eficazes para lidar com o luto, acessar como codificamos inconscientemente a experiência do tempo e muito mais. Os Andreas também escreveram manuais para o ensino aprofundado dos programas de Praticante e Mestre Praticante em PNL, voltados para *coaching* e transformação pessoal.

Connirae gosta de ensinar o Método Wholeness e trabalhar com clientes. Ela mora em Boulder, Colorado, e adora passar tempo com seus netos.

Treinamentos & *Coaching*

Para treinamentos no Método Wholeness®, visite:
AndreasNLP.com/trainings/the-wholeness-work/
TheWholenessWork.org
WholenessWork.eu

Para treinamentos em Core Transformation®, visite:
AndreasNLP.com/trainings/core-transformation/
CoreTransformation.org

Siga-nos no Instagram e LinkedIn
Instagram.com/theWholenessWork

www.ingramcontent.com/pod-product-compliance
Lightning Source LLC
Chambersburg PA
CBHW022114080426
42734CB00006B/126